四庫全書總目闡幽

夏長樸　著

序

王汎森
中央研究院院士
中央研究院歷史語言研究所特聘研究員

凡關心《四庫全書》總目提要形成的過程、及它與清代學術史的關係者，都會覺得近年真是令人興奮的時候，至少有七個收藏總目或殘稿的地方公開其收藏，使得人們可以徜徉游息於這些難得的史料中，盡展其才。夏長樸先生生命最後十幾年即徜徉游息於其間，除了出版一本《四庫全書總目發微》外，還有多篇論文，其中六篇輯成了本書《四庫全書總目闡幽》。夏先生用中文系的專長，從圖書版本目錄之學介入學術思想史，比對各種圖書版本，看出其間的差異變化，推測其中的思想、學術的意涵與變化。

收在本書中的〈中國國家博物館藏《四庫全書總目》殘卷編纂時間及其相關問題〉、〈南京圖書館藏《四庫全書總目》殘稿編纂時間初探〉、〈試論中國國家圖書館藏《四庫全書總目》稿本殘卷的編纂時間——兼論與天津圖書館藏《總目》稿本殘卷的關係〉三篇，基本上是以極為細密的功夫為幾種不同的總目作定年的工作。這幾篇加上〈朝向一個學術史觀的建構——以《四庫全書總目・經部》為例〉、〈尊《序》、廢《序》與漢宋對峙——以《四庫全書總目・經部詩類》為例〉，在夏先生對提要、總目等文本細密的爬梳下，藉以釐清《四庫全書》編纂過程中乾隆與館臣的角色。

夏先生提醒我們，四庫的各種版本、總目之間是一種不斷改版的混聲大合唱。提要不停地抽換、修改，所以各種本子之間有差異，即使同一部四庫全書中亦有出入。而且這些提要及改換，像是一支溫度計，可以測度當時參與工作者學術心態的轉變。夏先生在〈文淵閣本《四庫全書》書前提要的校上時間與抽換問題〉一文中，以文淵閣《四庫全書》為例，透過考證說明這套《四庫全書》因為當時存貯於內廷，接近皇帝，故最為敏感，改換的最厲害。

夏長樸先生從四庫總目之各種版本、提要中，發現皇帝及諸臣態度之轉變，他從動態的過程看出皇帝與館臣，如何將原先比較模糊的學術狀態逐漸「漢學化」、「宋學化」。蔡長林兄歸納夏先生的觀點說：「《四庫總目》的〈經部總敘〉即使標榜漢宋兼採的原則，然而實際作為上，則是將『漢宋對峙』清楚的揭示出來。《四庫總目》之所以會出現『崇漢黜宋』的傾向，總結其間關鍵點：總纂官紀昀本人的立場；參與《四庫全書》纂修館臣的學術背景及立場；大環境輕宋學重漢學的發展趨勢等等，這些對《總目》學術傾向起了一定的作用。然而乾隆本人對漢宋之學態度的轉變，才是真正影響《四庫全書》及《四庫總目》編纂的主因。《總目》出現『崇漢抑宋』之傾向，與乾隆本人思想的轉折關係密切，由原先的尊崇宋學逐漸轉向，進而肯定漢學的價值，這種轉化也連帶影響了《四庫總目》趨向崇漢抑宋的論調。」[1]夏先生以《詩經》的提要為例，說明它是館臣與皇帝協作在講一個完整的故事，表達一個鮮明的學術態度。

夏先生提醒人們，帝王經學觀念的實際影響非常之大，當乾隆的態度改變時，一應館臣的學術態度也馬上跟著改變，並表現在《薈要》及後來各種不同版的《四庫全書》提要中，紛紛由「尊宋」而改為「尊漢」或持「漢宋平議」之態度。近人因受現代思潮影響，往往忽略一代學術風尚與帝王的愛憎有關。正如張舜徽在《壯議軒日記》中所說，俞正燮、汪文臺兩人注意西洋事務，是受康熙五十五年幾篇詔令的影響；又如「清仁宗時教匪平，衍聖公具疏入賀，朝廷優詔褒答曰：『願卿昌明正學，正學明則邪說自熄。』自此而士夫表章正學之文盛行於世（若程晉芳〈正學論〉、蔣琦齡〈崇正學〉之類）」。所以他說：「考論一代學術之轉變，又不可不取資於當時詔命也。」[2]足見皇帝在文化領域有很大的影響，與我們今日所習見者不同。

1 引用自本書中蔡長林〈先師夏公學述〉。

2 張舜徽著，周國林點校，《壯議軒日記》（武漢：華中師範大學出版社，二〇一八），頁一〇三。

夏教授二〇〇二年在〈《四庫全書總目》與漢宋之學的關係〉一文中，已提出乾隆由早年「尊宋」轉向後來「尊漢」的態度，深深影響四庫館臣。這篇文章的大旨，我已在《權力的毛細管作用》一書引用過了。《四庫全書總目闡幽》一書中的文章再度展現了乾隆作為「大統裁官」般的角色及其實際影響。

在這裡，我想以四庫館臣日記《王際華日記》為例，進一步說明乾隆與近臣、館臣之間的互動。在乾隆心目中《四庫全書》或其他的文化活動，並沒有明顯的「公」「私」之分，四庫的編纂以及皇家其他文化活動亦復如此。皇家學術文化活動每每帶有近臣為皇帝「客製化」的色彩。[3]所以王際華時而是四庫館臣，時而為皇帝抄抄寫寫，時而是皇帝的專屬書法家。這種兼具「公」「私」兩種身份的臣職，也是「四庫全書」及這個時期多種官書（如《職貢圖》）的特質。一方面是帝王的意志、理念，一方面是館臣的迎合、操辦。而且往往在所謂「成書」之後，仍隨著時勢或帝王信念的改變，而大家跟著抄抄改改。這些官書同時具有「私」與「公」的兩種性格，它們有時只是陳列，有時透過抄、印，或透過官僚士大夫的揣想、推測，而在相當不同的程度上牽動著帝國的知識紐帶。

---

3 皇帝與館臣之間還有複雜的私人餽贈關係，王際華日常工作之一是到處蒐集古董文物，然後在適當時候呈贈皇帝，而皇帝決定「賞收」多少，往往也代表他對該臣之喜好程度。此外，像乾隆時期「議罰」制度——以私下繳罰款給皇帝作為免除某種罪責的條件，也是一種類似的關係。

我與夏長樸先生應該是在二〇〇〇年左右認識，當時我借調到國科會人文處。因為我們不在同一個地方工作，始終未有機會深入交往。但在有限的接觸中，我感受到他是位坦直、誠懇的學者，所以凡是在大安森林公園或其他地方偶遇，總能相識一笑，莫逆於心。

夏先生的公子夏克勤是我多年的學生，夏先生與家兄在臺大校務會議共事多年，家兄經常誇讚夏先生處事公正，據理直言，他們成為惺惺相惜的朋友。夏先生不幸在七十四歲過世，他對四庫總目與清代學術史的研究，真是「死生以之」。據克勤告訴我，在夏先生的構想中，本書還差一篇，似乎其中有一個問題，夏先生始終未能想通。如果能在去醫院之前想通，則擬再寫一篇，可是他住院之後，已經沒有力氣處理了。將軍死於戰場，何等壯烈而榮耀，我很佩服這種學術精神，謹不揣譾陋寫成此序。

二〇二二年十一月十一日

序

浙江大學馬一浮書院講席教授
虞萬里

人之才性各有所偏，善於考證者，多忽於人物思想；而耆談思想者，又往往略其情事細節。夏長樸教授應該屬於兼擅其能者，這與其就讀、執教於擁有雄厚師資力量，既有傳統篤實學風，又有開放吸納氛圍的臺灣大學有很大關係。一個自覺自勵的求知求是者，能在這樣的學風中熏陶，在這樣的氛圍中浸潤，日積月累，其所達到的成就，自會不同於一般。長樸教授師從何佑森前輩，繼承了錢穆先生的學術傳統。其碩士學位論文《兩漢儒學研究》被收入臺灣大學文史叢刊，可見其在讀書時代已嶄露頭角。而博士論題選擇跨越千年的王安石經世思想，可想見其構築自己知識結構的內在張力。而在本世紀初，他決然邁進《四庫全書》與清代學術領域，引發他興趣的卻是備受熱議的清代漢宋之爭，這不得不說是與他先前耕耘的漢宋領域有莫大關係。因為，一個學者一生所寫的文章、研究的問題，有時看似互相獨立，甚至離題萬里，雖說是興趣與好奇心驅使，但也一定受到內在知識結構的無形支配。

《四庫全書總目》自胡玉縉之後，余嘉錫繼之，不斷有學者在考釋糾正《提要》人物、史實、內容之誤；自郭伯恭之後，也有學者挖掘史料，力圖恢復《四庫全書》的編纂過程，同時整理出版如翁方綱等所撰《提要》稿，期使更完善《四庫全書》編纂中的細節。這兩個方向，在近幾十年中，取得了長足進步，成果亦可謂夥頤沉沉，此皆有目共睹。但在長達二十多年的《四庫全書》編纂過程中，學者對其收書去取和對一萬多種圖書內容評述方面的傾向，卻少有論及。嘉道以還江藩的《漢學師承記》和方東樹的《漢學商兌》出，漢學與宋學已經成為談清代學術的口頭禪和標誌性詞彙，學者多在清初理學背景下去尋覓顧炎武、閻若璩、惠棟著作中的考據方法和成果，來填充樸學興起的軌跡，卻忽略了從理論上去追溯其漢宋轉變的關鍵。長樸教授在二〇〇二年所寫的〈《四庫全書總目》與漢宋之學的關係〉一文，即從乾隆三十八年編纂《四庫》開始，系統梳理這個問題。他所關注的，不是《提要》內容與實際史實之出入，不是外界可證性史料的發掘，而是《總目》所體現的在漢學與宋學上的傾向，這就需要仔細一篇一篇閱讀，味其意圖，玩其文心。尤其值得一提的是，過去一般多從政治上提示乾隆對所收書籍違礙內容的禁燬，在長達一個多世紀中這幾乎成了《四庫全書》的政治標籤。統觀全局，冷靜思考，其實這種政治標籤對整個一萬多種古籍而言，只是局部的修改、抽換和少量的禁燬，而對整個清代學術的確立和發展影響不是很大，因為即使《四庫》完成、七閣抄成，能有多少人可進閣恣意閱覽？而

《總目》中所體現出來的有宋學向漢學傾斜，以至抑宋揚漢的觀點，用他的話說就是「清朝學術由宋學為主發展成漢學當令」，這一舉措由館臣著作的傳播和言論在朋友圈的擴散，其影響之深遠，可能連紀昀等《四庫》館臣也始料所未及。為了考察乾隆在《四庫全書》編纂之初重宋學的態度，到後來順從館臣的思想轉變，他特地去閱讀少有人問津的《御製詩集》，從乾隆的詩句中去尋找這種轉變，也確實找出許多乾隆思想轉變的蛛絲馬跡，印證了《總目》揚漢抑宋的學術傾向。這篇文章看似只是千百篇研究、闡述《四庫全書》和《總目》中的一篇，但其所蘊含的學術深度和內在潛力卻不可等閒視之。當然，就是這篇文章，把他此後二十年的精力帶入到了《四庫全書》領域。

從《總目提要》中去考察《四庫》館臣的揚漢抑宋學術傾向變化，看似只要閱讀《提要》即可，而其實其難度遠非常人所想像那樣簡單。因為稍治《四庫》學者都知道，當年的書目提要是先由進呈人或進呈省府簡單草擬，而後由收發官據之改寫，分任館臣再擴充考證，甚至一稿多改，一書多稿，最後由紀昀統理。期間又因違礙、抽燬等因素反覆修改，且七閣抄纂時間有先後，故七閣和武英殿本、浙本各書提要文字不僅多有差異，有的甚至差異很大。這種差異改動的痕跡和原因，還被埋沒在提要稿本中，深鎖塵封，無緣一睹。我在上世紀九十年代初編纂《漢語大詞典》，閱讀《總目提要》，即發現文淵閣本和影印流傳的浙本有差異，曾有意略作探索，故借出金毓黻的《文溯閣四庫全書提要》複印，後來覺得其背景之複雜，遠出我想像，無整塊大把時間投入，根本不可能得出結論，且當時好多《提要》根本看不到，所以早就畏難放棄，但卻深知此中的價值與難度。所以當長樸教授與我談起這個議題，並不無欣喜地說到他對乾隆思想轉變的把握，我深感他似乎在撬動一塊很大的岩石，要掀開一張《四庫總目》和清代學術走向的帷幕，很為他高興，所以二〇一六年九月初曾幫助他聯繫上海圖書館閱覽館藏的《總目》殘稿。

也算是天隨人願，或說是《四庫全書》和《總目》研究合該進入到一個新的階段。二〇一一年，《天津圖書館紀曉嵐刪定《四庫全書總目》稿本》影印出版，次年，臺北國家圖書館所藏的《四庫全書初次進呈存目》影印出版，二〇一五年，文瀾閣《四庫全書》又印出，這對《總目》的編纂方式和修訂過程，提供了第一手資料，他興奮異常，為此可以說是全身心的投入。此後我們每次見面，他都要拖著我講述他的新發現。由天津《紀稿》的切入，他又開始尋覓各大圖書館的各種藏稿本，先後所見所校有上海圖書館、臺北國家圖書館、中國國家圖書館、中國國家博物館、南京圖書館等館藏的《總目》殘稿，每閱一種，都有長篇大論發表，並在各種學術會議和高校研究機構宣讀、演講。讀者或聽眾若僅讀其一篇、聽其一講，似乎不會有很深感觸，而我因為有過這種想法和思路，且與他每見必談，深知對一篇一篇提要校覈文字異同、琢磨改動原因，耗費了他近十多來年極大極多的心力。

長樸教授嚴謹的治學精神，體現在他勇於改正自己的觀點和精益求精上。比如

《紀稿》出版，他即撰寫〈《天津圖書館藏紀曉嵐刪定〈四庫全書總目〉稿本》的編纂時間與文獻價值〉（《臺大中文學報》二〇一四年），定此稿本完成於乾隆四十六年二月十三日之前。同年，北大劉浦江教授（《文史》二〇一四年）亦刊出論文，而謂此稿可能是乾隆五十一年的一個清本。因為著眼點不同，所以結論也不一樣。他閱讀後隨即更深入地重新探討，寫出〈重論《天津圖書館藏紀曉嵐刪定〈四庫全書總目〉稿本》的編纂時間〉，認為雖不可能早至乾隆四十六年二月，但也不至晚到乾隆五十一年，因而重定為乾隆四十八年二月。隨即在嶽麓書院二〇一六年舉辦的「中國四庫學高層論壇」上宣讀，並刊於同年《湖南大學學報》，可惜的是，劉浦江教授已逝世，不及與長樸教授來切磋討論。再如，他第一篇〈《四庫全書總目》與漢宋之學的關係〉論及揚漢抑宋傾向，是以《總目》中總敘、小敘和每篇提要為據，以乾隆的詩篇為輔。後經多年沉浸於《總目》的研究，使他覺得有專門探討乾隆本人經學思想的必要，所以撰寫〈乾隆皇帝的經學思想及其發展〉來專論之。在這篇文章中，他大量爬梳乾隆的詩文尤其是文章來彰顯乾隆皇帝由尊宋到貶宋以至揚漢的思想發展脈絡。可能有人會說，乾隆的詩篇多是詞臣代筆，但作者並非僅據其詩文，而是參據《實錄》、《檔案》、《上諭》等文獻，綜合參觀論證。退而論之，即使由詞臣代筆的詩文，其詩旨文意也不可能有拂聖上胸臆。由此回歸到清代學術史上來說，江藩、方東樹漢宋之爭其實源於《總目》和〈經部總敘〉，即〈總敘〉所謂「要其歸宿，則不過漢學、宋學兩家，互為勝負」云云，而〈總敘〉之言，又是本於乾隆五年「今之說經者，間或援引漢唐箋疏之說。夫典章制度，漢唐諸儒有所傳述考據，固不可廢；而經術之精微，必得宋儒參考而闡發之，然後聖人之微言大義，如揭日月而行也」的上諭。隨著《四庫》開館，《大典》輯佚工作展開，乾隆對宋儒思想滋生不滿情緒，逐漸轉向漢儒考證訓詁之學。長樸教授這篇文章原是二〇一七年十二月八日赴香港參加「單周堯教授七秩華誕國際學術研討會」的論文，那次會議我提交了〈章太炎對三體石經的認識與《尚書》研究〉，並同時作為大會主題發言，坐來相近，聽得比較真切。會前我們曾有約定，此文可先刊於我主編的《經學文獻研究集刊》上。這篇文章的意義，在於將原來比較狹窄的漢宋之爭，上升到帝王和館臣意圖，擴大到整個清代學術領域，大大開拓了清代學術史研究的範圍，讓以後的研究有了更大的思考空間。

記得他回臺後又將論文略作修改發來，隨函云：

萬里兄：

您好！

久未問候，這次在香港見面機會難得，十分高興！此次會議宣讀的拙稿已再次修訂完成，隨函寄上，尚祈查收。拖延至今，才將承諾已久的稿件交出，實在是汗顏之至，還請多多包涵。

若是時間來得及的話，煩請便中將拙稿安排在明年上半年刊出，原因在於弟有關《四庫總目》研究的論文集，已先承諾交給嶽麓書院出版，目前正在加緊整理修改中。嶽麓為配合該院召開《四庫》學會議的需要，一再來信強調在明年六月以前正式出書，希望弟能儘量配合。為了避免書先出版論文後刊出的窘境，因而有此不情之請，實在是失禮之至，也請您能諒解。即請

撰安

長樸 謹上

12/14

函中所說即嶽麓書院蕭永明、吳仰湘教授等籌畫的《嶽麓書院四庫學叢書》，長樸教授之成果將彙輯成《叢書》之第一種，由中華書局出版。二〇二一年五月，收到由其委請中華書局寄贈的《發微》一冊，時寒舍正在裝修，寄居出租屋中。我匆匆拜讀序言、目錄，略翻個別內容，致函拜謝：

夏老師：前些時拜收尊著《四庫全書總目發微》，因為多時未郵件聯繫，電腦換了兩個，所以找不到郵件地址，近日方始取得，因亟致函申謝。想尊著剛有萌芽思想，即承教誨，屈指算來，已有十年。近日出版，亦正可謂十年磨一劍。聆教不如看書詳細，然看書亦非一時半會可領略，自當細品。尊著一出，

四庫學又向縱深邁進了一大步，其影響自不待言。唯近時新冠猶肆虐不已。何時一樽酒，重與細論文，是所望也。即此，謹祝

身體健康！

萬里謹拜 5／20

他當天即回覆云：

萬里兄：

您好！

拙作只是近十年來研究的心得，藉著出書的機會向學界方家請教，目前仍在繼續努力中，希望能對此一主題有較完整的論述。拙書若有不足疏忽之處，還請隨時不吝賜教，先謝謝了。

近日此地疫情有趨嚴之勢，困居時間勢必隨之增長。樽酒論文，人間美事，心甚嚮往，只好殷殷期盼早日實現了。　順請

安康

長樸　謹啟

5／20

我當時一直處在忙亂中，接函之後，亦未重新展卷閱讀。只是想他經常來，我也經常去，相見細聊不急。其實他此時身體已不很健康，卻完全緘口不說。及至寒舍裝修尚未全部停當，已被出租屋主人勒令趕回，無奈將六、七噸藏書擺放在客廳、北房等處，陸續上架。忽而看到秋華教授微信，報其因病駕鶴西歸，霎時六神無主，傻在橫直堆放的書叢中。及至整理出他贈送給我的兩冊屈萬里《漢石經尚書殘字集證》、《漢石經周易殘字集證》，我忍不住寫了〈記夏長樸先生二三事〉的紀念文章，權作遙望南天的弔唁。我在紀念文字中提到，「《發微》的出版，只是他研究的第一個階段成果，可惜竟戛然而止。我想近一、二年他應該還有續後的一些文稿，應該盡快整理出版。」一時隔約五個月，長樸教授高足長林兄微信我，說「先師易簀之際，遺命晚輩處理書稿，今有遺稿六篇，乃前此出版《四庫全書總目發微》姊妹之作，先師自題曰《四庫全書總目闡幽》，惟缺一序」，希望我能撰一序，附《闡幽》而行。我自唯才學和年輩都遜於長樸教授，寫序於理不妥，但是他關於《四庫總目》研究的心得，在朋友中我可能是認知較多的一個，故於情似亦不敢推卻，於是就默應了。

近日，長林兄將其遺著六篇文檔發我。前四篇分別討論中國國家博物館、中國國家圖書館、南京圖書館三館所藏《總目》殘稿之編纂時間，以及文淵閣《四庫》書前提要的校上時間和抽換問題；後兩篇，一篇以《總目・經部》為例討論當時學術史觀的構建，一篇以《總目・經部・詩類》為例討論漢宋尊《序》與廢《序》問題。與

《發微》比勘，前四篇屬「文獻編」，後兩篇屬「經學思想編」，這兩類文章仍是長樸教授一生的學術主線，也是他繼承錢、何兩位師長學脈的特色——既不廢考證，也關注思想。思想的抉發，須建立在嚴密的史實考證之上，他在近十多年《四庫總目》的研究過程中，深刻體會到，「文獻學上的許多問題，儘管百家齊放，眾說紛紜，甚至言人人殊，各有所見。問題的解決，還是得回到原典本身，辛勤研究，深入比對，據以找出比較合理的答案」。縱觀他數十萬字的《總目》研究，所提出的漢宋之爭源於《總目・總敘》，源於乾隆皇帝經學思想的轉變等等，也都是建立在研讀、比勘文獻的基礎上的。寫到這裡，我從他「辛勤研究，深入比對」的文字中，似乎看到他晨夕伏案，孜孜比勘的操勞身影，看到他得出「比較合理答案」時露出的喜悅臉色。不過我還想，當後之《總目》和清代漢宋學術研究者從《發微》、《闡幽》的結論中獲得啟示教益，展開更深更廣的課題研究，來印證他的結論並獲得認同，這才是長樸教授所期盼的。

二〇二二年七月七日於榆枋齋

目次
Contents

下編 經學思想編

上編

文獻編

試論中國國家圖書館藏《四庫全書總目》稿本殘卷的編纂時間——兼論與天津圖書館藏《總目》稿本殘卷的關係*

一、前言

二〇一一年天津圖書館影印出版《紀曉嵐校定《四庫全書總目》稿本》（以下簡稱「津圖紀稿」），緊接著二〇一二年臺灣商務印書館也影印出版了臺北國家圖書館所藏的《四庫全書初次進呈存目》。這兩部書的影印問世，不僅為《四庫》學增添了第一手的研究資料，也開啟了文獻學界研究《四庫》學的新風氣。近十年來，有關

* 本文為二〇一八年五月湖南大學嶽麓書院主辦「第三屆中國四庫學高層論壇」宣讀論文。經修改發表於《中國四庫學》，第三輯，頁五十六－七十九，湖南大學嶽麓書院主編，中華書局出版，北京。本文之成，有關北京國家圖書館藏《四庫全書總目》稿本殘卷資料，承蒙天津圖書館歷史古籍部主任李國慶教授、首都師範大學歷史學院陳曉華教授的大力協助，有機會目驗原稿，仔細比對。在此謹致誠摯的謝意。臺大中文系博士候選人劉俐君撥冗代編〈「北圖殘稿」與「津圖紀稿」殘存卷次對照表〉，謹此一併致謝。

《四庫總目》的研究大量增加，許多大學紛紛設置《四庫》學研究中心，一時之間《四庫》學的研究風起雲湧，形成一股氣勢沛然的學術浪潮，儼然可與地下出土文獻的研究風氣相抗衡，這種現象殊值令人肯定。

除了上述二部書稿之外，上海圖書館、北京國家圖書館、北京國家博物館、南京圖書館及臺北國家圖書館等，也都藏有數量多寡不一的《四庫全書總目》稿本。雖說殘存卷數有別，但就文獻研究而言，這些殘稿都是彌足珍貴，不可或缺的重要資源，對探討《四庫全書總目》的成書過程來說，也都具有相當重要的參考價值。

本文之作，主要在探討北京國家圖書館所藏《四庫全書總目》稿本（以下簡稱「北圖殘稿」）的編纂時間。這是筆者探討現存《四庫全書總目》稿本編纂時間的系列研究之一，希望藉此對殘存世間的《總目》稿本不僅有較清楚的時間定位，也企盼對這些稿本的先後順序能有具體的瞭解，就《四庫全書總目》的編纂過程研究而言，這應是頗有參考價值的關鍵問題。

二、「北圖殘稿」的編纂時間蠡測

「北圖殘稿」雖非完整的書稿，與「津圖紀稿」不同的是，此一殘稿沒有另外羼入或夾帶其他《總目》的稿本，可說通體來自一個書稿，因此沒有必須事先辨偽的需要，也為探討此一稿本的編纂時間，省卻了不少的麻煩，相較於「津圖紀稿」而言，要單純許多。以下就直接切入主題，討論本稿本的編纂時間。

與過去探討其他《四庫全書總目》稿本的編纂時間相同，由於缺乏直接的文獻佐證，無法據以論述「北圖殘稿」的編纂時間，只能通過具體可靠文獻的旁證作為參考，進而比較出本稿的大致編成時間，事雖不得已，卻是目前可行的唯一方法。在檢討論述過程中，比對資料的選擇，務求確實可信；內容的分析解讀，力求精確；論證也要求儘可能嚴謹，以求得出足以令人信服的結論。

（一）就提要存有李清、周亮工等人的著作與姓氏文字，可以看出「北圖殘稿」的編成時間在乾隆五十二年三月之前。

乾隆五十二年（一七八七）三月，由於發覺李清所撰《諸史同異錄》書內竟然有世祖順治皇帝與明崇禎四事相同的記載，清高宗為此勃然震怒，當即下令撤出此書立刻銷燬，他說：

> 乾隆五十二年三月十九日內閣奉上諭：《四庫全書》處進呈續繕三分書，李清所撰《諸史同異錄》書內，稱我朝世祖章皇帝與明崇禎四事相同，妄誕不經，閱之殊堪駭異。……乃從前查辦遺書時，該省及辦理《四庫全書》之皇子

大臣等未經掣燬，今續三分全書，猶復一例繕錄，方經朕摘覽而得，甚屬非是。……所有四閣陳設之本及續辦三分書內，俱著掣出銷燬，其《總目提要》亦著一體查刪。欽此。[1]

上意如此，臣下自然奉命唯謹，全力清查李清的各種著作。此事影響極大，牽連範圍甚廣，法網森嚴之下，不僅李清的著作遭致銷燬，連帶周亮工、吳其貞等人的著作也因有違礙文字遭到波及，一併都自《全書》撤出銷燬。除此之外，《四庫全書》所收各書，只要提要內容涉及上述諸人的文字、書名，也都遭到牽連，必須刪除改動。《四庫全書》如此，《四庫全書總目》也不例外，同樣都要一體查刪。換言之，乾隆五十二年以後編輯的《總目》稿本，不應再收有上述諸人的著作提要，各書提要內容也不容許再出現上述諸人的名字與著作名稱。

經過這麼嚴峻的清查處理之後，李清、周亮工及吳其貞等人的著作已成禁書，照理說不應再存留於《四庫全書》與《四庫全書總目》之中，因為這是嚴重觸犯忌諱的事。但就筆者翻閱「北圖殘稿」所見，事實似乎並不如此，依然有上述作者的書籍，

1 〈諭內閣將《諸史同異錄》從全書內掣出銷燬並將總裁等交部議處〉（乾隆五十二年三月十九日，軍機處上諭檔），中國第一歷史檔案館編：《纂修四庫全書檔案》（上海：上海古籍出版社，一九九七年），頁一九九一。

存在於《總目》稿本中，如：

1. 卷六十六，史部載記類，28b-29b《安南志略》、《十國春秋》之間，著錄有〔明〕李清撰《南唐書合訂》二十五卷（兩淮鹽政採進本）提要，館臣以墨筆勾除。

案：武英殿本《四庫總目》（以下簡稱「殿本《總目》」）（頁二—四三六）[2]、浙江刻本《四庫總目》（以下簡稱「浙本《總目》」）（頁五八八）[3]已無此書，武英殿本《四庫全書簡明目錄》（以下簡稱「殿本《簡目》」）（頁六—一一三）[4]亦無此書。惟有浙江刻本《四庫全書簡明目錄》（以下簡稱「浙本《簡目》」）（頁二五四）[5]，在《安南志略》、《十國春秋》之間，則依然著錄此書，可見《北圖殘稿》原本即收有此書，仍保持奉命刪除之前的原來面目。

---

2 此據臺灣商務印書館一九八三年影印武英殿刻本所編頁碼，頁二—四三六即第二冊，頁四三六，下同。

3 此據北京中華書局一九六五年影印浙江杭州本所編頁碼，下同。

4 此據臺灣商務印書館一九八三年影印文淵閣原鈔本頁碼，下同。

5 〔清〕永瑢、紀昀等撰，傅卜棠點校：《四庫全書簡明目錄》（上海：華東師範大學出版社，二〇一二年），頁二五四。

2. 卷七十，史部地理類三，5a-5b《顏山襍記》、《嶺南風物誌》之間，仍存有周亮工撰「《閩小記》四卷（刑部尚書英廉採進本）提要，館臣以墨筆勾除。

案：殿本《簡目》（頁六－一二八）、殿本《總目》（頁二－五二六）、浙本《總目》（頁六二七）已經刪除此書。但浙本《簡目》（頁二九一）及文瀾閣抄本《四庫總目》（頁五八四）[6]在《顏山襍記》、《嶺南風物誌》二書之間，依然存有《閩小記》四卷提要。對比上述現象，可知「北圖殘稿」原有《閩小記》的提要，後來才由館臣將其刪去。

除了這兩部書籍之外，其他著錄或存目書籍提要中，內容涉及李清、周亮工等人的文字亦復不少，如：

1. 卷六十四，史部傳記類存目六，16b-17a《禮白嶽記》一卷（禮部尚書曹秀先家藏本），〔明〕李日華撰。

提要結語「殆是書有二名耶」下，原有：「周亮工《書影》曰：『嘗見檇李李君

6 〔清〕永瑢、紀昀等撰：《欽定四庫全書．總目》（杭州：杭州出版社，二〇一五年影印文瀾閣本），頁五八四。案：本條所據為浙江圖書館善本室所藏文瀾閣抄本《總目》原書，非補抄條目。以下同。

實作《禮白嶽記》，分視之則為一則，合視之，共為一記。而詩即連綴於中，分視之則詩，合視之，詩亦紀也。』」一大段文字。館臣以墨筆刪去。

案：殿本《總目》（頁二－四〇五）已刪，浙本《總目》（頁五七四）依舊保留未刪，僅將「周亮工《書影》曰」改為「《因樹屋書影》曰」。文瀾閣抄本《總目》（頁四四八），亦保留有「周亮工《書影》曰」本段文字。

2. 卷一四一，子部小說家類二，17a-17b《默記》三卷（兩淮馬裕家本），〔宋〕王銍撰。

本書提要「宋王銍撰」下，原有：「字性之，汝陰人。……為樞密院編修官」一段介紹作者生平履歷文字。

館臣墨筆刪去此段文字，改為：「有《補侍兒小名錄》，已著錄。」

另「尹洙扼吭之妄」下，墨筆刪去：「李清《南唐書合注》，亦稱所引江南野史李後主小周后事，參校本書此文，則亦不能無誤」一段文字。

又「犖未察而書之」下，墨筆刪去：「小周后事，或則今本江南野史非完善，其文在佚篇之內，均未可知」一段文字

案：殿本《總目》（頁三－九七四）、浙本《總目》（頁一一九七）均已刪除上述二段文字。

3. 卷一四二，子部小說家類三，39b《夷堅支志》五十卷（編修汪如藻家藏本），〔宋〕洪邁撰。

本書提要「胡應麟《筆叢》謂所藏之本有百卷」下，原有「周亮工《書影》謂應麟所藏乃支甲至三甲」一句十六字。

案：殿本《總目》（頁三－一〇二〇）、浙本《總目》（頁一二一三）均已改為：「核其卷目次第，乃支甲至三甲，共十一帙。」

就李清撰《南唐書合訂》二十五卷、周亮工撰《閩小記》四卷為《北圖殘稿》原有，其後修改時才勾去刪除，以及《禮白嶽記》一卷、《默記》三卷與《夷堅支志》五十卷等仍保有忌諱文字的現象來看，「北圖殘稿」的編纂時間必然要早於清高宗下令禁書之前，否則不可能出現館臣以墨筆刪除或更動提要文字的情形。如此說來，「北圖殘稿」的編纂時間應在乾隆五十二年（一七八七）三月以前。

（二）就「《御製詩文集》」的著錄，可以推定「北圖殘稿」的編纂時間應早於乾隆五十一年（一七八六）。

清高宗的詩文著作豐富，編輯《四庫全書》時，也將其收入集部。就著作時間而言，《文集初集》收入丙辰至癸未（乾隆元年至二十八年，一七三六－一七六三）

作品；《二集》所收為甲申至乙巳（乾隆二十九年至五十年，一七六四－一七八五）作品；《三集》收入丙午至乙卯（乾隆五十一年至六十年，一七八六－一七九五）作品；《餘集》則為丙辰至己未一月（嘉慶元年至四年，一七九六－一七九九）作品。

各集的刊刻時間為：《御製文初集》三十卷，乾隆二十八年（一七六三）正月刊刻；《二集》四十四卷，乾隆五十一年五月刊刻。《御製文二集》以下，《御製詩四集》以下的詩文，終高宗之世皆未繕寫收入《四庫全書》。[7]

「北圖殘稿」卷一七三，6b-8a著錄有「《御製文初集》三十卷」。浮簽改為：「《御製文初集》三十卷《二集》四十四卷」。所附提要：「臣等謹案：《御製文初集》三十卷，凡五百七十餘篇（先散行，次韻語），為十有九門。《二集》四十四卷，凡四百一十餘篇，為二十有三門，門各以歲月為次，皆」。就此而言，「北圖殘稿」原僅著錄《御製文初集》三十卷，未收《二集》四十四卷，則編纂時間必然早於《御製文二集》，亦即乾隆五十一年（一七

7 〈諭內閣四庫全書內未繕入高宗詩文及續辦方略等書著一體增入庋藏〉（嘉慶八年四月初二日，起居注冊）：「《四庫全書》內恭繕皇考高宗純皇帝聖製詩文，存貯諸閣，奎文炳煥，垂示萬古。惟聖製詩自四集以後，文自二集以後，俱未繕寫恭貯，理應敬謹增入。此外如《八旬萬壽盛典》及續辦方略、紀略等書，亦應一體繕入庋藏。」中國第一歷史檔案館編：《纂修四庫全書檔案》，頁二三七五。

八六）之前，浮簽所補，當在其後。

至於詩集部分，《詩集初集》收入丙辰至丁卯（乾隆元年至十二年，一七三六－一七四七）作品；《二集》收入戊辰至己卯（乾隆十三年至二十四年，一七四八－一七五九）作品；《三集》收入庚辰至辛卯（乾隆二十五年至三十六年，一七六〇－一七七一）作品；《四集》自壬辰至癸卯（乾隆三十七年至四十八年，一七七二－一七八三）；《五集》自甲辰至乙卯（乾隆四十九年至六十年，一七八四－一七九五）；《餘集》自丙辰至己未正月（嘉慶元年至四年，一七九六－一七九九）。

「北圖殘稿」卷一七三，8a、10b原僅著錄「《御製詩初集》二百六十卷」。浮簽改為：「《御製詩初集》四十八卷《二集》一百卷《三集》一百十二卷《四集》一百十二卷」，其下附新撰提要。可見「北圖殘稿」的編纂時間必然早於《御製詩二集》、《三集》、《四集》，亦即乾隆四十八年（一七八三）之前，浮簽所補，當在其後。

《御製文初集》、《御製詩初集》二書，可能編輯《四庫全書》時即已收入。確切時間雖不可知，但由修訂時浮簽分別補入時間較晚的《御製文二集》（乾隆五十一年，一七八六）、《御製詩四集》（乾隆四十八年，一七八三）來觀察，則「北圖殘稿」的編纂時間必然早於浮簽補入的二書，即使再晚，也不可能晚至乾隆五十一年（一七八六）。

（三）就「《治河奏績書》四卷（浙江鮑士恭家藏本）附《河防述言》一卷（內廷藏本）」的增入處理，可以推知「北圖殘稿」的編纂時間應早於乾隆五十年（一七八五）六月。

「北圖殘稿」卷六十九，史部地理類二，19b、20a《居濟一得》八卷提要末黏附簽條一紙，為「《治河奏績書》四卷（浙江鮑士恭家藏本）附《河防述言》一卷（內廷藏本）」的提要，這是奉清高宗指示重新編輯並收入《四庫全書》時增入新書的提要。恰好《纂修四庫全書檔案》收錄了處理此書的相關檔案，對此事有詳細的敘述，也提供了推定「北圖殘稿」編纂時間的重要參考資訊。

乾隆五十年（一七八五）六月，清高宗要求軍機處查明張靄生所著《河防述言》一書，是否已收入《四庫全書》？軍機處受命調查後，隨即於六月十六日上奏，報告調查結果並建議處理方式：

> 遵旨查張靄生所著《河防述言》一書，並未寫入《四庫全書》，亦未列入存目。且書中鄂敦他臘等地名，誤寫處頗多，應請旨將此書交《四庫》館照新定河源圖內一律更改，繕入《四庫全書》。[8]

8 〈軍機大臣奏遵查《河防述言》一書未寫入全書應交館更改繕入片凡例內地名改正黏簽呈覽片〉

高宗同意軍機處提出的處理方案後，《河防述言》一書即確定修改後收入《四庫全書》，《四庫》館也同時進行此書的修訂工作。

同年九月，《四庫》館奏上《河防述言》修訂本。清高宗核定後，此書即依指示方式收進《四庫全書》，其提要也同時補入《四庫全書總目》史部地理類二，置於張伯行撰《居濟一得》八卷提要之後，高宗上諭云：

前命阿彌達前往青海迤上河源，旋京具圖呈覽，隨御製河圖詩文，並令館臣編輯《河源紀略》，錄入《四庫全書》，以昭傳信。[9]《四庫》書中從前言河源者甚多，從未有探本窮源以及方向、山川皆能符合者，近閱《河防述言》一書，卷首冠以河圖，朕詳加檢閱，內所載源流、方向、山川形勢，與阿彌達所奏相符。此圖為張靄生所著，其書則係採述陳潢議河之言，彙輯成編，頗為精當。因思河源之說從來疑信半參，歷數千百年，今始考信明確，而張靄生之圖適與今圖脗合，乃其書沒而不彰，非所以揚善誌美也。著《四庫》館總裁即將

（乾隆五十年六月十六日，軍機處上諭檔），中國第一歷史檔案館編：《纂修四庫全書檔案》，頁一八八三。

9 案：清高宗命阿彌達前往青海祭河源事，見〈軍機大臣奏遵旨詢問阿彌達往祭河源情形並巴忠譯出名義片〉（乾隆四十八年九月二十五日，軍機處上諭檔），中國第一歷史檔案館編：《纂修四庫全書檔案》，頁一七三九。

《河防述言》一書錄入《四庫全書》，附於靳輔《治河奏績》一書之後，以示朕博採群言、片長必錄至意。[10]

此諭將事件的來龍去脈說明的十分詳盡，應如何處理亦一併清楚交代，「北圖殘稿」《居濟一得》提要後黏附的簽條，應即是館臣具體落實增入此書的極佳證據。

案：殿本（頁二一－四九六）、浙本（頁六一四）已於《居濟一得》後，補入「《治河奏績書》四卷（浙江鮑士恭家藏本）附《河防述言》一卷（內廷藏本）」。殿本《四庫簡目》末附《河防述言》，浙本《四庫簡目》則已補入。文瀾閣抄本《總目》（頁五五五三）亦已增補《治河奏績書》四卷，但未附《河防述言》一卷。

據此可以確定，「北圖殘稿」成書時，「《治河奏績書》四卷（浙江鮑士恭家藏本）附《河防述言》一卷尚未補入，否則不須另外黏附簽條。就此一具體實例看來，「北圖殘稿」的編纂時間當在乾隆五十年六月之前。

[10]〈諭內閣著四庫館總裁將《河防述言》一書錄入四庫全書〉（乾隆五十年九月二十九日，軍機處上諭檔），中國第一歷史檔案館編：《纂修四庫全書檔案》，頁一八九一。

（四）從《河源紀略》提要的補換，可以推斷「北圖殘稿」的編纂時間，應早於乾隆四十七年七月。

乾隆四十七年七月十四日，清高宗下令《四庫》館編輯《河源紀略》一書，上諭云：

所有兩漢迄今，自正史以及各家河源辨證諸書，允宜通行校閱，訂是正訛，編輯《河源紀略》一書。著《四庫》館總裁督同總纂等，悉心纂辦，將御製河源詩文冠於卷端。凡蒙古地名、人名譯對漢音者，均照改定正史，詳晰校正無訛，須布刊刻，並錄入《四庫全書》，以昭傳信。[11]

這是編輯《河源紀略》一書的開始，上意如此，館臣自然奉命惟謹，儘速從事。同年八月，軍機處奏上〈軍機大臣奏遵旨將《河源紀略》凡例內地名改正黏簽呈覽片〉一摺，詳細說明《河源紀略》凡例內地名修正內容，奏請高宗核定。[12]《河源紀略》一書的編輯工作，在受命館臣的努力下，進展的十分順利，到了乾

11 〈諭內閣著四庫館總裁等編纂《河源紀略》並錄入全書〉（乾隆四十七年七月十四日，起居注冊），中國第一歷史檔案館編：《纂修四庫全書檔案》，頁一五九八。

12 〈軍機大臣奏遵旨將《河源紀略》凡例內地名改正黏簽呈覽片〉（乾隆四十七年八月初四日，軍機處上諭檔），中國第一歷史檔案館編：《纂修四庫全書檔案》，頁一六〇八。

隆四十九年的七月二十四日，《四庫》館即上奏高宗，陳報《河源紀略》底本業已告成，同時呈請為所有參與纂修的館臣請旨議敘。[13]

「北圖殘稿」卷六十九，史部地理類二，16b-17a收有〔明〕張國維撰《吳中水利書》二十八卷。就在此書提要末，館臣於書眉墨筆加注了一段文字：

> 此條之後，《崑崙河源考》之前，酌留空白六十行，以便補換《河源紀略》提要，切記！

這應是負責審核的館臣寫給館內謄錄人員的提示，文字雖簡，語意卻十分清楚。

案：殿本（頁二－四九三）、浙本（頁六一三）已補入《欽定河源紀略》三十六卷提要。文瀾閣抄本總目（頁五四九）亦已補入《欽定河源紀略》三十六卷提要。此書既是乾隆四十七年奉勅所撰，則「北圖殘稿」編成時，高宗尚未降旨要求編寫《河源紀略》，所以館臣纔會在《吳中水利書》提要末書眉加註上述要求「酌留空白六十行」，以便未來補換《河源紀略》提要所需。由此可以推定「北圖殘稿」的編輯時間，必然早於乾隆四十七年七月。

---

13 〈質郡王永瑢等奏《河源紀略》底本告成所有纂修等請旨議敘摺〉（乾隆四十九年七月二十四日，軍機處上諭檔），中國第一歷史檔案館編：《纂修四庫全書檔案》，頁一七九〇。

（五）就著錄各書所署進呈者職銜變化觀察，「北圖殘稿」的編成時間應在乾隆四十七年四月之後。

乾隆三十九年七月二十五日頒佈的〈諭內閣著《四庫全書》處總裁等將藏書人姓名附載於各書提要末並另編《簡明書目》〉上諭中，清高宗要求未來《四庫全書總目》所收各書，都必須注明該書來源。[14]秉承此一上旨，其後《四庫》館所編纂的《四庫全書總目》各稿，不論著錄抑或存目，所收各書提要，都一律標注了該書的來源，幾無例外。今存於世的臺北國家圖書館殘稿、上海圖書館殘稿、「北圖殘稿」、北京國家博物館殘稿以及「津圖紀稿」皆然，即使已成書的浙本《總目》及殿本《總目》，亦復如此，都加注了著錄與存目書的來源。這種不注書籍版本卻加注書籍來源的現象雖非常見，卻成為《四庫全書總目》編輯上的既定原則，也是不可或缺的部分。

比對上述各種殘稿與書籍可以發現，若呈進來源為朝廷官員，有一現象頗值注意，此即同一書籍所標注的進呈者會因官職的升遷而修改其所署的職稱，尤以進書者本身即為四庫館臣時最為明顯。如館臣汪如藻兼為進書者，在《四庫全書初次進呈存目》所收的宋陳經撰《尚書詳解》五十卷中，原注「庶吉士汪如藻家藏本」（經部書

14 中國第一歷史檔案館編：《纂修四庫全書檔案》，頁二二八。

類，頁經二一九），但至「津圖紀稿」時，已改為「編修汪如藻家藏本」（頁二－四六八），較晚的浙本《總目》（頁九十四）及殿本《總目》（頁一－二六三）所收汪如藻的進呈書，其來源皆標注「編修汪如藻家藏本」。汪如藻為乾隆四十年（一七七五）五月乙未科吳錫齡榜的二甲進士，隨即入翰林院庶常館為庶吉士，到乾隆四十三年（一七七八）二月底未經散館即奉旨授為翰林院編修。[15]此後各《總目》殘稿所收汪如藻進呈各書職稱，全署「編修汪如藻家藏本」。由此可知，比較進書者職稱的變動，亦可以做為衡量殘稿大致編纂時間的參考。

以下就以紀昀、陸費墀這二位館臣兼進書者其官職著錄變化為例，嘗試推斷「北圖殘稿」的大致編纂時間。

「北圖殘稿」下列各書為紀昀所進呈：

1. 國朝王懋竑撰《朱子年譜》四卷《考異》四卷《附錄》二卷，兵部侍郎紀昀家藏本。（卷五十七，史部傳記類一，18a-19b）
2. 〔明〕鄭燭撰《濟美錄》四卷，兵部侍郎紀昀家藏本。（卷六十一，史部傳

15 〈諭辦理四庫全書出力人員夢吉陸費墀等著分別陞用授職與賞賜〉（乾隆四十三年二月二十九日，軍機處上諭檔）：「乾隆四十三年二月二十九日奉旨：夢吉、王仲愚、章寶傳、……俱著以應陞之缺列名在前陞用；庶吉士汪如藻著即授為編修，無庸散館；勵守謙著加恩授為編修。」中國第一歷史檔案館編：《纂修四庫全書檔案》，頁七八五。

記類存目三，34a-34b）

3. 〔漢〕不著撰人名氏《吳越春秋》十卷，原署「內府藏本」，墨筆改為「兵部侍郎紀昀家藏本」。（卷六十六，史部載記類，1b-3a）

4. 《越絕書》十五卷，原署「內府藏本」，墨筆改為「兵部侍郎紀昀家藏本」。（卷六十六，史部載記類，3a-5b）

5. 〔宋〕馬令撰《南唐書》三十卷，兵部侍郎紀昀家藏本。（卷六十六，史部載記類，23a-24b）

6. 〔唐〕莫休撰《桂林風土記》，原作「江蘇巡撫採進本」，改為「兵部侍郎紀昀家藏本」。（卷七十，史部地理類三）案：殿本（頁二一五一五）、浙本（頁六二三）已改。

上述六書中，除《朱子年譜》、《濟美錄》、《南唐書》已署「兵部侍郎紀昀家藏本」外，其餘《吳越春秋》、《越絕書》原作「內府藏本」，《桂林風土記》原作「江蘇巡撫採進本」，館臣均以墨筆改為「兵部侍郎紀昀家藏本」。可見「北圖殘稿」編寫時，紀昀的官職已由內閣學士遷兵部侍郎。相較於「上圖殘稿」所收入的紀昀呈進書，皆署「內閣學士紀昀家藏本」，則「北圖殘稿」編寫的時間應晚於「上圖殘稿」。

案：據《紀曉嵐文集》所附年譜，紀昀乾隆四十四年己亥（一七七九）四月，自詹事擢內閣學士；乾隆四十七年壬寅（一七八二）四月，調補兵部侍郎，仍兼值閣事。[16]則紀昀轉任兵部侍郎，應自乾隆四十七年（一七八二）四月起。

「北圖殘稿」下列各書為陸費墀所進呈：

1.〔明〕胡廣等撰《禮記大全》三十卷，少詹事陸費墀家藏本。（卷二十一，經部禮類三，9b-10b）

2. 舊題朱子撰《家禮》五卷，少詹事陸費墀家藏本。（卷二十二，經部禮類四，20a-23a）

上述二書的進呈者，皆署「少詹事陸費墀」，可見編纂「北圖殘稿」時，陸費墀已為少詹事。陸費墀於乾隆三十九年十一月十三日上諭陞用翰林院侍讀，[17]尋陞少詹事。[18]

案：《纂修四庫全書檔案》謂陸費墀於乾隆四十一年七月初六日以侍讀學士原銜充文淵閣直閣事（頁五二八），乾隆四十七年二月初二日以少詹事受賞（頁一四六

16 紀昀：《紀曉嵐文集》（石家莊市：河北教育出版社，一九九五年），冊三，頁三七九、頁三九〇。

17 〈諭內閣陸費墀勤勉著以翰林院侍讀陞用以示鼓勵〉（乾隆三十九年十一月十三日，軍機處上諭檔），中國第一歷史檔案館編：《纂修四庫全書檔案》，頁二八八。

18 《清史列傳》（臺北：臺灣中華書局，一九八三年臺二版）載：「陸費墀於乾隆四十年擢侍讀學士，尋陞少詹事。四十一年（一七七六）充文淵閣直閣事。」卷二十六，頁50b。

二），乾隆四十七年七月擢內閣學士兼禮部侍郎銜。[19]其後於乾隆四十九年二月十九日以禮部侍郎充四庫全書館副總裁（頁一七六七）。據此，則陸費墀任少詹事當在乾隆四十年至乾隆四十七年七月之間。

依據上述二位館臣的任職時間來看，紀昀擔任兵部侍郎的時間始於乾隆四十七年壬寅（一七八二）四月，而陸費墀任官少詹事的期間為乾隆四十年至乾隆四十七年七月之間，二人一為兵部侍郎、一為少詹事的時間在乾隆四十七年四月至七月。由於乾隆四十七年七月十九日四庫館即已再次進呈奉命修訂後的《四庫全書總目》，並經高宗核定，[20]此後《總目》雖再有局部修訂，紀、陸等人亦逐步晉升，但進書所署的職銜已不再隨之改動。如此說來，這個時段可能即「北圖殘稿」編纂時間的上限。

就上述五點觀察，「北圖殘稿」的編成時間。應可推定為乾隆四十七年（一七八二）四月以後，乾隆四十七年七月之前。

19　同上書，頁50b。

20　〈質郡王永瑢等奏《四庫全書簡明目錄》等書告竣承覽請旨陳設刊行摺〉（乾隆四十七年七月十九日，軍機處原摺），中國第一歷史檔案館編：《纂修四庫全書檔案》，頁一六〇二。

三、「北圖殘稿」與「津圖紀稿」的關係初探

在考訂「北圖殘稿」的編纂時間的過程中，筆者經常取「津圖紀稿」的資料作為參考依據，接觸的時間久了之後，發覺兩部殘稿之間似乎有某種親近的關係。因此，在大致討論過「北圖殘稿」的編纂時間之後，順便對此不尋常的現象略做探討。由於受限於客觀條件，「北圖殘稿」與「津圖紀稿」無法同時在手，難以全面逐一比對，相當令人惋惜。目前只能就手邊所已掌握的有限資料進行討論，藉此提出筆者的懷疑，未來若有機會全面比對二部殘稿，相信應可發掘更豐富的資料作為佐證，進而得出具體可信的結論，提供學界同好參考。

（一）「北圖殘稿」與「津圖紀稿」的編纂時間極為相近，殘存卷數均多，但全無重覆。

依據近人統計資料，「北圖殘稿」殘稿計四十八冊，六十三卷。[21]「津圖紀稿」

21 王菡：〈國家圖書館所藏《四庫全書總目》稿本述略〉，《文學遺產》二〇〇六年第二期，頁一二一－一二八。

殘存稿本數量更多，有六十冊，七十卷，約為《總目》全書的百分之三十以上。[22]據筆者所考，兩部殘稿的編成時間極為接近，前者約為乾隆四十七年四月、七月之間，後者則為乾隆四十八年二月之前，[23]時間頗為相近。必須指出的是，兩者卷次互相比較之下，竟然無一卷重覆，而且殘存的卷次，完全可以互補。茲列表說明如下：

「北圖殘稿」與「津圖紀稿」殘存卷次對照表

卷次存佚	「北圖殘稿」	「津圖紀稿」
	缺	卷首（聖諭）
	缺	卷首之二（御製詩・癸巳）
	缺	卷首之三（御製詩・甲午）
	缺	卷首之四（御製詩・乙未）
	缺	卷首之五（御製詩・丙申／丁亥／戊戌）
	缺	卷首之六（御製詩・己亥）

22 李國慶：〈影印紀曉嵐刪定本《四庫全書總目》稿本前言〉，《天津圖書館藏紀曉嵐刪定《四庫全書總目》稿本》（北京：國家圖書館出版社，二〇一一年），頁一。案：本稿本除七十卷之外，應加計卷首聖諭一卷、卷首御製詩、御製文六卷，合計共七十七卷。

23 夏長樸：〈重論《天津圖書館藏紀曉嵐刪定《四庫全書總目》稿本》的編纂時間〉，《湖南大學學報》（社會科學版）第三十卷第六期（二〇一六年十一月），頁八－二十。

「北圖殘稿」	「津圖紀稿」
缺	卷首之七（御製文・甲午）
缺	凡例
卷一、卷二	缺
缺	卷三
卷四、卷五	缺
缺	卷六~卷八
卷九	缺
缺	卷十~卷十四
卷十五	缺
缺	卷十六
卷十七~卷二十二	缺
缺	卷二十三、卷二十四
卷二十五	缺
缺	卷二十六~卷二十八
卷二十九	缺
缺	卷三十七
卷三十八~卷四十一	缺
缺	卷四十四
卷四十五~卷四十七	缺

「北圖殘稿」	「津圖紀稿」
缺	卷四十八~卷五十
卷五十一、卷五十二	缺
缺	卷五十三~卷五十五
卷五十六~卷七十三	缺
缺	卷七十四、卷七十五
卷七十六	缺
缺	卷七十七
卷一百十七	缺
缺	卷一百十八~卷一百二十四
卷一百二十六~卷一百二十九	缺
缺	卷一百三十~卷一百三十九
卷一百四十一、卷一百四十二	缺
缺	卷一百四十八、卷一百四十九
卷一百五十	缺
缺	卷一百五十一、卷一百五十二
卷一百五十六~卷一百五十九	缺
缺	卷一百六十~卷一百六十四
卷一百六十五、卷一百六十六	缺
缺	卷一百六十八

「北圖殘稿」	「津圖紀稿」
缺	卷一百七十一
卷一百七十三	缺
卷一百七十五~一百七十七	缺
缺	卷一百七十八
缺	卷一百八十~卷一百八十五
卷一百八十六~卷一百八十七	缺
缺	卷一百八十八~卷一百九十六
卷一百九十七	缺

案：本表「北圖殘稿」存佚卷次，依據《中國善本書目・史部》目錄類頁3b。

除了卷首不計之外，[24]二書稿的卷次完全不重覆，而且卷一至卷六、卷九至卷二十九、卷三十七至卷四十一、卷四十四至卷七十七、卷一百十七至卷一百二十四、卷

24 案：卷首七卷中，除卷一「上諭」外，卷二至卷七「御製詩、御製文」等六卷，時間較早，與「凡例」以下各卷，原本分屬不同書稿，不宜列入「津圖紀稿」。又卷七十七、卷一三六、卷一三七及卷一五一，版式不同於「津圖紀稿」，亦不宜列入「津圖紀稿」。筆者曾有專文討論，詳參夏長樸：〈重論《天津圖書館藏紀曉嵐刪定《四庫全書總目》稿本》的編纂時間〉，《湖南大學學報》（社會科學版）第三十卷第六期（二〇一六年十一月），頁八－二十。

一百四十八至卷一百五十二、卷一百五十六至卷一百六十六、卷一百七十五至一百七十八、卷一百八十至卷一百九十六，二稿存卷完全可以互相銜接。這種卷次互補絕無重覆的現象，不太可能出於偶然，因為機率實在太低。更不應視為理所當然，理由在於二者是各自獨立的兩部殘稿，在沒有具體證據之前，不能逕自這麼認定。由上述二部殘稿犬齒交錯的互補情況來看，二者之間似應有某種密切的關係。由於二部殘稿編纂時間頗為相近，若能找出其他佐證，幾乎可以推定二者出自於同一書稿。換言之，二者本來即是一部書稿的可能性極高。

（二）《鳳洲綱鑑》一書刪除後，二書修正的方式完全相同，其中還有某些內容關連，箇中原因頗值深思。

「津圖紀稿」卷四十八史部編年類存目，在《考信錄》、《昭代典則》二書之間原收有舊題〔明〕王世貞撰《鳳洲綱鑑》二十四卷（頁三－四八六）[25]，此書遭館臣以墨筆勾除。與此相應，館臣同時將該卷卷末案語，由原來的「案：《鳳洲綱鑑》之類，坊刻陋本，不足以言史矣。」同時改為「案：《綱鑑正史約》之類，坊刻陋本，不足以言史矣。」不僅如此，同書卷一九二集部總集類存目二所收的〔明〕王世貞編

[25] 案：所謂頁三－四八六，即「津圖紀稿」影印本第三冊，頁四八六。以下同此。

《尺牘清裁》六十卷《補遺》一卷，提要原作「〔明〕王世貞編。世貞有《鳳洲綱鑑》，已著錄。」也以墨筆改為「〔明〕王世貞編。世貞有《弇山堂別集》，已著錄。」[26]這種修改方式，合乎《四庫全書》提要的編寫體例，即同一作者若有多部書籍收入時，首次著錄的該書提要，必定簡要交代作者的籍貫仕宦履歷。再次出現該作者著作時，即省略此一敘述，改採「某人有某書，已著錄」這種形式，全書皆如此，並無例外。[27]此處王世貞編《尺牘清裁》採此方式，即表示《總目》稿在此書之前已有王世貞的著作，否則不會如此處理。

上述館臣將《鳳洲綱鑑》改為《弇山堂別集》的作法，就明確顯示刪除《鳳洲綱

26 案：此處有浮箋：「《尺牘清裁》六十卷《補遺》一卷。明王世貞編。世貞有《弇山堂別集》，已著錄。然書蓋原楊慎原本而增修之，慎所錄自《左史》迄於六朝，共為八卷。」（頁九—二二六）

27 「津圖紀稿」《欽定四庫全書總目》，〈凡例〉：「至一人而著數書，分見於各部中者，其爵里惟見於第一部，後但云：『某人有某書，已著錄。』以省重複。如二書在一卷之中，或數頁之內，易於省記者，則第二部但著其名。（原注：如〔明〕戴原禮，已見所校補朱震亨《金匱鉤元》條下，其《推求師意》二卷僅隔五條之類。）」，頁一—二九〇。案：「津圖紀稿」卷一三六，子部類書類二，另有《異物彙苑》五卷，直隸總督採進本。舊本題明王世貞撰。提要逕作「世貞有《弇山堂別集》，已著錄。」（頁六—一三五）然「津圖紀稿」所收該卷板式全異於同書他卷，經筆者考證，此卷並非同一書稿，疑係錄副本，並非原稿所有，故不宜列入討論。請參看夏長樸：〈重論《天津圖書館藏紀曉嵐刪定《四庫全書總目》稿本》的編纂時間〉，《湖南大學學報》（社會科學版）第三十卷第六期（二〇一六年十一月），頁八—二十。

鑑》之後，取代其首次出現地位的是同一作者的《弇山堂別集》。《弇山堂別集》提要收在《總目》「卷五十一史部雜史類」，不巧的是，「津圖紀稿」正好缺了卷五十一與卷五十二。更令人訝異的是，「津圖紀稿」所缺的此書提要，卻恰巧著錄在「北圖殘稿」的卷五十一中。

「北圖殘稿」收有王世貞著作數量不少，既有著錄書也有存目書。包括下列四部：

1. 《弇山堂別集》十卷，兩江總督採進本，〔明〕王世貞撰。（卷五十一，史部雜史類，11a）
2. 《嘉靖以來首輔傳》八卷，浙江汪啟淑家藏本，〔明〕王世貞撰。（卷五十八，史部傳記類二，7b-8b）
3. 《觚不觚錄》一卷，安徽巡撫採進本，〔明〕王世貞撰。（卷一四一，子部小說家類二，47b-48a）
4. 《鳳洲筆記》二十四卷《續集》四卷《後集》四卷，兩淮鹽政採進本，〔明〕王世貞撰。（卷一七七，集部別集類存目四，70b）

「北圖殘稿」所著錄的《弇山堂別集》與其他三部書提要，在「〔明〕王世貞撰」之下，原本都作：「世貞有《鳳洲綱鑑》，已著錄」，館臣墨筆將其餘三書提要一律改為：「世貞有《弇山堂別集》，已著錄。」這與上舉「津圖紀稿」墨筆刪除《鳳洲綱鑑》之後，同一書稿的《尺牘清裁》六十卷《補遺》一卷提要的處理的方式完全一致，也合乎同一原則，唯一例外的就是《弇山堂別集》。《弇山堂別集》底本原來亦作：「世貞有《鳳洲綱鑑》，已著錄」，這與上述三書並無不同。但是，館臣對此書提要的修改方式卻不一樣，不作：「世貞有《弇山堂別集》，已著錄。」卻改為：

世貞字元美，太倉人。嘉靖丁未進士，官至南京刑部尚書，事蹟具《明史・文苑傳》。

照前述《四庫全書》及《四庫總目》的編寫慣例，這顯示「津圖紀稿」墨筆刪除《鳳洲綱鑑》後，《弇山堂別集》已成為《四庫總目》所收〔明〕王世貞各書中的首部著作，所以才改為敘述王氏生平仕宦履歷。不僅如此，更令人驚奇的是，上述這段敘述，其文字全同於「津圖紀稿」所刪除《鳳洲綱鑑》提要的文字，看來似乎是館臣刪除《鳳洲綱鑑》時，順便也對同一書稿所收王世貞的其他著作的提要做了修正。《弇山堂別集》因為是修正之後成為新的首部著作，所以文字的修正異於其他各書，並將原來的簡要生平履歷移寫到《弇山堂別集》的提要上，這是書籍編寫修訂常見的方式，並不令人意外。這麼一來，就出現了一個頗堪玩味的問題：館臣刪除的「津圖紀稿」，其提要中有關王世貞仕宦履歷的文字何以會一字不易的移到「北圖殘稿」去呢？二者不是分屬兩部殘稿嗎？除非「北圖殘稿」與「津圖紀稿」原本即來自於同一書稿，其後因不明原因分開為二，否則很難對此現象做出其他合理的解釋。

（三）「北圖殘稿」與「津圖紀稿」均收入李清、周亮工等人的著作，也同時遭刪除，二部殘稿所收禁書全無重覆，應非偶然巧合，其中可能有某種關係存在。

乾隆五十二年三月，高宗皇帝下令《四庫全書》撤出並銷毀李清、周亮工等人的著作，《四庫全書總目》也比照辦理。因此「北圖殘稿」底本中所收李清《南唐書合訂》二十五卷（卷六十六，史部載記類）、周亮工《閩小記》四卷（卷七十，史部地理類三）都被墨筆刪除。與此相同，「津圖紀稿」底本所收李清《南北史合注》一百九十一卷（卷五十，史部別史類）、周亮工《書影》（卷一二二，子部雜家類）、周亮工《賴古堂藏書》無卷數、周亮工《賴古堂詩集》四卷（卷一八一，集部別集類），也遭館臣刪除。銷毀的這六部書雖分屬不同的二部殘稿，書籍卻完全不重覆，這種現象相當罕見。若是二部殘稿遭銷毀的禁書有所重覆，自然可確定二部殘稿分屬不同的二部書稿，二者並無關係。但不同的殘稿底本所收禁書完全不重覆，又應如何解釋？看來不能輕易排除二者本來即有密切關係的可能。

（四）就「津圖紀稿」所收黃宗羲撰《今水經》一書提要文字的修改，可以觀察「津圖紀稿」與「北圖殘稿」關係密切。

「津圖紀稿」卷七十五，史部地理類存目四，收有黃宗羲撰《今水經》一書（頁四—三五四），提要原本作：

《欽定西域圖志》勘校精詳，昭示萬代。

其後館臣墨筆補入「《河源紀略》諸書，勘驗」八字，刪除「勘校」二字，修正後的文字為：

《欽定西域圖志》、《河源紀略》諸書，勘驗精詳，昭示萬代。

據上文的討論，《河源紀略》於乾隆四十七年七月十四日下諭編撰，乾隆四十九年七月二十四日底本告成。「津圖紀稿」《今水經》提要沒有提及《河源紀略》，其後校正時，館臣以墨筆添上。這說明「津圖紀稿」底本編纂時，《河源紀略》這部書尚未編撰，墨筆填入《河源紀略》書名，時間應在乾隆四十九年七月二十四日之後。「北圖殘稿」、「津圖紀稿」原本均無《河源紀略》，其後館臣校閱修正時，在「北圖殘稿」《吳中水利書》提要書眉上加註提示，此條後「酌留空白六十行，以便補換《河源紀略》提要」；而「津圖紀稿」則直接在《今水經》提要內容中補上「《河源紀略》諸書」等字。不同的兩部書稿，卻同因《河源紀略》的編輯成書而修訂提要，這種情形應非偶然，似為同一時間所為，也顯示二部殘稿之間有相當密切的關連。

（五）「北圖殘稿」與「津圖紀稿」所收《鴻猷錄》提要，斷裂處內容完全可以銜接，與殿本《總目》、浙本《總目》所錄相合。由此可見，「北圖殘稿」與「津圖紀稿」原是同一書稿。

「津圖紀稿」的卷四十九，紀事本末類殘存二十七頁，最後的內容是《鴻猷錄》提要，提要內容殘缺未完，僅存「明高岱撰。岱字伯宗，京山人。嘉靖庚戌進士，官景王府長史。是書乃岱官刑部主事時作，仿紀事本」四十二字。「北圖殘稿」所收卷四十九，殘存第二十八、二十九兩頁（頁九－三六七），誤置卷四十六末卷四十七前。提要開頭一行即作「末之體，所錄凡六十事，每事標四字為題，前敘後」，持以與殿本《總目》、浙本《總目》所錄相較，上述兩段殘文正是《鴻猷錄》提要前後相接的內容。[28] 由此可見，「北圖殘稿」與「津圖紀稿」原是同一書稿，其後因故分為

[28] 殿本《總目》《鴻猷錄》提要：「明高岱撰。岱字伯宗，京山人。嘉靖庚戌進士，官景王府長史。

兩個部分，才會出現這種二書斷裂提要恰好可以相合的現象。[29]

（六）「北圖殘稿」與「津圖紀稿」所收書籍提要的位置調整，形式上幾乎完全相同。

《四庫全書》與《四庫總目》所收書籍的排列，基本上以該書撰著時代為序，這在全書的凡例上有十分明確的規定。[30]在較早期的稿本中，由於各卷門目的增減，偶有較大的調整，就現有殘存的稿本而言，「央圖殘稿」與「國博殘稿」即各自保留了因新增門類或調整子目的痕跡：前者因新增「紀事本末類」而抽出了與紀事本末性質相同或相近的書籍，用以增設新的門目，因此而更動了書籍的排列次序；後者則是將原本未分子目的職官類，其下又細分為官制、官箴二子目，因此調整該卷原收書籍的前後位置。這種情形在《總目》的門目子類確立後，書籍的位置即較少更動，即使偶

是書乃岱官刑部主事時作，仿紀事本末之體，所錄凡六十事，每事標四字為題，前敘後論。起於龍飛淮甸，終於追戮仇鸞，皆事之關於用兵者也。前有〈自序〉曰：『歷代寔錄，秘不可見，惟是諸臣傳誌書疏，參質考訂，稍得要領。暇日論次，錄而成帙』云。」卷四十九，頁二一一〇九。

29 此條參考江慶柏，《四庫全書總目稿鈔本叢刊・前言》（上海：上海科學技術文獻出版社，二〇二一年六月），頁三。

30 「津圖紀稿」《欽定四庫全書總目》，〈凡例〉，頁一－二八〇。殿本《總目》，「卷首三」〈凡例〉，頁一－三四三、浙本《總目》，「卷首」〈凡例〉，頁十六同。

有增減，也相當罕見。

除了因增設門類或新增子目而調整書籍位置之外，最常見的書籍位置變更則是因作者時代先後而做的必要改變，這種情形在集部時有所見，且數量相當不少。乾隆四十六年（一七八一）二月，當《四庫全書》館首次奏進所辦《四庫全書總目提要》時，高宗皇帝即曾特別降旨強調：「所有《四庫全書》經史子集各部，俱著各按撰述人代先後，依次編纂。至我朝欽定各書，仍各按門目，分冠本朝著錄諸家之上，則體例精嚴，而名義亦秩然不紊，稱朕折衷詳慎之至意。」[31]上意如此，館臣自然遵旨辦理，重新更改了《四庫全書》的書籍排列順序，《總目》也因應此一要求，同時調整了各書提要的先後順序。

在比對「北圖殘稿」與「津圖紀稿」時，原本各自獨立的兩部殘稿，都有大規模調整書籍現象，不僅更動的形式相同，且更改的卷序也十分接近。這種情形頗值深究，以下先列舉各稿所調整的書籍，再做進一步的分析。

「北圖殘稿」所存調整書籍如下：

1. 卷四十七，史部編年類，頁53b書眉：「以前照舊。一、《御批通鑑輯覽》，

---

31 〈諭內閣所有四庫全書各部俱各按撰述人先後依次編纂〉（乾隆四十六年二月十五日，軍機處上諭檔），中國第一歷史檔案館編，《纂修四庫全書檔案》，頁一二九〇－一二九一。

二、《御定通鑑綱目三編》，三、《皇清開國方略》，四、《資治通鑑後編》。」

2. 卷一五八，集部別集類十一。

△11b-13a《鄮紳伯集》二卷後，13b-14a夾一浮簽：「《北山集》寫於《浮山集》之後。《鄮紳伯集》／《浮山集》／《北山集》／《橫浦集》。照此次序寫。」（案：殿本總目已調整，浙本總目未改。）

3. 卷一五九，集部別集類十二。

△11a-12b《梁谿遺稿》一卷，兩淮馬裕家藏本，〔宋〕尤袤撰。

夾簽：「《梁谿遺稿》寫於《雪山集》之後。《晦庵集》／《文忠集》／《雪山集》／《梁谿遺稿》／《方舟集》。」（案：殿本總目已調整，浙本總目未改。）

△24b-25b《宮教集》十二卷，《永樂大典》本，〔宋〕崔敦禮撰。

夾簽：「《宮教集》寫于《蒙隱集》之後。《香山集》／《蒙隱集》／《宮教集》／《倪石陵書》。」（案：殿本總目已調整，浙本總目未改。）

△36a-37a《義豐集》一卷，編修勵守謙家藏本，〔宋〕王阮撰。

夾簽：「《義豐集》，寫於《涉齋集》之後。《東塘集》／《涉齋集》／《義豐集》／《蠹齋鉛刀編》。」（案：殿本總目已調整，浙本總目未改。）

4. 卷一六五，集部別集類十八。

△44b-45a《仁山集》六卷，浙江巡撫採進本，〔宋〕金履祥撰。

夾簽：「《仁山集》，寫於《自堂存稿》之後。《寧極齋稿》／《自堂存稿》／《仁山集》／《心泉學詩稿》。」（案：殿本總目已調整，浙本總目未改。）

5. 卷一七三，集部別集類二十六。

△6b-8a「《御製文初集》三十卷」。

夾簽：「《御製文初集》三十卷《二集》四十四卷」，其下附新撰提要（案：殿本、浙本總目皆已修改）。

△8a-10b「《御製詩初集》二百六十卷」夾簽：「《御製詩初集》四十八卷《二集》一百卷《三集》一百十二卷《四集》一百十二卷。」其下附新撰提要。（案：殿本、浙本總目皆已修改）

6. 卷一八七，集部總集類二。

△42b-43b《十先生奧論》四十卷，浙江范懋柱家天一閣藏本，不著編撰者名氏。

夾簽：「《十先生奧論》寫於《詩家鼎臠》後。《增注唐策》／《詩家鼎臠》／《十先生奧論》／《兩宋名賢小集》。」（案：殿本總目已調整，浙本總目未改。）

「津圖紀稿」所存調整書籍如下：

1. 卷一一八。子部雜家類二。

△《考古質疑》六卷，《永樂大典》本，〔宋〕葉大慶撰。

本頁夾簽：「《考古質疑》寫於《坦齋通編》之後。《野客叢書》／《坦齋通編》（此篇在本卷四十五頁後三行提寫勿誤）／《考古質疑》／《經外雜抄》」（頁四－五二九）（案：殿本總目已調整，浙本總目未改。）

△《坦齋通編》一卷，《永樂大典》本，不著撰人名氏。

《坦齋通編》原在《識遺》、《愛日齋叢抄》二書之間。本頁夾簽：「《坦齋通編》移於《考古質疑》前。此不必重寫。《識遺》十卷／《愛日齋叢抄》五卷」（頁四－五五四）（案：殿本總目已調整，浙本總目未改。）

2. 卷一一九，子部雜家類三。

△《正楊》四卷，直隸總督採進本，〔明〕陳耀文撰。

《正楊》原在《譚苑醍醐》、《疑耀》二書之間。本頁夾簽：「寫於《藝彀》之後。《譚苑醍醐》／《藝彀》／《正楊》／《疑耀》／《名義考》」（頁四－五七二）（案：殿本總目已調整，浙本總目未改。）

△《日知錄》三十二卷，內府藏本，國朝顧炎武撰。
《日知錄》原在《拾遺錄》、《義府》二書之間。本頁夾簽：《日知錄》寫於《義府》之後。《拾遺錄》／《義府》／《日知錄》／《藝林彙考》」（頁四－五九五）（案：殿本總目已調整，浙本總目未改。）

△《義門讀書記》五十八卷，江蘇巡撫採進本，國朝何焯撰蔣惟鈞編。
《義門讀書記》原在《白田雜著》、《樵香小記》二書之間。本頁夾簽：《義門讀書記》寫於《樵香小記》之後。《白田雜著》／《樵香小記》／《義門讀書記》／《管城碩記》」（頁四－六一五）（案：殿本總目已調整，浙本總目未改。）

3. 卷一四八，集部別集類一。

△《鮑參軍集》十卷，安徽巡撫採進本，〔宋〕鮑照撰。
書眉墨筆：「寫于《謝宣城集》之後。」（頁六－三二五）（案：殿本總目已調整，浙本總目未改。）

△《謝宣城集》五卷，內府藏本，〔齊〕謝朓撰。
書眉墨筆：「寫於《鮑參軍集》之前。」（頁六－三二八）（案：殿本總目已調整，浙本總目未改。）

△《江文通集》四卷，江蘇巡撫採進本，〔齊〕謝朓撰。

書眉墨筆：「寫于《何水部集》之後。」（頁六－三三二）（案：殿本總目已調整，浙本總目未改。）

△《何水部集》一卷，江蘇蔣曾瑩家藏本，〔梁〕何遜撰。

案：書眉墨筆：「寫于《江文通集》之前。」（頁六－三三四）（案：殿本總目已調整，浙本總目未改。）

4.

卷一六〇，集部別集類十三。

△《舒文靖集》二卷，浙江汪啟淑家藏本，〔宋〕舒璘撰。

《舒文靖集》原在《絜齋集》、《雲莊集》二書之間。本頁夾簽：「《舒文靖集》寫於《雲莊集》之後。《絜齋集》／《雲莊集》／《舒文靖集》／《定齋集》」（頁六－六二九）（案：殿本總目已調整，浙本總目未改。）

5.

卷一六一，集部別集類十四。

△《後樂集》二十卷，《永樂大典》本，〔宋〕衛涇撰。

本頁夾簽：「《後樂集》寫於《竹齋詩集》之後。《橘山四六》／《竹齋詩集》／《後樂集》／《華亭百詠》」（頁七－三十二）（案：殿本總目已調整，浙本總目未改。）

6.

卷一六二，集部別集類十五。

△《滄洲塵缶編》十四卷，《永樂大典》本，〔宋〕程公許撰。

本頁夾簽：「《滄洲塵缶編》寫于《安晚堂集》之後。《漁墅類稿》／《安晚堂集》／《滄洲塵缶編》」（頁七－一〇七）（案：殿本總目已調整，浙本總目未改。）

7. 卷一六四，集部別集類十七。

△《庸齋集》六卷，《永樂大典》本，〔宋〕趙汝騰撰。

本頁夾簽：「《庸齋集》寫于《文溪存稿》之後。《文溪存稿》／《庸齋集》／《彝齋文編》」（頁七－一一六七）（案：殿本總目已調整，浙本總目未改。）

△《靈巖集》十卷，《永樂大典》本，〔宋〕唐士耻撰。

本頁夾簽：「《靈巖集》寫於《玉楮集》之後。《張氏拙軒集》／《玉楮集》／《靈巖集》／《楳埜集》」（頁七－一一八一）（案：殿本總目已調整，浙本總目未改。）

8. 卷一七一，集部別集類二十四。

△《熊峰集》十卷，直隸總督採進本，〔明〕石瑤撰。

本頁夾簽：「《熊峰集》寫於《立齋遺文》之後。《吳文肅摘稿》／《立齋遺文》／《熊峰集》／《西村集》」（頁七－三九二）（案：殿本總目已調整，浙本總目未改。）

△《小鳴稿》十卷，浙江巡撫採進本，〔明〕秦王朱誠泳撰。

本頁夾簽：「《小鳴稿》寫于《方簡肅集》之後。《胡文敬公集》／《方簡肅集》／《小鳴稿》／《懷星堂集》」（頁七－四〇二）（案：殿本總目已調整，浙本總目未改。）

△《劉清惠集》十二卷，浙江巡撫採進本，〔明〕劉麟撰。

本頁夾簽：「《劉清惠集》寫于《東田遺稿》之後。《華泉集》／《東田遺稿》／《劉清惠集》／《沙溪集》」（頁七－四二二）（案：殿本總目已調整，浙本總目未改。）

△《鄭少谷集》二十五卷，福建巡撫採進本，〔明〕鄭善夫撰。

本頁夾簽：「《鄭少谷集》寫於《太白山人漫稿》之後。《迪功集》／《太白山人漫稿》／《鄭少谷集》／《苑洛集》」（頁七－四五〇）（案：殿本總目已調整，浙本總目未改。）

9. 卷一八八，集部總集類三。

△《瀛奎律髓》四十九卷，內府藏本，〔元〕方回撰。

本頁夾簽：「《二妙集》／《穀音》／《河汾諸老詩集》／《瀛奎律髓》／《梅花百詠》／《天下同文集》／《古賦辨體》。以上書目照所開次序挨寫，幸勿錯誤。」（頁八－四九五）（案：殿本總目已調整，浙本總目未改。）

10. 卷一九五，集部詩文評類一。

△《竹坡詩話》一卷，江蘇巡撫採進本，〔宋〕周紫芝撰。

本頁夾簽：「一百九十五卷第三十五頁／《竹坡詩話》一卷宜抽出，寫在《苕溪漁隱叢話前後集》之後。」（頁九－五六二）（案：殿本總目已調整，浙本總目未改。）

△《草堂詩話》二卷，江蘇巡撫採進本，〔宋〕蔡夢弼撰。

本頁夾簽：「《草堂詩話》二卷／《竹莊詩話》二十四卷／《文章精義》一卷／《浩然齋雅談》三卷／依架檔序次，《文章精義》應寫在《竹莊詩話》之下。」（頁九－五八七）（案：殿本總目已調整，浙本總目未改。）

11. 卷一九六，集部詩文評類二。

△《歷代詩話》八十卷，浙江巡撫採進本，國朝吳景旭撰。

本頁夾簽：「《歷代詩話》八十卷〔照此挨寫勿誤〕／《金石要例》一卷／《漁洋詩話》／依架檔次序，《歷代詩話》八十卷應抽寫在《唐音癸籤》之後，《金石要例》之前。」（頁九－六二二）（案：殿本總目已調整，浙本總目未改。）

透過上述二部殘稿的比較，可以發現除了少數書籍以書眉加注的方式調整位置外，絕大部分的更動都是以書籍相關位置夾簽的方式處理。二部殘稿的調整方式完全相同，這應是同一次校正所作的調整，不僅如此，調整的卷次主要集中在卷一五八至卷一六五，這些卷次分屬二部殘稿，不可能是偶然巧合。最可能的原因是，二部殘稿本屬同一部書稿，其後因不明原因散開，才會出現這種現象。

除了上述所舉各點之外，「北圖殘稿」與「津圖紀稿」所收紀昀、陸錫熊、陸費墀等人呈進的書籍，所署職銜也完全相同。再加上「北圖殘稿」與「津圖紀稿」的編纂時間十分接近，前者為「乾隆四十七年（一七八二）四月之後」，而後者為「乾隆四十八年（一七八三）二月之前」。就此而言，二者原本出自於同一書稿，其後因故一分為二的可能性相當大。

四、結語

以上分就「北圖殘稿」的編纂時間及其與「津圖紀稿」的關係，根據具體可信的資料做了簡要的探討。目前可以確定的是，「北圖殘稿」的編纂時間應在乾隆四十七年（一七八二）四月至七月之間，其編纂時間與「津圖紀稿」頗為相近。除了時間相近之外，二者殘存卷數極多卻毫不重覆的現象，為進一步探討提供了重要的線索，也促使筆者對二者的關係做了大致的討論。依據相關修改增添的痕跡等證據推斷，二者極有可能出自於同一書稿，其後因故拆散分離，成為分藏二處的殘稿。未來若「北圖殘稿」有機會影印出版，即可將「北圖殘稿」與「津圖紀稿」二部殘稿內容深入比對，以檢證此一判斷是否確實可以成立。

文獻學的研究必須建立在具體可信的文獻資料上，資料越豐富，再加上嚴謹的論證，就越有可能解決現存的某些疑案，發掘新問題，進而開展出新的研究方向，使學術研究的深度與廣度更加開闊。目前深藏各大圖書館的《四庫全書總目》殘稿極多，其學術參考價值也廣為人知，「津圖紀稿」、《四庫全書初次存目》的影印出版已為《四庫》學的研究提供了極佳的支援，研究成果之豐碩亦有目共睹，未來若能加快步調擴大進行，將殘存於世的稿本全都影印出版，提供學者更多的參考資料，則《四庫》學的研究必能因之大幅度提升，此一現象亦必為學界所樂聞。

* 原刊《中國四庫學》第三輯（二〇一九年一月），頁五十六－七十九。

參考書目

于敏中、王際華等：《四庫全書薈要》，臺北：世界書局，一九八五年影印摛藻堂《四庫全書薈要》本。

中國第一歷史檔案館編：《纂修四庫全書檔案》，上海：上海古籍出版社，一九九七年。

四庫全書出版工作委員會編：《文津閣本四庫全書提要匯編》，北京：商務印書館，二〇〇六年。

江慶柏等編：《四庫全書薈要總目提要》，北京：人民文學出版社，二〇〇九年。

永瑢、紀昀等：《四庫全書總目》稿本，臺北國家圖書館藏，乾隆舊抄本。

——：《四庫全書總目》稿本，北京國家博物館藏，乾隆舊抄本。

——：《四庫全書總目》稿本，上海圖書館藏，乾隆舊抄本。

——：《四庫全書初次進呈存目》，臺北：臺灣商務印書館／國家圖書館，二〇一二年影印國家圖書館藏乾隆原抄本。

——：《天津圖書館藏紀曉嵐刪定《四庫全書總目》稿本》，北京：國家圖書館出版社，二〇一一年。

——：《文淵閣本四庫全書》，臺北：臺灣商務印書館，一九八三年影印文淵閣本。

——：《文瀾閣本四庫全書》，杭州：杭州出版社，二〇一五年影印文瀾閣本。

——：武英殿本《四庫全書總目提要》，臺北：臺灣商務印書館，一九八三年影印武英殿原刻本。

——：《四庫全書總目》，北京：中華書局，一九六五年，影印浙江杭州本。

——：文淵閣原抄本《四庫全書簡明目錄》，臺北：臺灣商務印書館，一九八三年，影印文淵閣本。

——傅卜棠點校：《四庫全書簡明目錄》，上海：華東師範大學出版社，二〇一二年。

金毓黻輯：《金毓黻手定本文溯閣四庫全書提要》，北京：中華全國圖書館文獻縮微複製中心，一九九九年影印康德二年遼海書社排印本。

清高宗：《清高宗御製詩文全集》，臺北：國立故宮博物院，一九七六年影印原刻本。

不署撰人：《清史列傳》，臺北：臺灣中華書局，一九八三年臺二版。

紀昀：《紀曉嵐文集》，石家莊市：河北教育出版社，一九九五年。

吳哲夫：《四庫全書薈要纂修考》，臺北：國立故宮博物院，一九七六年。

夏長樸：〈《四庫全書初次進呈存目》初探——編纂時間與文獻價值〉，《漢學研究》第三十卷第二期（二〇一二年六月），頁一六五－一九八。

——：〈《天津圖書館藏紀曉嵐刪定《四庫全書總目》稿本》的編纂時間與文獻價值〉，《臺大中文學報》四十四期（二〇一四年三月），頁一八五－二二二。

——：〈重論《天津圖書館藏紀曉嵐刪定《四庫全書總目》稿本》的編纂時間〉，《湖南大學學報》（社會科學版）第三十卷第六期（二〇一六年十一月），頁八－二十。

——：〈臺北國圖所藏《四庫全書總目》稿本殘卷的編纂時間與文獻價值〉，《中央研究院中國文哲研究集刊》第四十八期，（二〇一六年三月），頁一三九－一六八。

——：〈重論臺北國圖所藏《四庫全書總目》稿本殘卷的編纂時間〉，《中國典籍與文化論叢》第十九輯（二〇一八年六月），頁二九五－三一一。

——：〈上海圖書館藏《四庫全書總目》殘稿編纂時間蠡探〉，二〇一七年六月首都師範大學主辦「第二屆中國《四庫》學高層論壇宣讀論文，收入《四庫學》第一輯（二〇一七年十二月），頁一八三－二〇七。

王菡：〈國家圖書館所藏《四庫全書總目》稿本述略〉，《文學遺產》二〇〇六年第二期，頁一二一－一二八。

李國慶：〈影印紀曉嵐刪定本《四庫全書總目》稿本前言〉，《天津圖書館藏紀曉嵐刪定《四庫全書總目》稿本》，北京：國家圖書館出版社，二〇一一年。

南京圖書館藏《四庫全書總目》殘稿編纂時間初探*

一、前言

《四庫全書總目》的編輯與修改時間長達二十餘年，在不斷的修改過程中，留下了相當數量的《總目》稿本，這些稿本雖有殘缺，但各稿本完整保留了館臣修改更動的痕跡，增刪抽除掉換的注語全都原狀呈現，不曾另外重新抄寫。這使得《總目》各部類目的增加、所收書籍位置的更動、書籍的抽換以及編輯觀點的調整，都具體存留在殘稿之中。這些難得的編輯資料，對探討館臣在修書過程中如何通過修改提要文字使

* 本文係二〇一九年六月一日，南京師範大學文學院主辦「二〇一九中國四庫學研究高層論壇」宣讀論文，經修改後正式發表在《中國四庫學》第五輯（二〇二〇年十一月），頁三十三—五十。拙文之成，所使用的南京圖書館藏《四庫全書總目》稿本，承蒙上海社會科學院信息研究所張濤副研究員、元智大學中語系副教授何威萱及南京師範大學古文獻整理研究所江慶柏教授、南京圖書館歷史文獻部助理館員韓超等大力協助，得以順利閱覽參考。在此謹致誠摯的謝意。

基本觀點日趨一致，進而建立核心理念，具有非比尋常的參考意義。因此，就現存《總目》提要編纂時間進行探索，據以排序，再比較其內容的前後差異，是理解《總目》學術思想如何發展變化，進而凝聚成中心觀念的重要途徑，其學術價值不言可喻。

除了文淵、文溯、文津、文瀾四部《四庫全書》、《四庫全書薈要》、武英殿聚珍版叢書的書前提要及館臣撰寫的分纂稿，這些耳熟能詳的提要資料之外，殘存於世的《總目》稿本尚有《四庫全書初次進呈存目》（簡稱「初次存目」）、天津圖書館藏紀曉嵐刪定《四庫全書總目》稿本（簡稱「津圖紀稿」）、北京國家圖書館藏《四庫全書總目》稿本（簡稱「北圖殘稿」）、北京國家博物館藏《四庫全書總目》稿本（簡稱「北博殘稿」）、上海圖書館藏《四庫全書總目》稿本（簡稱「上圖殘稿」）、臺北國家圖書館藏《四庫全書總目》稿本（簡稱「央圖殘稿」），以及近年新發現的南京圖書館藏《四庫全書總目》稿本（簡稱「南圖殘稿」）。[1] 再加上浙江圖書館藏抄本文瀾閣《四庫全書總目》及天津圖書館藏抄本文溯閣《四庫全書總目》，這些尚存於天壤之間的《四庫全書總目》稿本與抄本，其數量雖或多或少，也都殘缺不完，但對於《總目》提要編纂過程的研究而言，都是不可或缺的重要資料。

[1] 就筆者涉獵所得，此前不曾有學者提及或使用這筆資料，二〇一〇年十一月二十八日，時為清華大學歷史系博士生的張濤學棣來信告知南京圖書館藏有《四庫全書總目》稿本卷一九五、卷一九七及卷一九九這三卷，筆者始知悉南圖藏有此一珍貴資料。

《四庫全書總目》稿本的編纂時間研究，是近幾年來筆者持續進行的課題，已先後發表了有關《四庫全書初次進呈存目》、[2]天津圖書館藏紀曉嵐刪定《四庫全書總目》稿本、[3]臺北國家圖書館藏《四庫全書總目》稿本[4]、上海圖書館藏《四庫全書總目》稿本[5]及北京國家圖書館藏《四庫全書總目》稿本[6]等編纂時間的研究成果。本文之作，仍賡續上述諸文，就已接觸的資料，繼續探討南京圖書館所藏《四庫全書總目》稿本的編纂時間，以提供文獻學界的參考。若有思慮不周之處，尚祈同道方家

2 夏長樸：〈《四庫全書初次進呈存目》初探——編纂時間與文獻價值〉，《漢學研究》第三十卷第二期（二〇一二年六月），頁一六五—一九八。

3 夏長樸：〈《天津圖書館藏紀曉嵐刪定《四庫全書總目》稿本》的編纂時間與文獻價值〉，《臺大中文學報》四十四期（二〇一四年三月），頁一八五—二二二。又夏長樸：〈重論《天津圖書館藏紀曉嵐刪定《四庫全書總目》稿本》的編纂時間〉，《湖南大學學報》（社會科學版）第三十卷第六期（二〇一六年十一月），頁八—二十。

4 夏長樸：〈臺北國圖所藏《四庫全書總目》稿本殘卷的編纂時間與文獻價值〉，《中國文哲研究集刊》第四十八期（二〇一六年三月），頁一三八—一六九。又夏長樸：〈重論臺北國圖所藏《四庫全書總目》稿本殘卷的編纂時間〉，《中國典籍與文化論叢》第十九輯（二〇一八年六月），頁二九五—三一一。

5 夏長樸：〈上海圖書館藏《四庫全書總目》殘稿編纂時間蠡探〉，《四庫學》第一輯（二〇一七年十二月），頁一八三—二〇七。

6 夏長樸：〈試論北京國家圖書館藏《四庫全書總目》稿本殘卷的編纂時間——兼論與天津圖書館藏《總目》稿本殘卷的關係〉，《中國四庫學》第三輯（二〇一九年一月），頁五十六—七十九。

有以正之。

二、「南圖殘稿」簡述

「南圖殘稿」過去罕為人知，也不曾有過學者研究，近年方為學界知曉，這是相當難得的資料。此一稿本目前殘存三卷，即卷一九五、卷一九七及卷一九九，分別為「集部詩文評類一」、「集部詩文評類存目」與「集部詞曲類二」，所存卷數不多，但就文獻研究而言，仍可提供相當的參考資訊。就版式觀察，三卷「南圖殘稿」的版式基本同於「上圖殘稿」、「央圖殘稿」、「北圖殘稿」、「津圖紀稿」、殿本及浙本《總目》等[7]。三卷卷首首行各標有「欽定《四庫全書總目》卷一百九十五」、「欽定《四庫全書總目》卷一百九十七」及「欽定《四庫全書總目》卷一百九十九」，此亦同於上述各書稿。唯一的差異在於，除卷一百九十九卷末已署「欽定四

7 所謂「殿本」，即乾隆六十年十一月由武英殿刊行的《欽定四庫全書總目》二百卷首四卷；所謂「浙本」，即乾隆六十年十月浙江杭州刊刻的《欽定四庫全書總目》二百卷首一卷。參看崔富章：〈文瀾閣《四庫全書總目》殘卷之文獻價值〉，《文獻季刊》（二〇〇五年一月第一期），頁一五二—一五九。案：本文所用「殿本」，乃臺灣商務印書館一九八三年十月影印武英殿本《四庫全書總目提要》；所謂「浙本」，則為一九六五年六月北京中華書局影印浙江杭州本。

庫全書總目卷一百九十九」七字外，其餘卷一百九十五、卷一百九十七兩卷卷末則係以硃筆補上「欽定《四庫全書總目》卷一百九十（五）七」十四字。就此而言，此三卷殘稿亦為《總目》稿本應無疑問。

本稿所鈐藏書印凡三：嘉惠堂丁氏藏書之印、江蘇省立第一圖書館藏書、南京圖書館藏，可見此稿本原為丁氏「嘉惠堂」舊藏。嘉惠堂藏書樓由杭州丁申、丁丙兄弟於光緒十四年（一八八八年）創建，其藏書樓由「八千卷樓」、「後八千卷樓」、「小八千卷樓」組成，為晚清四大私人藏書樓之一，[8]所編《八千卷樓書目》和《善本書室藏書志》著稱於世。光緒三十三年（一九〇七年），丁氏後人經商失敗，經繆荃孫從中斡旋，將六十萬卷藏書全數售與兩江總督端方創辦的江南圖書館，成為該館成立的主要基礎。江南圖書館其後數度易名，江蘇省立第一圖書館即其中之一，一九四九年後該館與國立南京圖書館合併，改稱南京圖書館。「南圖殘稿」所鈐的三方藏書印，具體說明了此稿收藏處所的一頁滄桑，令人感慨。

8 所謂晚清四大私人藏書樓，即江蘇常熟瞿氏鐵琴銅劍樓、山東聊城楊氏海源閣、浙江湖州陸氏皕宋樓及浙江杭州丁氏嘉惠堂八千卷樓。

三、試論「南圖殘稿」的編纂時間

「南圖殘稿」所存三卷全屬於集部，與其他殘稿相較，卷數雖少也單純許多，省卻了鑑定真偽的煩瑣考證。但也正因為此稿過於單一，足資參考的線索不多，就探討編輯成書時間而言，反而缺乏可資佐證的文獻依據，為考訂工作增添了相當不小的困擾，此亦無可奈何之事。既然如此，唯有實事求是，從比對相關資料著手，設法推定本稿編纂的大概時間。

（一）從文字修訂更動的比較，可以推定「南圖殘稿」的編纂必然早於殿本及浙本《總目》

「南圖殘稿」所收提要內容文字更動極多，其修訂後的成果，全都出現在殿本及浙本《總目》提要上，以下就以卷一九七「集部詩文評類存目」為例，說明此一現象。

1. 2b-3b《詩式》一卷，兩江總督採進本，舊本題〔唐〕釋皎然撰。

「南圖殘稿」原作「以十七字括詩之體」。「七」字，硃筆改為「九」字。

案：浙本（頁一七九六）、殿本《總目》（頁五－二五五）[9]已改。

2. 5b-6a《玉壺詩話》一卷，編修程晉芳家藏本，舊本題〔宋〕釋文瑩撰。

「南圖殘稿」原作「《玉壺詩話》十卷」。「十」字，硃筆改為「一」字。

案：浙本（頁一七九七）、殿本《總目》（頁五－二五五）已改。

3. 11b-12a《全唐詩話》十卷，內府藏本，原本題〔宋〕尤袤撰。

「南圖殘稿」「宋尤袤撰」下，硃筆補入「袤有《梁谿遺稿》，已著錄」九字。

案：浙本（頁一七九八）、殿本《總目》（頁五－二五九）已改。

4. 16a-16b《文筌》八卷附《詩小譜》二卷，浙江巡撫採進本，〔元〕陳繹曾撰。

「南圖殘稿」「因以附後」下，原有「今不知桓彥威何許人也」十字，硃筆刪去。

案：浙本（頁一七九九）、殿本《總目》（頁五－二六二）已刪去此十字。

5. 17b-18a《東坡詩話》三卷，編修程晉芳家藏本，〔元〕陳秀民編。

「南圖殘稿」原作「其排纂頗無體例」，硃筆改為「其排纂後先」；又原作「殊為冗襍」，硃筆改為「殊無體例」。

[9] 案：所謂頁五－二五五，即第五冊，頁二五五。此據臺灣商務印書館影印武英殿本《四庫全書總目提要》所編頁碼，下同。

案：浙本（頁一七九九）、殿本《總目》（頁五－二六二）已改。

6. 34b《佘山詩話》三卷，編修程晉芳家藏本，舊本題〔明〕陳繼儒撰。

原作「其中如以展子虔為大學將軍之師」，硃筆改「大學」為「大李」。

案：浙本（頁一八〇三）、殿本《總目》（頁五－二七一）已改。

7. 38a-40b《雅論》二十六卷，安徽巡撫採進本，〔明〕費經虞撰。

「南圖殘稿」原作「密有《燕峰山鈔》」，硃筆改為「密有《燕峰文鈔》」。

「而編次此書」下，原作「顛舛百出」，改為「乃未為精密」。

「乃引為梅鼎祚《古樂苑》」下，原作「《左傳》載渾良夫被髮而譟以呼」，改為「《左傳》載渾良夫被髮而譟乃呼」。

「而以五言律詩始見齊梁」下，原作「排律之名始於高棅《唐詩品彙》」，改為「排律之名始於楊士宏之《唐音》」。

「一概列之」下，原作「殊為不考」，改為「殊未深考」。

「而皆不愜當」下，原作「勝事類中多挂漏」，改為「盛事類中多挂漏」。

「亦多泛濫」下，原作「題引類中論近人製題不雅，頗中其病。然所引諸式，分類標目，實以古題，則多未愜當」，初改為「題引類中論近人製題則凡鄙無義」，再改為「題引類中論近人製題則多未愜意」。後以墨筆刪去，維持原文。書眉有「仍照元本寫」五字。

「但有字而無註」下，原作「題曰《雅倫禮部韻略》」，改為「題曰《雅論禮部韻略》」。書根有「『倫』字疑『論』」四字。

案：以上各處所改文字，浙本（頁一八〇四）、殿本《總目》（頁五－二七三）均已照改。

上述「南圖殘稿」提要文字所作的更動，浙本、殿本《總目》均已照改，足見「南圖殘稿」確為《總目》殘稿，其編纂時間亦應在浙本、殿本《總目》之前。浙本、殿本《總目》的刊刻時間在乾隆六十年（一七九五）十月與十一月前，可知「南圖殘稿」的編纂時間要早於此一時間，亦即在乾隆六十年（一七九五）之前。

（二）從彭孫遹《詞藻》提要的存在，可以推知「南圖殘稿」的編纂必然早於乾隆五十六年（一七九一）十二月。

「南圖殘稿」卷一九九「詞曲類二」，明陳霆《渚山堂詞話》、清毛奇齡《詞話》二書提要之間，收有清彭孫遹《詞藻》四卷提要一則，此書來源為「編修程晉芳家藏本」，今存文淵、文溯、文津各閣《四庫全書》及「津圖紀稿」、浙本、殿本《總目》均未收入，可見此書原已收入《四庫全書》，其後又復抽出，原因為何？請見下段討論。

《纂修四庫全書檔案》書中收有一則資料，為處理這個疑問提供了彌足珍貴的線索，正好可以解決這個問題。該書所收〈左都御史紀昀奏文淵閣書籍校勘完竣並進呈舛漏清單摺〉（附清單一）（軍機處錄副奏摺，乾隆五十六年十二月初九日）云：

竊臣遵旨覆勘《四庫全書》，文源閣書先經勘竣，業經恭摺奏聞在案。茲臣董率詳校各官，又將文淵閣書細心檢閱，現已辦完。所有舛漏條數，視文源閣書較少十分之二。內除《性理大全》一部，歧悞有由，承訛有自，非但文淵閣一處之事，已另行籌辦追賠，專摺具奏外，其餘尋常舛漏，現經檢出修補者，謹逐一開列清單，進呈御覽。[10]

本奏摺附呈的〈遺漏抵換各書清單〉中，所列漏寫遺書凡八部：〔宋〕鄭伯熊撰《鄭敷文書說》、〔元〕金履祥撰《尚書表註》、〔宋〕戴溪撰《石鼓論語問答》、〔宋〕司馬光撰《通鑑釋例》、〔宋〕葛立方撰《歸愚集》、〔宋〕僧永頤撰《雲栖詩集》、〔宋〕鄭震撰《菊山清雋集》附其子鄭思肖撰《題畫詩》、《錦錢集》、《雜文》、〔清〕彭孫遹撰《詞藻》。上述各書文淵閣架上均未收，紀昀並在各書名條下加註該書來源，其中《詞藻》條下注云：

---

10 〈左都御史紀昀奏文淵閣書籍校勘完竣並進呈舛漏清單摺〉（附清單一）（軍機處錄副奏摺，乾隆五十六年十二月初九日），中國第一歷史檔案館編：《纂修四庫全書檔案》（上海：上海古籍出版社，一九九七年），頁二二七三。

　　謹案：此書國朝彭孫遹撰。原載曹溶《學海類編》中，乃編修程晉芳所進。今架上未收。[11]

由此可見，彭孫遹撰《詞藻》與其他七書原已收入文淵閣《四庫全書》中，其後因故遺漏未寫，所以文淵閣書架上未收。既已如此，該八部書只好從《四庫全書》中撤出，不再列入，文淵閣如此，其他各閣自然比照辦理。但《四庫總目》係獨立編纂，業已先行編輯成書，並於乾隆四十六年（一七八一）二月進呈御覽。[12]由於此前並未發覺漏抄《詞藻》，因此該書提要依然保留在「南圖殘稿」中，成為《詞藻》曾經收入《四庫全書》的具體證據。[13]

11　同上，頁二二七五。

12　〈諭內閣《總目提要》辦竣總纂官紀昀陸錫熊等交部從優議敘〉（軍機處上諭檔，乾隆四十六年二月十六日），中國第一歷史檔案館編：《纂修四庫全書檔案》，頁一二九二。

13　〔清〕彭孫遹撰《詞藻》四卷提要云：「國朝彭孫遹撰。孫遹有《松桂堂集》，已著錄。此編乃其論詞之語，由唐宋金元明以迄國初，各拈其雋句名篇，品其工拙。大致取徑于周、柳、蘇、辛之間，以清新俊亦為宗，不尚纖縟，亦不尚縱橫，遂使兩派同歸，合之雙美。蓋孫遹本工于詞，故持論多中窾會，不似他家詞話但排纂故寔如本事詩也。中如記秦少游有婿為人所侮，乃大呼曰：『吾是山抹微雲女婿也。』可供一笑云云。案：蔡絛《鐵圍山叢談》載：『范祖禹之子溫，秦觀婿也。常于貴人席間見妓有唱觀詞者，初不顧溫，久乃詢溫姓名。溫因戲稱「吾乃山抹微雲女婿。」』何嘗有受侮大呼之事？又引楊慎《詞品》載朱淑真〈生查子〉詞，譏其非良人婦語。不知此詞乃歐陽既然紀昀校勘文淵閣《全書》時，《詞藻》仍然列在《四庫總目》內，就此看來，此書稿的編纂必然要早於乾隆五十六年（一七九一）十二月。

（三）從提要內容與文字的修訂，可以推定「南圖殘稿」的編纂要早於「津圖紀稿」，亦即在乾隆四十八年（一七八三）二月之前。

以下就以「南圖殘稿」卷一九五「詩文評類一」為例，略作說明。

1. 9b-10a《詩品》一卷，內府藏本，〔唐〕司空圖撰。

「南圖殘稿」「王士禎但取其『采采流水，蓬蓬遠春』二語」下，硃筆補入「又取其『不著一字，盡得風流』二語」十三字。[14]

修作，明載《六一詞》中。又引小說所載毛幵詠婦人雨中訴狀詞，幵《樵隱詞》中無此篇。又引《湘山野錄》，以〈菩薩蠻〉為李白作，云：『魏泰嘗于古風見之。』不知〈菩薩蠻〉始于唐宣宗時，見于曾慥《類說》。又稱蘇軾『杏花疏影裡，吹笛到天明』句，不知乃陳與義詞，今載《簡齋集》中。小小疏舛亦不能免，要其可取者多，固在徐釚《詞苑叢談》上也。」

14 《四庫全書初次進呈存目》（以下簡稱「初次存目」）（臺北：臺灣商務印書館，二〇一二年影印臺北國家圖書館藏乾隆年間原抄本）（集－頁一二八一）原作：「後人但采其『采采流水，蓬蓬遠春』二語，又采其『不著一字，盡得風流』二語。」

案：「津圖紀稿」（頁九－五〇八，9b-10a）[15]，底本已為「又取其『不著一字，盡得風流』二語」十三字，足見「津圖紀稿」晚於「南圖殘稿」。

又案：殿本（頁五－二一九）、浙本（總目）（頁一七八〇）此書在《本事詩》、《六一詩話》之間。文淵本（頁四四九九）[16]、文津本（頁九九九）[17]上述二書之間無此書，文溯本（頁九八八）[18]二書之間為鍾嶸《詩品》。

2. 12a-13a《中山詩話》一卷，江蘇巡撫採進本，〔宋〕劉攽撰。

「南圖殘稿」「亦不確當」下，原作「論陸機黃犬一條，尤為迂闊，不但晁公武所摘蕭何功曹一事」。[19]

15 《天津圖書館藏紀曉嵐刪定《四庫全書總目》稿本》（簡稱「津圖紀稿」）（北京：國家圖書館出版社，二〇一一年），頁九－五〇八。案：頁九－五〇八，即第九冊，五〇八頁，下同。

16 永瑢、紀昀等：文淵閣《四庫全書》書前提要，此據李國慶輯：《四庫全書卷前提要四種》（鄭州：大象出版社，二〇一五年），頁四四九九。

17 《四庫全書》出版工作委員會編：《文津閣四庫全書提要彙編》（北京：商務印書館，二〇〇六年），頁九九九。

18 金毓黻輯：《金毓黻手定本文溯閣四庫全書提要》（北京：中華全國圖書館文獻縮微複製中心，一九九九年影印康德二年遼海書社排印本），頁九八八。

19 《初次存目》（集－頁一三〇一）原作：「其論『赫連勃勃蒸土』一條亦不確，論陸機『黃犬』一條亦迂闊，不但晁公武所摘『蕭何功曹』一條也。」

案：「津圖紀稿」（九－五一三，12a-13a），底本「亦不確當」下，此段文字已改為「不但解杜甫詩『功曹非復漢蕭何』句，考之未審，為晁公武所糾。」二十四字，殿本（頁五－一二一）、浙本（總目）（頁一七八一）同。足見「津圖紀稿」晚於「南圖殘稿」。

3. 15b-17a《優古堂詩話》一卷，兩江總督採進本，〔宋〕吳幵撰。

「南圖殘稿」「裹飯非子來一條」下，原逕接「荷囊一條」，文溯本（頁九九○）、文津本（頁一○○三）提要同，文淵本（頁四五○五）提要止於「或後人有所竄亂歟」，無上述文字。[20]

案：「津圖紀稿」（九－五二○，15b-16b），底本「裹飯非子來一條」、「荷囊一條」之間，已補入「王僧綽蠟鳳一條」七字，殿本（頁五－一二二）、浙本（總目）（頁一七八二）同。足見「津圖紀稿」不僅晚於文淵本、文溯本、文津本提要，亦晚於「南圖殘稿」。

4. 34a-35b《環溪詩話》一卷，《永樂大典》本，不著撰人名氏。

「南圖殘稿」結語原止於「不能不存備一家也」，以下無。文淵本（頁四五二

20《初次存目》（集一頁一二九五）提要本即上述文字，疑本條所據乃另一分纂稿。

五）、文溯本（頁九九四）、文津本（頁一〇一七）同。「南圖殘稿」此句下，硃筆補入「趙與虤《娛書堂詩話》亦稱其〈觀穫詩〉『新月輝輝動，黃雲漸漸收』之句，為形容最工云」三十二字。

案：「津圖紀稿」（九－五五七，34a-35b）底本已補入此句，殿本（頁五－二三七）、浙本《總目》（頁一七八八）同。足見「津圖紀稿」晚於「南圖殘稿」。

5. 48a-48b《草堂詩話》二卷，江蘇巡撫採進本，〔宋〕蔡夢弼撰。

「津圖紀稿」（九－五八五，47a-48a）底本文字原同於「南圖殘稿」，文淵本（頁四五三九）、文溯本（頁九九七）、文津本（頁一〇二六）亦同。然「津圖紀稿」「又載《杜詩發揮》一卷」下，原作「今皆不傳惟」，硃筆改為「今惟方道深書」；又「見於《永樂大典》中」下，原作「然冗雜，無可採錄」，亦以硃筆改為「餘皆不傳。然道深書瑣碎冗雜，無可採錄」。二處文字，殿本（頁五－二三八）、浙本《總目》（頁一七八九）提要皆已照改。

案：就「津圖紀稿」底本文字原同於「南圖殘稿」，其後所改文字與殿本（頁五－二三八）、浙本《總目》（頁一七八九）提要相同這一點觀察。足見「津圖紀稿」晚於「南圖殘稿」。

由上述比對，可知「南圖殘稿」的編纂時間必然早於「津圖紀稿」。

以上所舉卷一九五各例之外，卷一九七另有一例，亦可證明「南圖殘稿」早於「津圖紀稿」，此處不妨一併提出討論：

24b-25a 《全唐詩說》一卷《詩評》一卷，編修程晉芳家藏本，舊本題（明）王世貞撰。（卷一九七「集部詩文評類存目」）

「南圖殘稿」原作「世貞有《鳳洲綱鑑》，已著錄」，殿本（頁五－二六六）、浙本（總目）（頁一八〇一）則已改為「世貞有《弇山堂別集》，已著錄」。「津圖紀稿」的卷一九七已佚，無從進行比對。但「津圖紀稿」卷四十八「史部編年類存目」，在《考信錄》、《昭代典則》二書之間原收有舊題（明）王世貞撰《鳳洲綱鑑》二十四卷（頁三－四八六），館臣以墨筆勾除此書。與此相應，館臣同時將該卷卷末案語，由原來的「案：《鳳洲綱鑑》之類，坊刻陋本，不足以言史矣。」同時改為「案：《綱鑑正史約》之類，坊刻陋本，不足以言史矣。」不僅如此，同書卷一九二「集部總集類存目二」所收的（明）王世貞編《尺牘清裁》六十卷《補遺》一卷，提要原作「（明）王世貞編。世貞有《鳳洲綱鑑》，已著錄。」也以墨筆改為「（明）王世貞編。世貞有《弇山堂別集》，已著錄。」[21]「南圖殘稿」所

---

21 案：殿本《總目》「凡例」云：「至一人而著數書，分見於各部中者，其爵里惟見於第一部，後但云『某人有某書，已著錄』，以省重複。如二書在一卷之中，或數頁之內，易於省記者，則第二部但著其名。」（頁一－三十七）《鳳洲綱鑑》原為王世貞首部著錄書，故世貞以下各書只云「世貞

收此書既然為「世貞有《鳳洲綱鑑》，已著錄」，而非修改後的「世貞有《弇山堂別集》，已著錄」，則此書稿的編纂時間必然要早於「津圖紀稿」。

附帶說明的是，「南圖殘稿」的編輯時間不僅早於「津圖紀稿」，也早於編纂時間與「津圖紀稿」相近的「北圖殘稿」。以下亦舉例略作討論。

「南圖殘稿」卷一九七13a著錄《老杜詩評》五卷，兩淮馬裕家藏本，〔元〕方深道撰。提要在「知泉州」下，原作「是編彙輯諸家評論杜詩之語，別無新義」。硃筆改為：「舊本題曰『元人』。案是編見陳振孫《書錄解題》，確為宋人，題『元人』者誤也。其書皆彙輯諸家評論杜詩之語，別無新義。」

「北圖殘稿」同卷亦收有此書。「〔宋〕方深道撰」，原作「〔元〕方深道撰」，墨筆圈改為「宋」。並有夾箋云：「《老杜詩評》五卷，〔宋〕方深道撰。深道，晉江人。官奉議郎，知泉州。舊本題曰元人。案是編見陳振孫《書錄解題》，確為宋人，題元人者誤也。其書皆彙輯諸家評論杜詩之語，別無新義。」文字與「南圖殘稿」硃筆所改者完全相同。上述更動，殿本（頁五－二六〇）、浙本（總目）（頁

有《鳳洲綱鑑》，已著錄。」但因《鳳洲綱鑑》已遭勾除，故改以世貞次部著錄書《弇山堂別集》代之。又案：此處另有浮簽：「《尺牘清裁》六十卷《補遺》一卷。明王世貞編。世貞有《弇山堂別集》，已著錄。然書蓋原楊慎原本而增修之，慎所錄自《左史》迄于六朝，共為八卷。」（頁九－二二八）

一七九八）均已更改。[22]此一證據，具體證明了「南圖殘稿」時間確實要早於「北圖殘稿」。

據筆者所考，「津圖紀稿」的編纂時間約為乾隆四十八年（一七八三）二月之前。[23]就此看來，「南圖殘稿」的編纂時間應該早於乾隆四十八年（一七八三）二月，甚至更早。

（四）就著錄各書所署進呈者職銜變化觀察，「南圖殘稿」的編成時間應在乾隆四十七年四月之前。

乾隆三十九年（一七七四）七月二十五日，清高宗曾頒布〈諭內閣著《四庫全書》處總裁等將藏書人姓名附在于各書提要末並另編《簡明書目》〉一道上諭，在這道上諭中，清高宗要求《四庫全書總目》所收各書，都必須加注該書來源。[24]因為此一上旨，其後《四庫》館所編纂的《四庫全書總目》各稿，不論著錄抑或存目，所收

22 唯一例外的是，浙本（頁一七九八）依然作「元方深道撰」，並未改為「宋方深道撰」，這應是館臣疏忽所致。

23 夏長樸：〈重論《天津圖書館藏紀曉嵐刪定《四庫全書總目》稿本》的編纂時間〉，《湖南大學學報》（社會科學版）第三十卷第六期（二〇一六年十一月），頁八—二十。

24 中國第一歷史檔案館編：《纂修四庫全書檔案》），頁二二八—二二九。

各書提要，都一律標注了該書的來源，成為《總目》的基本體例。今存於世的「央圖殘稿」、「上圖殘稿」、「北圖殘稿」、「北博殘稿」、「津圖紀稿」及殿本、浙本《總目》皆然，無一例外。

翻閱比對上述《總目》殘稿時，可以發現同一書籍所標注的進呈者，有時會因官職的升遷降黜而更動修改其所署職稱，尤以進書者本身即為《四庫》館臣時最為明顯。如汪如藻這位館臣兼進書者，在《四庫全書初次進呈存目》所收的宋陳經撰《尚書詳解》五十卷（《初次存目》，經—頁二一九）中，原注「庶吉士汪如藻家藏本」，[25]但至「津圖紀稿」時，已改為「編修汪如藻家藏本」（頁二—四六八），較晚的浙本《總目》（頁九十四）及殿本《總目》（頁一—二六三）所收汪如藻所進呈書，其來源也都標注「編修汪如藻家藏本」，這與汪如藻的職務變動有直接的關連。汪如藻為乾隆四十年（一七七五）五月乙未科吳錫齡榜的二甲進士，隨即入翰林院庶常館為庶吉士，到乾隆四十三年（一七七八）二月底，未經散館即奉旨授為翰林院編修。[26]編纂時間晚於《四庫全書初次進呈存目》卻早於「津圖紀稿」的「上圖殘

25　《初次存目》，經—頁二一九。

26　〈諭辨理四庫全書出力人員夢吉陸費墀等著分別陞用授職與賞賜〉（乾隆四十三年二月二十九日）：「乾隆四十三年二月二十九日奉旨：夢吉、王仲愚、章寶傳、……俱著以應陞之缺列名在前陞用；庶吉士汪如藻著即授為編修，無庸散館；勵守謙著加恩授為編修。……」中國第一歷史檔案

稿」，所收汪如藻進呈各書的職稱，已全署「編修汪如藻家藏本」，就是這個原因。由此可知，比較館臣進書者職稱的變動，亦可以做為衡量殘稿大致編纂時間的參考。

「南圖殘稿」的三卷中，恰好收有紀昀、陸錫熊這二位館臣的進書，以下就以他們官職著錄變化為例，推斷「南圖殘稿」的大致編纂時間。

1. 紀昀部分

a. 52a-52b《詩林廣記前集》十卷《後集》十卷，內閣學士紀昀家藏本，（宋）蔡正孫撰。（卷一九五，集部詩文評類一）

案：「南圖殘稿」原作「內閣學士紀昀家藏本」，與「上圖殘稿」相同。「津圖紀稿」（頁九－五九九，53a-53b）底本、殿本（頁五－二四一）、浙本（總目）（頁一七九〇），皆已改為「兵部侍郎紀昀家藏本」。

b. 23b-24b《絕妙好詞箋》七卷，內閣學士紀昀家藏本，（宋）周密編，（清）查為仁、厲鶚同箋。（卷一九九，詞曲類二）

案：「南圖殘稿」原署「內閣學士紀昀家藏本」，與「上圖殘稿」同。「津圖紀稿」、殿本（頁五－二七一）、浙本（總目）（頁一八二四）皆已改作

館編：《纂修四庫全書檔案》，頁七八五。

「兵部侍郎紀昀家藏本」。

據《紀曉嵐文集》所附《年譜》，紀昀於乾隆四十四年己亥（一七七九）四月，自詹事擢內閣學士；乾隆四十七年壬寅（一七八二）四月，調補兵部侍郎，仍兼值閣事。[27]

2. 陸錫熊部分

a. 52a-52b（案：其中夾有47a、46b頁碼）《對床夜語》五卷，光錄寺卿陸錫熊家藏本，〔宋〕范晞文撰。（卷一九五，「集部詩文評類一」）[28]

案：「南圖殘稿」原作「光錄寺卿陸錫熊家藏本」，與「上圖殘稿」（47a）相同。「津圖紀稿」（頁九－五九六，51b-53a）底本已改為「大理寺卿陸錫熊家藏本」。

b. 31b-32b《沈氏樂府指迷》一卷，光祿寺卿陸錫熊家藏本，〔宋〕沈義父撰。（卷一九九，「詞曲類二」）

27 紀昀：《紀曉嵐文集》（石家莊市：河北教育出版社，一九九五年），冊三，頁三七九、頁三九〇。

28 「南圖殘稿」書名作「《對床夜語》」，浙本簡目（頁八八三）、殿本簡目（頁六－三八二）、「津圖紀稿」、文溯本（九九八）、殿本（五－二四一）皆同。「上圖殘稿」（47a）、文淵本（冊一四八一）、文津本（一〇二九）、浙本（一七九〇）則作「《對床夜話》」。

「南圖殘稿」原作「光祿寺卿陸錫熊家藏本」，硃筆改為「大理寺卿陸錫熊家藏本」。

案：「南圖殘稿」署「光祿寺卿陸錫熊家藏本」與「上圖殘稿」同。「津圖紀稿」所收陸錫熊進呈書皆署「大理寺卿陸錫熊家藏本」。

據《清實錄》卷一一〇九「乾隆四十五年六月」條：「以翰林院侍讀學士陸錫熊為光祿寺卿。」同書卷一一五七「乾隆四十七年五月」條：「以光祿寺卿陸錫熊為大理寺卿。」[29]則陸錫熊於乾隆四十五年（一七八〇）六月授光祿寺卿，乾隆四十七年（一七八二）五月改授大理寺卿，可見「南圖殘稿」

29 〔清〕慶桂等編：《清實錄・高宗實錄》（北京：中華書局，一九八六年），卷一一〇九，頁八三四載：「乾隆四十五年六月乙亥，以翰林院侍讀學士陸錫熊為光祿寺卿。」同書卷一一五七，頁四九八又云：「乾隆四十七年五月，以光祿寺卿陸錫熊為大理寺卿。」案：王昶撰：〈都察院左副都御史陸公錫熊墓誌銘〉謂陸錫熊於乾隆四十三年六月任光祿寺卿，乾隆四十七年（一七八二）五月改授大理寺卿，見《清朝碑傳全集・碑傳集》（臺北：大化書局，一九八四年影印本）第一冊，卷三十五，總頁四九四。則陸氏任光祿寺卿的時間較〈墓誌銘〉所載要晚二年。然《纂修四庫全書檔案》頁一一五二所載乾隆四十五年三月初九日〈武英殿總裁王杰奏參提調陸費墀等遺失底本並請另選翰林充補摺〉，王杰奏摺稱：「詢問總纂內閣學士臣紀昀、侍讀學士臣陸錫熊等」，則至乾隆四十五年三月陸錫熊尚為侍讀學士，未任光祿寺卿。王昶〈都察院左副都御史陸公錫熊墓誌銘〉所云疑誤，自當以《清實錄》為準。本條《清實錄》及王杰奏摺資料承南京圖書館韓超先生檢示，謹此致謝。

所收此條當在乾隆四十五年六月至四十七年五月之間抄錄。就上述所論，紀昀任內閣學士在乾隆四十四年（一七七九）四月至乾隆四十七年（一七八二）四月，而陸錫熊任光祿寺卿時間為乾隆四十五年（一七八〇）六月至乾隆四十七年（一七八二）五月；兩人一為內閣學士一為光祿寺卿的時間為乾隆四十五年（一七八〇）六月至乾隆四十七年（一七八二）四月。由此可以推定「南圖殘稿」的編纂時間可能即在這一段期間內，不會晚於乾隆四十七年（一七八二）四月。

（五）就《十六家詞》的抽除書籍、改易書名，可以推知「南圖殘稿」的編成時間應早於乾隆四十六年（一七八一）二月底，至遲亦不應晚於乾隆四十七年（一七八二）二月底。

「上圖殘稿」卷一九九朱彝尊《詞綜》後，收有〔清〕孫默所編的「《十六家詞》三十九卷」。「南圖殘稿」該卷27a-28b所收此書提要，原亦作「《十六家詞》三十九卷」。其後館臣硃筆改為「《十五家詞》三十七卷」，刪去提要「吳偉業《梅村詞》二卷」下原有的「龔鼎孳《香巖詞》二卷」八字，並將「十六家之本，定於丁巳」一句，硃筆改「六」為「五」。使得這部書由原來的「《十六家詞》三十九卷」，成為「《十五家詞》三十七卷」，這是館臣不忠於原著，擅自更改書名內容的具體實例。[30]

文淵本（頁四六四七，乾隆四十六年十二月）、文溯本（頁一〇二四，乾隆四十七年十月）、文津本（頁一一〇八，乾隆四十九年閏三月）等三部《四庫全書》，所收此書皆已改為「《十五家詞》三十七卷」，書前提要內已無「龔鼎孳《香巖詞》二卷」八字。

案：浙刻本《四庫全書簡明目錄》作「《十六家詞》三十七卷」，[31]文淵閣原抄本《四庫全書簡明目錄》作「《十六家詞》三十九卷」，[32]《四庫全書簡明目錄》編成進呈在乾隆四十七年（一七八二）六月，[33]足見此一更動應在是年六月之後。「南

---

30 〈軍機大臣奏遵旨閱看紀昀奏燬各書並繕清單進呈片〉（軍機處上諭檔，乾隆五十二年十月初三日）「附應行撤燬、抽燬、刪削各書」：「一、《十六家詞》內，……惟書內有龔鼎孳所著詞一種。查龔鼎孳所著全集業經銷燬，不應復存此詞，應一律抽燬，改為《十五家詞》。」中國第一歷史檔案館編：《纂修四庫全書檔案》，頁二〇六五。

31 永瑢、紀昀等編：《四庫全書簡明目錄》（上海：華東師範大學出版社，二〇一二年），頁九〇五。

32 永瑢、紀昀等編：《四庫全書簡明目錄》（臺北：臺灣商務印書館，一九八三年影印文淵閣原抄本），頁六—三九一。

33 〈軍機大臣奏查《古玉圖譜》載在子部譜錄類並《簡明目錄》繕寫情形片〉（軍機處上諭檔，乾隆四十八年二月二十七日）：「再，查《四庫全書總目》二百卷，於乾隆四十六年三月進呈，發下改正，另繕清本，並遵旨纂出《簡明目錄》二十卷，於四十七年六月進呈。蒙皇上欽定發下，繕寫四

圖殘稿」的編成自當在此時間之前。

龔鼎孳的著作極多，其中《定山堂文集》於乾隆四十六年二月三十日即已列為收繳應燬違礙書籍，見《纂修四庫全書檔案》所收〈山東巡撫國泰奏繳應燬違礙書籍板片摺〉（宮中硃批奏摺，乾隆四十六年二月三十日）所附二「查繳各省咨會應繳書目清單」。[34]《定山堂文集》之外，龔鼎孳其他著作《定山堂詩集》、《龔鼎孳詩》、《香巖齋詩集》、《龔鼎孳奏議》等，至遲於乾隆四十七年二月底前亦已列為禁書，見《纂修四庫全書檔案》所收〈閩浙總督陳輝祖奏繳應禁書籍摺〉（軍機處錄副奏摺，乾隆四十七年二月三十日）所附「查繳應禁書籍清單」。[35]「南圖殘稿」所收孫默編《十六家詞》三十九卷中原本既有「龔鼎孳《香巖詞》二卷」，則「南圖殘稿」編纂時間應早於乾隆四十六年（一七八一）二月三十日，至遲亦不應晚於乾隆四十七年（一七八二）二月三十日。

分於四閣陳設。」中國第一歷史檔案館編：《纂修四庫全書檔案》，頁一七一一。

34 〈山東巡撫國泰奏繳應燬違礙書籍板片摺〉（宮中硃批奏摺，乾隆四十六年二月三十日），《纂修四庫全書檔案》，頁一二九七。

35 〈閩浙總督陳輝祖奏繳應禁書籍摺〉（軍機處錄副奏摺，乾隆四十七年二月三十日），《纂修四庫全書檔案》，頁一五二一。

（六）比較「南圖殘稿」與「上圖殘稿」卷一九九的類屬統計，可以確定「南圖殘稿」的編纂時間要晚於「上圖殘稿」。

既然「南圖殘稿」與「上圖殘稿」的編纂時間同樣早於「津圖紀稿」，那麼二者的編纂時間孰早孰晚？這是一個值得重視的問題，也對二者在《總目》稿本的排序有密切的關係，以下就此一問題也略作探討。

「南圖殘稿」與「上圖殘稿」都存有卷一九九，雖不完整，但殘存的資料中卻留下了相當重要的線索，對討論此二稿本的先後，提供了至關緊要的證據，正好可以解決二個稿本的孰先孰後問題。

「南圖殘稿」在卷一九九「詞曲類二」中，保存了三則有關本類所屬各書及卷數的統計資料，此即：

1. 16a-17a《珂雪詞》二卷提要後，「右詞曲類詞集之屬，六十一部，一百卷，皆文淵閣著錄。」[36]
2. 27a-28b《十六家詞》三十九卷提要後，

[36] 案：殿本《總目》（頁五－三一七）、浙本《總目》（頁一八二三）的此則資料，已改為「右詞曲類詞集之屬，五十九部，一百三卷，皆文淵閣著錄。」

「右詞曲類詞選之屬，十二部，二百四十卷，皆文淵閣著錄。」（案：硃筆改為「二百六十二卷」）

3. 35a-36a《詞苑叢談》十二卷提要後，

「右詞曲類詞話之屬，六部，二十三卷，皆文淵閣著錄。」[37]

上述三條統計資料中，除了缺少第一條《珂雪詞》二卷提要後的「詞曲類詞集之屬」的資料之外，「上圖殘稿」尚保存了其中二則，此即：

1.《十六家詞》三十九卷提要後的「右詞曲類詞選之屬，十二部，二百四十卷，皆文淵閣著錄。」

2. 36a《詞苑叢談》十二卷提要後的「右詞曲類詞話之屬，六部，二十三卷皆文淵閣著錄。」

比較「南圖殘稿」與「上圖殘稿」所收的這兩條資料，可以發現二稿本的文字全同，統計數字亦相符，唯一的差別在「南圖殘稿」第二條資料，館臣將原本的「二百四十卷」，硃筆改為「二百六十二卷」，而「上圖殘稿」則未有更動。由於「津圖紀

37 此條統計，在殿本《總目》（頁五－三二六）、浙本《總目》（頁一八二七）中，已改為「右詞曲類詞話之屬，五部，十九卷，皆文淵閣著錄。」原因在於「南圖殘稿」此卷〔明〕陳霆《渚山堂詞話》與〔清〕毛奇齡《詞話》二書之間，原收有〔清〕彭孫遹撰《詞藻》四卷，此書後因故抽除，故統計數字亦改為「五部，十九卷」。

稿」缺卷一九九「詞曲類二」，因此無法確定「津圖紀稿」底本是否已改為「二百六十二卷」。但晚於「津圖紀稿」的殿本《總目》（頁五－三三三）已作「二百六十二卷」，浙本《總目》（頁一八二六）則作「二百七十四卷」，[38]可見「南圖殘稿」應晚於「上圖殘稿」，[39]否則不會出現這種更動刪改的現象。

除了上述現象之外，「南圖殘稿」編纂時間晚於「上圖殘稿」，還有另外三個佐證：

其一即孫默所編「《十六家詞》三十九卷」。此書「南圖殘稿」與「上圖殘稿」底本雖同作「《十六家詞》三十九卷」，但「上圖殘稿」維持原樣，沒有改動；而「南圖殘稿」上，館臣以硃筆改為「《十五家詞》三十七卷」，並刪去提要「吳偉業《梅村詞》二卷」下原有的「龔鼎孳《香巖詞》二卷」八字，復將「十六家之本，定於丁巳」一句，硃筆改「六」為「五」。這種改動已落實在文淵本（頁四六四七）、文溯本（頁一〇二四）、文津本（頁一一〇

38 殿本、浙本《總目》二者所收書全同，部數亦同為十二部，何以會出現如此差異？經將各部卷數加總後，實際數字應作「二百六十二卷」，浙本蓋偶誤。

39 據筆者所考，「上圖殘稿」的編纂時間約為「乾隆四十五年（一七八〇）六月至乾隆四十六年（一七八一）五月之間」，見夏長樸：〈上海圖書館藏《四庫全書總目》殘稿編纂時間蠡探〉，《四庫學》第一輯，（二〇一七年十二月），頁一八三－二〇七。

八）等《全書》書前提要及殿本《總目》（頁五－三三二）、浙本《總目》（頁一八二五）上，由此可知「南圖殘稿」必然晚於「上圖殘稿」。

其二即《欽定詞譜》四十卷的增補。

「上圖殘稿」卷一九九「詞曲類二」，原本未收《欽定詞譜》一書，36a《詞苑叢談》十二卷後，即為37a「右詞曲類詞話之屬，六部，二十三卷皆文淵閣著錄」，其後逕接37a「《詞律》二十卷（通行本），國朝萬樹撰」。《詞苑叢談》、《詞律》二書之間既無《欽定詞譜》此書，因此37a《詞律》二十卷後即為37b「右詞曲類詞譜詞韻之屬，一部，二十卷，皆文淵閣著錄」。

相較於此，「南圖殘稿」的變動就大上許多，在35a-36a「《詞苑叢談》十二卷」之後，原本亦作「右詞曲類詞話之屬，六部，二十三卷，皆文淵閣著錄。」但書眉硃筆標注「《欽定詞譜》四十卷」七字，其後另頁（版心無字）補上本書之提要，可見《欽定詞譜》四十卷是後來再補上的書籍。在增補《欽定詞譜》四十卷之後，館臣又將原來的37a《詞律》二十卷後的統計數字，由原本的「一部，二十卷」，硃筆改為「二部，六十卷」。時間較晚的殿本《總目》（頁五－三三八）、浙本《總目》（頁一八二八），皆已依樣改成「右詞曲類詞譜詞韻之屬，二部，六十卷，皆文淵閣著錄」。足見未收「《欽定詞譜》四十卷」，僅作「一部，二十卷」的「上圖殘稿」，編纂時間必定早於硃筆補入「《欽定詞譜》四十卷」提要的「南圖殘稿」。

其三即《欽定曲譜》一書的增補。

與《欽定詞譜》同卷，稍後的《欽定曲譜》一書，[40]亦應為後來增補的書籍。此因「上圖殘稿」《顧曲雜言》一卷、《中原音韻》二卷（止於40a）之間未有《欽定曲譜》十四卷，其後40b即接寫「右詞曲類南北曲之屬，二部，三卷，皆文淵閣著錄」。至於「南圖殘稿」則不然，不僅在《顧曲雜言》（38b-39b）提要末書眉墨筆加注「欽定曲譜十四卷」，並插入版心未標頁碼的《欽定曲譜》提要，然後再接《中原音韻》（39b-40b），這是相當具體的增補痕跡。今殿本（頁五—三三二）、浙本（總目）（頁一八二九）在《中原音韻》提要後即為「右詞曲類南北曲之屬，三部，十七卷，皆文淵閣著錄」，較「上圖殘稿」所多出之「一部，十四卷」，正與《欽定曲譜》卷數完全相符。由此可知，「上圖殘稿」的編纂時間應早於增補《欽定曲譜》十四卷的「南圖殘稿」。[41]

---

40 此書書名，文淵本（頁四六五八，乾隆四十六年二月）、文溯本（頁一〇二六，乾隆四十七年十月）、文津本（頁一一一六，乾隆四十九年七月），書名皆作「《御定曲譜》」。

41 上述二書之外，本卷所收的《御定歷代詩餘》一百二十卷，版心無字，亦無頁碼，提要筆跡異於其他書籍提要，「於是竹枝」以上文字為墨筆，以下則全為硃筆，頗不協調。疑與上述二書同時補入。

四、結語

以上已運用具體可信的文獻資料，針對「南圖殘稿」的編纂時間做了一番探討。可以確信的是，這部三卷稿本的編纂時間應早於「津圖紀稿」，但卻晚於「上圖殘稿」，大致應在乾隆四十七年（一七八二）二月三十日之前，甚或早至乾隆四十六年（一七八一）二月三十日以前。

文獻學的研究植基於可信的文獻資料上，沒有可資運用的文獻資料做基礎，即使擁有再先進的研究方法，也無法改變缺乏佐證的事實，藉以得出可信的研究成果，所謂「巧婦難為無米之炊」，就是最具體的寫照。可以說，沒有資料，就不會有研究成果，至多只是一種難以取信於人的猜測或推測。

近十多年來隨著文淵、文津、文瀾閣《四庫全書》及《四庫全書薈要》的影印出版，再加上天津圖書館藏紀曉嵐刪定《四庫全書總目》稿本與臺北國家圖書館藏《四庫全書初次進呈存目》的發現與影印出版，使得有關《四庫全書》的研究資料大量問世，也掀起了《四庫》學研究的熱潮，因而成立了許多《四庫》學研究中心，這是文獻學研究的榮景，殊值肯定。

但若深入思考，《四庫》學研究的開展，其實仍然存在亟待突破的瓶頸，這就是深藏各大圖書館善本室的眾多罕見資料依舊被視為珍貴文物，密閉深藏，不輕易示人。就學術研究而言，這種情況的存在並非正常現象。此因書籍是人類文明的載體，千百年來人類智慧的結晶胥在於是，文化的保有與傳存散佈，皆有賴於書籍的閱讀與討論，進而藉以發揚創新。書籍若是無法閱讀與參考，自然不可能發揮其功能，即使保存得良好如新，若不便於閱讀與查考，可望而不可即，它依然只是死物一件，毫無文獻價值。這種現象是圖書館界存在已久的極大痼疾，亟待克服。雖說近年來稍有解凍跡象，然步調依然緩慢，幅度亦嫌不夠，有賴於積極改變觀念，設法加以突破。若果如此，對《四庫》學的研究，中華文化的傳承發揚進而光大，將是令人額手稱慶的一大幸事。

* 原刊《中國四庫學》第五輯（二〇二〇年十一月），頁三十三—五十。

參考書目

一、傳統文獻

〔清〕永瑢、紀昀等：《欽定四庫全書總目稿本》，南京：南京圖書館藏清乾隆抄本。

——：《天津圖書館藏紀曉嵐刪定《四庫全書總目》稿本》，北京：國家圖書館出版社，二〇一一年。

——：《欽定四庫全書總目稿本》，臺北：國家圖書館藏清乾隆抄本。

——：《欽定四庫全書總目稿本》，上海：上海圖書館藏清乾隆抄本。

——：《四庫全書初次進呈存目》，臺北：臺灣商務印書館／國家圖書館，二〇一二年，影印國家圖書館藏乾隆原抄本。

——：文溯閣抄本《四庫全書總目》，天津圖書館藏，乾隆原抄本。

——：文淵閣原抄本《四庫全書簡明目錄》，臺北：臺灣商務印書館，一九八三年，影印文淵閣本。

——：《四庫全書簡明目錄》，上海：華東師範大學出版社，二〇一二年，傅卜棠據浙江刻本校點。

——：《四庫全書總目提要》，臺北：臺灣商務印書館，一九八三年，影印武英殿本。

——：《四庫全書總目》，北京：中華書局，一九六五年，影印浙江杭州本。

〔清〕于敏中、王際華等：《四庫全書薈要》，臺北：世界書局，一九八五，影印摛藻堂《四庫全書薈要》本。

〔清〕慶桂等編：《清實錄・高宗實錄》，北京：中華書局，一九八六年。

〔清〕高宗皇帝：《清高宗御製詩文全集》，臺北：國立故宮博物院，一九七六年，影印原刊本。

〔清〕紀昀撰：《紀曉嵐文集》，石家莊市：河北教育出版社，一九九五年。
〔清〕錢儀吉等編：《清朝碑傳全集・碑傳集》，臺北：大化書局，一九八四年影印本。
中國第一歷史檔案館編：《纂修四庫全書檔案》，上海：上海古籍出版社，一九九七年。

二、近人論著

吳哲夫：《四庫全書薈要纂修考》，臺北：國立故宮博物院，一九七六年。
張昇編：《四庫全書提要稿輯存》，北京：北京圖書館出版社。
司馬朝軍：《四庫全書總目研究》，北京：社會科學文獻出版社，二〇〇四年。
沈津：《書韻悠悠一脈間》，桂林：廣西師大出版社，二〇〇六年。
崔富章：《版本目錄論叢》，北京：中華書局，二〇一四年。
夏長樸：〈《四庫全書初次進呈存目》初探——編纂時間與文獻價值〉，《漢學研究》第三十卷第二期（二〇一二年六月），頁一六五—一九八。
——：〈《天津圖書館藏紀曉嵐刪定《四庫全書總目》稿本》的編纂時間與文獻價值〉，《臺大中文學報》四十四期（二〇一四年三月），頁一八五—二二二。
——：〈臺北國圖所藏《四庫全書總目》稿本殘卷的編纂時間與文獻價值〉，《中國文哲研究集刊》第四十八期（二〇一六年三月），頁一三八—一六九。
——：〈重論《天津圖書館藏紀曉嵐刪定《四庫全書總目》稿本》的編纂時間〉，《湖南大學學報》（社會科學版）第三十卷第六期，（二〇一六年十一月），頁八—二十。
——：〈上海圖書館藏《四庫全書總目》殘稿編纂時間蠡探〉，《四庫學》第一輯（二〇一七年十二月），頁一八三—二〇七。

——：〈試論北京國家圖書館藏《四庫全書總目》稿本殘卷的編纂時間——兼論與天津圖書館藏《總目》稿本殘卷的關係〉，《中國四庫學》第三輯（二〇一九年一月），頁五十六－七十九。

中國國家博物館藏《四庫全書總目》殘卷編纂時間及其相關問題*

一、前言

《四庫全書總目》是乾隆時期為配合《四庫全書》纂修而編纂的一部書目提要彙編。此書雖只是《四庫全書》著錄各書提要與未收書籍存目提要的彙整，但由於卷帙浩繁，廣收當時書籍提要多達萬餘種，網羅經史子集四部精要，為劉歆《七略》以來目錄類圖書的集大成之作。又因參與撰寫與修訂提要的館臣皆為當代碩學名儒，更使得這部《總目提要》成為乾隆時期官方學術的代表之作，其學術價值之高可以想見。

* 本文為二〇一九年十一月湖南大學嶽麓書院主辦「第四屆中國四庫學高層論壇」宣讀論文。經修改發表於《中國四庫學》第六輯（二〇二〇年十二月），頁三十三－五十二。本文所用北京國博藏《四庫全書總目》殘稿資料，承蒙中國藝術研究院劉夢溪教授、清華大學國學研究院院長陳來教授、天津圖書館歷史古籍部主任李國慶教授及首都師範大學歷史學院陳曉華教授等友人大力協助安排，得以順利閱覽該稿。謹此誠摯致謝。

由於文獻闕如，過去學界對《四庫全書總目》的編纂過程，委實難以著手。二〇一一年《天津圖書館藏紀曉嵐刪定《四庫全書總目》稿本》（以下簡稱「津圖紀稿」）影印出版，二〇一二年臺北國家圖書館藏《四庫全書初次進呈存目》（以下簡稱「初次存目」）接續影印出版，這兩部《總目》提要殘稿的面世，不僅為《四庫全書總目》編纂過程的研究提供了具體而豐富的文獻資料，同時也替《四庫全書總目》的研究，開啟了嶄新的一頁，就當代《四庫全書總目》學的研究而言，其重要性不言可喻。

除了上述兩部已經出版的殘稿之外，目前存世尚未影印出版的《總目》提要殘稿還有上海圖書館藏本（以下簡稱「上圖殘稿」）一百二十三卷，北京國家圖書館存六十三卷，中國國家博物館（原中國歷史博物館，以下簡稱「北博殘稿」）存有三冊十六卷，南京圖書館藏有三冊三卷，再加上臺北國家圖書館所藏的一冊五卷（以下簡稱「央圖殘稿」），合計存世的《總目提要》殘稿已有七部之多。這些《總目》提要殘稿數量相當不少，加以各殘稿保存了許多編輯時增刪塗改校正調整的痕跡與簽條，為探討《總目》編纂過程提供了至關緊要的線索，這也使得此一研究課題的深化與進程得到具體可信的文獻支持。在學界齊心努力之下，假以時日，《四庫全書總目》現存各殘稿的先後排序，應可順利達成，對《總目》編纂過程的研究而言，不啻奠定了更堅實的基礎。

此前，黃燕生曾撰有〈校理《四庫全書總目》殘稿的再發現〉一文，[1]對中國國家博物館所藏《四庫全書總目》殘稿，做了要言不煩的概括介紹，並就此一殘稿的文獻價值提出精闢的探討，頗為文獻學界研究者參考引用。美中不足的是，此文對於「北博殘稿」的編纂時間雖有涉及，也提出大致的推測，由於並非全文論述重心所在，因此著墨不深，加以所提佐證有限，未能具體證成所見，殊為可惜。

本文之作，不旁涉其他，主要目的在探討「北博殘稿」的編纂時間，並根據現有資料提出較具體的推測，以提供學界參考。至於與此殘稿相關問題的討論，則請俟諸他日。

二、「北博殘稿」卷四十九的問題

據黃燕生所撰〈校理《四庫全書總目》殘稿的再發現〉一文所附的〈存卷一覽表〉，「北博殘稿」共計十六卷，分裝三冊，以綠格棉紙、綠格竹紙及紅格棉紙三種箋紙抄成。就筆者重新目驗結果，所見稍有不同，此殘稿其實只由紅格竹紙及紅格棉紙二種湊成，所云「綠格棉紙，綠格竹紙」各卷，事實上亦為紅格棉紙，紅格竹紙謂

1 黃燕生：〈校理《四庫全書總目》殘稿的再發現〉，《中華文史論叢》第四十八輯（一九九一年十二月），頁一九九－二一九。

之三種箋紙，蓋黃氏失察，一時偶誤。不僅如此，紅格竹紙抄成的卷四十九，紙質、板式及著錄方式亦自成一格，與紅格棉紙抄成的其餘十五卷差異頗大，明顯有別，二者原本應分屬於不同《總目》書稿，並非同一來源。以下為筆者對此現象的觀察與論證。

（一）卷四十九與其他各卷原本分屬不同書稿

「北博殘稿」收入的卷四十九，其實與其他十五卷差異甚大，明顯不屬於同一書稿，理由如下：

1. 「北博殘稿」卷四十九紙質異於其他各卷。

「北博殘稿」三冊雖有十六卷，僅卷四十九為紅格竹紙，其餘各卷均為紅格棉紙。紙質之所以有竹紙、棉紙之別，原因在於卷四十九與其他各卷並非同時抄寫，原本分屬於不同書稿，來源既不同，用紙纔會有此差異。

2. 卷四十九版式與修改方式異於其他各卷。

「北博殘稿」紅格棉紙各卷均為四周雙邊，半頁九行，每行二十一字。版心書口題「欽定四庫全書總目□部□卷」及頁碼，卷端則書「欽定四庫全書總目卷□」。此十五卷均為工楷抄寫，頗多增刪修訂痕跡，間有硃筆圈點。相較於此，卷四十九雖然亦為四周雙邊，半頁九行，每行二十一字。但迥異於上述各卷的是，此卷不僅版心書口無字，全卷亦絕無圈點修改痕跡，完成度不若其他各卷。[2]與各卷相比，差別極為明顯，若原為同一書稿，不應有此自成一格異於他卷的現象。

3. 一書兩見，同時著錄。若為同一書稿，不應出現類此現象。

「北博殘稿」卷四十九在《平臺紀略》、《永陵傳信錄》二書之間，收有《鴻猷錄》十六卷提要；但卷五十二，史部雜史類存目一，《交黎撫剿事略》、《召對錄》二書之間，32b、33a同樣收錄有《鴻猷錄》十六卷提要。館臣硃筆勾去此書，書眉浮簽云：「《鴻猷錄》底本缺」。此書津圖殘稿（頁三一－五五八）、殿本[3]（頁二－一〇九）、浙本（頁四四四）均已收在卷四十九，史部紀事本末類存目，《永陵傳信錄》前，與「北博殘稿」卷四十九相同。可見「北博殘稿」卷五十以下各卷時間理應較早，且與卷四十九並非同一書稿，否則不會出現這種一書兩見現象。

---

2 僅就此卷各書排列順序而言，不顧各書撰人的時代先後，將時間較晚的明人著作《元史紀事本末》置於各書之前，時間早於此書的宋人著作《通鑑紀事本末》、《春秋左氏傳事類本末》、《三朝北盟會編》等書反在其後，此與凡例所云「所錄各書，各以時代為次」不符，即是顯例。

3 所謂「殿本」，即臺灣商務印書館一九八三影印武英殿刻本《四庫全書總目提要》，頁二－一〇九，即第二冊，第一〇九頁；所謂「浙本」，即北京中華書局一九六五影印《四庫全書總目》。

4. 地方督撫採進書籍著錄方式不同。

紅格棉紙各卷著錄地方督撫採進書籍時，均已刪除督撫名氏，僅云：「□□總督（或巡撫、鹽政）採進本」，不云：「□□總督（或巡撫、鹽政）□□□採進本」，如：「《晉史刪》四十卷，浙江巡撫採進本」、「《藏書》六十八卷，兩江總督採進本」、「《荒史》六卷，兩淮鹽政採進本」等，各卷皆然，並無例外，此一著錄方式全同於「上圖殘稿」與「央圖殘稿」。

至於紅格竹紙抄錄的卷四十九，著錄方式則異於他卷，此卷著錄各地督撫所進書籍時，必定標明督撫名氏，如：「《元史紀事本末》四卷，江蘇巡撫薩載採進本」、「《蜀鑑》十卷，兩淮鹽政李質穎採進本」、「《炎徼紀聞》四卷，浙江巡撫三寶採進本」等，本卷所收各書凡由地方督撫採進者皆如此，此與「上圖殘稿」與「央圖殘稿」並不相同。

5. 「北博殘稿」裝訂成三冊，天頂並有切除痕跡，足見出於後人重新裝訂，非原書稿本來面目。

「北博殘稿」裝訂成三冊，所收各卷並不一定連屬，頁次亦不一定完整。如：

第一冊：收入卷五十（頁一－二十六）、卷四十九（共二十八頁）、卷五十一（頁十五）、卷五十二（頁三十一－三十五）、卷五十三（頁八，九，二十八，三十二－三十五）。

第二冊：收入卷七十九（頁一－二十）、卷八十（頁一－二十三）、卷八十一（頁一－三，十三－十九，二十三－二十六）。

第三冊：收入卷八十二（頁一－九，二十－三十七）、卷八十三（頁一，二）、卷八十四（頁一－八）、卷八十五（頁十三－十四）、卷八十六（頁三十八－四十三，四十八）、卷八十七（頁二十二，二十三）、卷八十九（頁六－九，十七－十八）、卷九十（頁六－八，十四－二十四）。[4]

就上述所列各卷資料殘缺不全以及天頂部份有切除痕跡，導致部份眉批失去原貌難以閱讀來看，分裝三冊當出自後人之手，尤其第一冊先卷五十而後卷四十九的裝訂方式有異常情，不符書籍編輯慣例，更足以證明目前呈現方式並非書稿本來面目。

依據以上五點明顯差異，應可推定卷四十九與其他各卷原本不屬同一書稿，後因不明原因混入並彙整為一，然後裝訂成冊，所以才會如此雜亂。所以下節討論「北博殘稿」的編纂時間時，應將二者分開處理，不宜籠統視為一書，以免結論產生誤差。

4 案：所列資料參考黃文所附「存卷一覽表」。

（二）卷四十九的抄成時間應晚於「央圖殘稿」而早於「津圖紀稿」

卷四十九既然與其他各卷不同，那麼此卷的抄成時間是否可以得知呢？就現有資料而言，其實是可以嘗試的，關鍵就在於卷四十九所收的類目較晚，異於其他各卷。以下根據相關資料略做討論。

1. 就史部紀事本末類的增設而言，卷四十九的抄成時間應在《四庫全書薈要》與「津圖紀稿」二者之間。

卷四十九計二十八頁，為史部紀事本末類，黃文云：「此二八頁起《通鑑紀事本末》，止《三藩紀事本末》，書口無字，無圈改。」[5]就史部分類而言，時間較早的《四庫全書薈要》本來未設「紀事本末類」，本類其實是後來新增的門類。「津圖紀稿」卷四十九「史部紀事本末類」〈小序〉，對增加此一新類，有詳盡完整的說明：

> 古之史策，編年而已，周以前無異軌也。司馬遷作《史記》，遂有「紀傳」一體，唐以前亦無異軌也。至宋袁樞，以《通鑑》舊文，每事為篇，各排比其次

5 見黃文，頁二〇三。案：據筆者所見，本卷起訖順序應為「起《元史紀事本末》，止於《三藩紀事本末》」，黃文偶誤。

第，而詳敘其始終，命曰「紀事本末」，史遂又有此一體。夫事例相循，其後謂之因，其初皆起于創；其初有所創，其後即不能不因。故未有是體以前，微獨「紀事本末」創，即「紀傳」亦創，「編年」亦創；既有是體以後，微獨「編年」相因，「紀傳」相因，即「紀事本末」亦相因。因者既眾，遂于二體之外，別立一家。今亦以類區分，使自為門目，凡一書備諸事之本末，與一書具一事之本末者，總彙於此；其不標「紀事本末」之名而實為「紀事本末」者，亦併著錄。若夫偶然記載，篇帙無多，則仍隸諸雜史傳記，不列於此焉。[6]

在編纂《四庫全書》時，紀事本末性質的書籍已大量增加，難以再用傳統的「紀傳」、「編年」二體概括。為順應此一情勢，因此《四庫》館臣即突破傳統，另立新類，不再墨守陳規，因而在史部增列「紀事本末類」，正式獨立門戶，自成一類，專收「紀事本末」及性質相同的此類史書。由《四庫全書薈要》史部分類未設「紀事本末類」來看，《四庫》館臣決定新增「紀事本末類」的時間必定晚於《四庫全書薈要》。根據近代學者的研究，《四庫全書薈要》的編成時間，大約在乾隆四十三年

6 「津圖紀稿」頁三—五〇五（案：即第三冊，頁五〇五。以下「津圖紀稿」頁次標注皆仿此）。殿本《四庫全書總目》的「紀事本末類」〈小序〉，與此全同。

（一七七八年），[7]所以卷四十九的編成時間不會早於這一時間。

據現存資料顯示，《四庫全書》史部增設「紀事本末類」的具體證據，就保存在臺北的「央圖殘稿」內。「北博殘稿」卷四十九紀事本末類所收的《宋史紀事本末》、《元史紀事本末》、《明史紀事本末》、《繹史》等書提要，原本都著錄在「央圖殘稿」卷四十九史部別史類內。《四庫》館臣決定增加「紀事本末類」後，將「央圖殘稿」上述四書提要抽出，並在書眉上標注「以下四篇不寫，接寫《南北史合註》」（《宋史紀事本末》提要書眉）、「抽去不寫」（《宋史紀事本末》提要書眉）、「抽去」（《元史紀事本末》提要書眉）、「換頁」「另寫《春秋別典》三篇」（《明史紀事本末》提要書眉）、「不寫」（《繹史》提要書眉）等字樣；又在

7 《薈要》完成的時間，清高宗本身的說法即不一致，一則說：「《薈要》錄於癸巳夏，至今戊戌蕆工。」（《清高宗御製詩文全集・御製詩四集》（臺北：國立故宮博物院，一九七六年影印原刻本）卷五十四，葉二十九，〈題摛藻堂〉「工今戊戌成」句下注），癸巳為乾隆三十八年（一七七三），戊戌為乾隆四十三年（一七七八）；再則說：「《薈要》粹全書之精，每部凡萬二千冊，一貯摛藻堂，於己亥年告成；一貯味腴書屋，於庚子年告成。」（《清高宗御製詩文全集・御製詩四集》卷六十五，葉十七，〈重華宮茶宴內廷大臣翰林等題《四庫全書薈要》聯句並成二律〉「摛藻先陳真是速，味腴繼貯亦非遲」句下注），己亥為乾隆四十四年（一七七九），庚子為乾隆四十五年（一七八〇），摛藻堂《薈要》的完成時間究竟是乾隆四十三年，抑或是乾隆四十四年？就成了一個問題。本文依據吳哲夫探討的結果，將《薈要》完成的時間定為乾隆四十三年（一七七八）。參看吳哲夫：《四庫全書薈要纂修考》（臺北：國立故宮博物院，一九七六年），頁七十三－七十四。

與此四篇相連的各書提要書眉上標寫「換頁」（《續後漢書》提要末）、「抽去」（《季漢書》、《晉書別本》提要上）、「換頁」（《晉書別本》提要上）、「此篇寫」（《南北史合註》提要上）、「換頁」（《南北史合註》提要上）、「換頁」（《明史紀事本末》提要後《歷代史表》書眉上）、「此篇寫」（《繹史》提要後《後漢書補逸》書眉上）等字樣，這些加註的文字顯示了抽去各書提要與保留各書換頁的明確狀況，同時也呈現出新的類目所收書籍正在逐步形成中。[8]

就「央圖殘稿」卷四十九仍為史部「別史類」，而「津圖紀稿」已改為「紀事本末類」觀察，「北博殘稿」的「紀事本末類」的抄成時間應在二者之間。這由「北博殘稿」卷四十九版式雖同於《總目》，但版心無字，全無圈改痕跡，各書提要末編頁碼，書籍排列亦未完全依時代先後為序，加以卷末《鴻猷錄》、《永陵傳信錄》、《高廟紀事本末》及《三藩紀事本末等》四部書逕接《平臺紀略》附《東征集》，未另分出「紀事本末類存目」來觀察，[9]此卷可能即係館臣決定在史部增加新類，專

[8] 有關卷四十九的門類變化，拙著〈臺北國圖所藏《四庫全書總目》稿本殘卷的編纂時間與文獻價值〉有較詳細的分析論證，該文刊載於《中央研究院中國文哲研究集刊》第四十八期（二〇一六年三月），頁一三九－一六八。

[9] 案：《鴻猷錄》、《永陵傳信錄》、《高廟紀事本末》及《三藩紀事本末》等四部書提要，在「津圖紀稿」、浙本《總目》及殿本《總目》卷四十九中，雖緊接在著錄書《平臺紀略》附《東征集》

收紀事本末性質的史書後，彙整史部其他各卷性質相關書籍，重新整埋編輯抄寫的「紀事本末類」稿本。此稿雖暫擬「卷四十九」，但似尚未完全確定此一安排是否合適，故版心既無字，亦未依常例編製頁碼。據此可知，其編纂時間必定晚於「央圖殘稿」。

2. 就所收書籍仍保留各地督撫名氏而言，卷四十九的抄成時間應晚於「央圖殘稿」、「上圖殘稿」。

由於「北博殘稿」卷四十九所收下列各書仍保有各地督撫名氏，[10]如：

a. 《元史紀事本末》四卷，江蘇巡撫薩載採進本，明陳邦瞻撰。
b. 《蜀鑑》十卷，兩淮鹽政李質穎採進本，不著撰人。
c. 《炎徼紀聞》四卷，浙江巡撫三寶採進本，明田汝成撰。
d. 《綏寇紀略》十二卷，浙江巡撫三寶採進本，國朝吳偉業撰。
e. 《左傳紀事本末》五十三卷，浙江巡撫三寶採進本，國朝高士奇撰。
f. 《鴻猷錄》十六卷，浙江巡撫三寶採進本，明高岱撰。
g. 《永陵傳信錄》六卷，江蘇巡撫薩載採進本，明戴笠撰。

提要之後，但已另行分為「紀事本末類存目」。

10 案：「北博殘稿」卷八十九、卷九十少數提要原有進書督撫人名，館臣墨筆刪去。

h.《三藩紀事本末》四卷，浙江巡撫三寶採進本，國朝楊陸榮撰。

與此相較，「津圖紀稿」業已依據「央圖殘稿」、「上圖殘稿」體例，完全刪除進書督撫名氏，可知「北博殘稿」卷四十九仍在草創階段，故與「央圖殘稿」、「上圖殘稿」著錄方式有所不同，時間應晚於上述二者而早於「津圖紀稿」。

3. 就紀事本末類著錄書籍與存目書籍的區隔觀察，可以推定卷四十九的編纂應早於「津圖紀稿」。

「北博殘稿」卷四十九所收各書，並未分別著錄書籍與存目書籍，所記載各書提要上自《元史紀事本末》、《平定金川方略》，下迄《鴻猷錄》、《永陵傳信錄》、《三藩紀事本末》，全都列為此一新類。就「津圖紀稿」、殿本《總目》、浙本《總目》同卷觀察，這些書籍業已區隔為二類，《元史紀事本末》、《平定金川方略》（三十二卷）、《春秋左氏傳事類始末》、《三朝北盟會編》、《蜀鑑》、《炎徼紀聞》、《宋史紀事本末》、《平定金川方略》（一百五十二卷）、《臨清紀略》、《蘭州紀略》、《綏寇紀略》、《明史紀事本末》、《滇考》、《繹史》、《左傳紀事本末》、《平臺紀略》十六部書都屬著錄書；《鴻猷錄》、《永陵傳信錄》、《三藩紀事本末》三書則另為存目書，二者區隔清楚，不至混淆。但值得注意的是，就在卷四十九的《鴻猷錄》書名前，館臣墨筆添加了「紀事本末類存目」七字。比對「津圖紀稿」卷四十九，可以發現《平臺紀略》一書之後，有：「右紀事本末類，十九部，一千七十五卷，皆文淵閣著錄。」[11]次行接寫「紀事本末類存目」七字，以下即為《鴻猷錄》十六卷提要。就此而言，在「北博殘稿」卷四十九《鴻猷錄》書名上的墨筆標注，正是將此卷所寫提要，調整為著錄與存目二部分的具體證據。由此可知，「北博殘稿」卷四十九的抄寫年代，必然早於「津圖紀稿」。

4. 從某些官修書籍書名的更動，可以得知卷四十九的編纂應在「津圖紀稿」之前。

就浙本與殿本《四庫總目》觀察，凡是清帝下令編纂的書籍，都會在書名前加上「欽定」二字，以示書籍出於皇帝親自核定，分外尊貴，有異於其他書籍，如：《欽定書經傳說彙纂》、《欽定詩義折中》、《欽定周官義疏》、《欽定儀禮義疏》、《欽定春秋傳說彙纂義疏》等等。這種「欽定」命名的書籍尤以乾隆一朝為多，《四庫總目》在編輯過程中就收錄了不少這種欽定書籍。然而在「北博殘稿」卷四十九收錄的官修書籍中，某些書籍在書名前尚未冠上「欽定」二字，如：乾隆十三年大學士來保等撰進的「《平定金川方略》二十六卷」，原本未加「欽定」二字，[12]但「津圖

---

11 案：浙本作：「右紀事本末類，二十二部，一千二百四十七卷，皆文淵閣著錄。」殿本作：「右紀事本末類，二十二部，一千二百五卷，皆文淵閣著錄。」

12 案：文溯閣本書前提要（頁二五〇）、文津閣本書前提要（頁九十）亦未加「欽定」二字。此處所

紀稿」（頁三－五二七）中，已改為「《欽定平定金川方略》三十二卷」；乾隆四十二年大學士于敏中等奉勅所撰「《臨清紀略》十六卷」，原本未加「欽定」二字，[13]但「津圖紀稿」（頁三－五三九）中，已改為「《欽定臨清紀略》十六卷」；再如同卷乾隆四十六年奉勅撰的「《蘭州紀略》無卷數」，[14]在「津圖紀稿」（頁三－五四三）中，則已改為「《欽定蘭州紀略》二十一卷」。上述諸書，「津圖紀稿」既已冠上「欽定」二字，足見「北博殘稿」卷四十九的抄成，時間應早於「津圖紀稿」。

「津圖紀稿」的編成時間約在乾隆四十八年（一七八三）二月之前，[15]而「央圖殘稿」的編纂時間約在乾隆四十三年（一七七八）以後，乾隆四十六年（一七八一）十月之前，[16]則「北博殘稿」卷四十九的編成時間似應在乾隆四十六年（一七八一）

謂「文溯閣本書前提要」，即《金毓黻手定本文溯閣四庫全書提要》，北京：中華全國圖書館文獻縮微複製中心，一九九九年影印康德二年遼海書社排印本。所謂「文津閣本書前提要」，即四庫全書出版工作委員會編《文津閣本四庫全書提要匯編》，北京：商務印書館，二〇〇六年。

13 案：文溯閣本書前提要（頁二五二）、文津閣本書前提要（頁九十四），書名作「《欽定剿捕臨清逆匪紀略》」，提要內容文字與各本《總目》提要全異。

14 案：文溯閣本書前提要（頁二五三）、文津閣本書前提要（頁九十五）同為乾隆五十四年進呈，已加上「欽定」二字。

15 夏長樸：〈重論《天津圖書館藏紀曉嵐刪定《四庫全書總目》稿本》的編纂時間〉，《湖南大學學報》（社會科學版）第三十卷（二〇一六年六月），頁八－二十。

16 夏長樸：〈重論臺北國圖所藏《四庫全書總目》稿本殘卷的編纂時間〉，本文為拙著〈臺北國圖所十月與乾隆四十八年（一七八三）二月之間。由於《蘭州紀略》一書為乾隆四十六年所勅撰，則此卷編成時間可能更遲至乾隆四十七年（一七八二），但不應晚於四十八年（一七八三）二月。

三、「北博殘稿」的編纂時間蠡測

排除了卷四十九之後，「北博殘稿」的其他十五卷的編纂時間究竟應在甚麼時候？這是本文的核心重點，以下就此一問題進行討論。

（一）就依然存有關於周亮工的文字記載觀察，可以確定「北博殘稿」的編纂時間早於乾隆五十二年三月。

乾隆五十二年（一七八七）三月，在審閱《四庫全書》館所進呈的三分續繕《四庫全書》書籍時，清高宗發現進呈書籍中的李清《諸史同異錄》一書，內容有敘述順治皇帝與明崇禎皇帝相同四事一條。此一比附，不啻批了皇帝不可碰觸的逆鱗，高宗

藏《四庫全書總目》稿本殘卷的編纂時間與文獻價值〉的修訂本，已刊載《中國典籍與文化論叢》第十九輯（二〇一八年六月），頁二九五－三一一。

為此大為光火，當即傳諭徹底查辦，嚴加處理：

> 乾隆五十二年三月十九日內閣奉上諭：《四庫全書》處進呈續繕三分書，李清所撰《諸史同異錄》書內，稱我朝世祖章皇帝與明崇禎四事相同，妄誕不經，閱之殊堪駭異。……乃從前查辦遺書時，該省及辦理《四庫全書》之皇子大臣等未經掣燬，今續三分全書，猶復一例繕錄，方經朕摘覽而得，甚屬非是。……所有四閣陳設之本及續辦三分書內，俱著掣出銷燬，其《總目提要》亦著一體查刪。欽此。[17]

此事至關緊要，臣下自然不敢怠慢，李清的全部著作立即自《四庫全書》撤出銷燬。在雷厲風行的全面清查違礙書籍下，除了李清的著作之外，連帶的周亮工、吳其貞等人的著作也遭牽連波及，一併自《全書》撤出銷燬。不僅如此，《四庫全書》所收各書，只要提要內容稍有涉及上述諸人的文字、書名，也都遭到刪除改動。《全書》如此，《四庫全書總目》自不例外，凡有上述文字，一概都要查刪處理。換言之，乾隆五十二年以後的《總目》稿本，即不應再收有上述諸人的著作提要，《總目》其他各

17 〈諭內閣將《諸史同異錄》從全書內掣出銷燬並將總裁等交部議處〉（乾隆五十二年三月十九日，軍機處上諭檔），中國第一歷史檔案館編：《纂修四庫全書檔案》，上海：上海古籍出版社，一九九七年，頁一九九一－一九九二。

書提要文字內，也不容許再出現上述諸人的名字與著作名稱。

檢核「北博殘稿」所殘存的各書提要時，可以發現卷五十別史類存目10b、11a（明）朱謀㙔撰《邃古記》八卷，頁11a第一行仍存有下列文字：

> 朱謀㙔著書百餘種，周亮工嘗刊其目，今不盡傳。

案：「津圖紀稿」（頁三－六六四）同此。但浙江刻本《總目》（即北京中華影印本，以下簡稱浙本《總目》）（頁四五六）、武英殿本《總目》（即臺灣商務影印本，以下簡稱殿本《總目》）（頁二－一三六）[18]則已修改為：

> 朱謀㙔號為博洽，平生著述一百餘種，今不盡傳。

此書提要既然存有關於周亮工的敘述，正可證明「北博殘稿」原本即有這些文字，其後奉命刪去，時間應在「津圖紀稿」之後。可見「北博殘稿」的編成，應在高宗下令查刪各書之前；亦即是說「北博殘稿」的編纂完成，起碼早於乾隆五十二年（一七八七）三月。

18 案：此處頁二－一三六，即殿本《總目》第二冊，頁一三六，以下所注仿此。

（二）根據增補書籍提要與進書者職稱的變更，可以推定「北博殘稿」的編纂時間早於「津圖紀稿」。

1. 「北博殘稿」仍存有大量增刪抽毀書籍的痕跡，某些以朱墨筆或加簽條方式增補的書籍提要，在「津圖紀稿」中，已經修改完成，納入底本。如：

　a. 卷五十別史類存目10a-10b《明帝后妃略》一卷，浙江巡撫採進本。書眉浮簽抄有《彩線貫明珠秋檠錄》一書之提要。硃筆注：「補《明帝后妃略》之前」。

　案：「津圖紀稿」（頁三—六六三）《明帝后妃略》之前，已補上「《彩線貫明珠秋檠錄》一卷，浙江巡撫採進本」之提要。

　b. 卷五十別史類存目12b-13a《閱史約書》五卷，13a上浮簽：「十二頁後七行下落《晉書》一條」。

　案：「津圖紀稿」（頁三—六七一）《閱史約書》之前，已補入「《晉書別本》一百三十卷，浙江巡撫採進本」。

2. 依據進書者職稱的變更，可以推定「北博殘稿」的編纂時間早於「津圖紀稿」。

　在乾隆三十九年（一七七四）七月二十五日頒佈的〈諭內閣著《四庫全書》處總

裁等將藏書人姓名附在于各書提要末並另編《簡明書目》〉上諭中，清高宗要求未來《四庫全書總目》所收各書，都必須注明該書來源。[19]秉承此一上諭，其後《四庫》館所編纂的《四庫全書總目》各稿，不論著錄抑或存目，所收各書提要，都一律標注了該書的來源，幾無例外。今存於世的「央圖殘稿」、「上圖殘稿」、北京國圖《總目》殘稿、「北博殘稿」以及「津圖紀稿」皆然，即使已成書的浙本《總目》及殿本《總目》，亦復如此。

比對上述殘稿與書籍時，有一個極為顯著的現象，即同一書籍所標注的進呈者會因官職的升遷降黜而更動修改其所署職稱，尤以進書者本身即為《四庫》館臣時最為明顯。如汪如藻這位館臣兼進書者，在《四庫全書初次進呈存目》所收的宋陳經撰《尚書詳解》五十卷中，原注「庶吉士汪如藻家藏本」（經部書類，經頁二一九），但至「津圖紀稿」時，已改為「編修汪如藻家藏本」（頁二一四六八），較晚的浙本《總目》（頁九十四）及殿本《總目》（頁一－二六三）所收汪如藻所進呈書，其來源皆已標注「編修汪如藻家藏本」。可見《四庫全書初次進呈存目》的編纂時間要早於「津圖紀稿」與浙本《總目》、殿本《總目》。由此可知，比較進書者職稱的變動，亦可以做為衡量殘稿大致編纂時間的參考。

19 中國第一歷史檔案館編：《纂修四庫全書檔案》，頁二二八－二二九。

「北博殘稿」卷五十別史類存目《晉記》提要前，收有〔清〕李鍇所撰《尚史》七十卷，著錄為「內閣學士紀昀家藏本」。「津圖紀稿」（頁三－六九四）《晉記》提要前亦收有此書，但卷數已改成「七十二卷」，來源則改為「兵部侍郎紀昀家藏本」。晚於「津圖紀稿」的浙本《總目》（頁四五三）、殿本《總目》（頁二－一一二九）來源皆為「兵部侍郎紀昀家藏本」，並將此書前移至別史類之末，卷數則改為「一百七卷」。[20]比較之下，「北博殘稿」的編纂時間明顯較早。

就上述二種現象觀察，則「北博殘稿」的編纂應在「津圖紀稿」之前。「津圖紀稿」的編成時間約為乾隆四十八年（一七八三）二月之前，可知「北博殘稿」的編纂至遲應早於此一時間。

20 案：李鍇所撰《尚史》由別史類存目提升至別史類之末，來自乾隆五十二年四月，原因是為了填補銷毀李清書四種所留下的空函，見〈軍機大臣奏遵旨銷燬李清書四種應行補函商酌辦理情形片〉（五十二年四月初二日，軍機處上諭檔）：「……以上各函，現因違礙撤去，另換《尚史》、《宋稗類抄》二種抵補，仍按照二書次序排入。據紀昀告稱，不過略微挪移，匣面改刻無多等語。合并聲明。」中國第一歷史檔案館編《纂修四庫全書檔案》，頁二一三七－二一三九。

（三）就依然存有尹會一〈序〉字樣，可以推定「北博殘稿」之編纂，應早於乾隆四十六年五月。

乾隆四十六年（一七八一）三月十八日，原大理寺卿尹嘉銓同日內連續上了二道奏摺，內容分別是：一，為其先父尹會一請謚；二，乞求將其父從祀文廟。高宗皇帝先在其前一奏摺批示：「與謚乃國家定典，豈可妄求？此奏本當交部治罪，念汝為父私情姑免之，若再不安分家居，汝罪不可逭矣」；繼覽次一奏摺，即勃然大怒，重批：「竟大肆狂吠，不可恕矣。」[21]秉持上意，軍機處當下即建議交部議處，從重治罪。[22]並於同日下令革去尹嘉銓頂戴，並雷厲風行查治其罪，嚴審出身以來所有著作。承辦官員隨後在尹嘉銓自著書籍內簽出違礙犯忌文字一百三十一處，罪證確鑿，自無可恕。尹嘉銓本人雖於乾隆四十六年四月十七日即處絞立決，[23]緊接著高宗又在

21 〈尹嘉銓奏為父請謚折〉、〈尹嘉銓奏請將伊父從祀文廟折〉，二折皆為《軍機處檔、繳回硃批檔》，收在北平故宮博物院文獻館編輯、上海書店增訂：《清代文字獄檔》（上海：上海書店出版社，二〇一一年），頁三四九—三五〇。

22 同上書，〈軍機處應重治尹嘉銓罪奏〉（乾隆四十六年三月十八日），《軍機處檔》，頁三五〇。

23 同上書，〈尹嘉銓著革去頂戴拿交治罪諭〉（乾隆四十六年三月十八日），頁三五一；〈軍機處復查英廉派員簽出各書奏〉（乾隆四十六年四月十四日），頁三五六。

同年五月十二日頒下〈通行查禁尹嘉銓自著各書諭〉，[24]要求查禁尹嘉銓的所有著作。次日，軍機處接著奏上〈軍機處應行銷毀尹嘉銓書籍奏〉，[25]將尹嘉銓所有自著書籍毀板查禁，連帶尹會一的著作包括各地的石刻詩文在內，亦受牽連，全都遭到查禁銷毀。自此時起，尹會一、尹嘉銓父子的著作即懸為厲禁，不僅全自市面消失，連原已收入《四庫全書》的著作也無一倖免，全都抽出銷毀，不准留存。與此同時，《四庫全書總目》不僅抽毀尹氏父子著作的提要，其他各書提要中所有涉及尹氏父子名氏的文字，也都抽除或改寫，一律不得保留。

經過這種嚴格的查禁銷毀措施之後，照理尹氏父子的著作自應消失無蹤，不再見於天壤之間，而《四庫全書總目》各書提要亦不應再出現有關尹氏父子的文字。事實上似乎並不如此。

「北博殘稿」卷八十，史部職官類存目12a-12b《掖垣人鑑》十七卷《附錄》一卷後，原有「《明職》一卷」提要，館臣墨筆勾除此書提要。

案：殿本（頁二一－六七五）、浙本（頁六九三）《明職》此書仍在本卷《牧津》、《仕學全書》二書之間，惟提要末已刪去「前有乾隆四年尹會一序，乃巡撫河

24 同上書，〈通行查禁尹嘉銓自著各書諭〉（乾隆四十六年五月十二日），頁三七八。

25 同上書，〈軍機處應行銷毀尹嘉銓書籍奏〉（乾隆四十六年五月十三日），頁三七八－三八二。

南時所重刊也」二十字。[26]此段文字的存在，自不可能為後來所補上，可以證明「北博殘稿」的纂修應在清廷下令查禁尹氏父子的著作之前。

據此，則「北博殘稿」的編纂時間至少應在乾隆四十六年（一七八一）五月以前，否則不應存有這段文字。

上節曾提及卷五十別史類存目《晉記》提要前，收有〔清〕李鍇所撰《尚史》七十卷，著錄來源為「內閣學士紀昀家藏本」。「津圖紀稿」（頁三－六九四）《晉記》提要前雖亦收有此書，但卷數已改成「七十二卷」，來源亦已改為「兵部侍郎紀昀家藏本」。據《紀曉嵐文集》所附《年譜》，紀昀乾隆四十四年己亥（一七七九）四月，自詹事擢內閣學士；乾隆四十七年壬寅（一七八二）四月，調補兵部侍郎，仍兼值閣事。[27]則本條提要編纂時間，至遲當在乾隆四十四年四月之後，四十七年（一七八二）四月之前。

與上述各點合併觀察，則「北博殘稿」的纂修時間，可能在乾隆四十四年（一七七九）四月之後，乾隆四十六年（一七八一）五月以前。比較起來，其時間要早於上述「北博殘稿」卷四十九史部紀事本末類。

26 案：黃燕生〈校理《四庫全書總目》殘稿的再發現〉亦云：「職官類存目《明職》條，稿本提要末多一行：『前有乾隆四年尹會一序，乃巡撫河南時所重刊也。』此段文字後來不見刊本。」

27 紀昀：《紀曉嵐文集》（石家莊市：河北教育出版社，一九九五年），冊三，頁三七九、頁三九〇。

四、試論「北博殘稿」與「央圖殘稿」的關係

在探討「北博殘稿」的編纂時間過程中，筆者經常參考「央圖殘稿」的相關資料，在比對檢視二者內容時，發現二者有頗多相似之處，這種相近或相關的現象似乎並非偶然，這顯示二份殘稿可能有某些關連。以下亦就此略做討論。

（一）「北博殘稿」與「央圖殘稿」同為《四庫全書總目》的史部殘稿，但所存卷次完全不重覆。

「央圖殘稿」雖僅四十一葉，提要亦頗有缺略，但殘存《總目》卷四十五至四十九，亦即史部正史類至史部別史類。「北博殘稿」殘存較多，計三冊十六卷，自卷四十九至卷九十（卷四十九，卷五十至卷五十三，八十一至八十七，八十九至九十），即史部紀事本末類至史部史評類存目二。除了卷四十九相同之外，其餘各卷二者並不重覆。「央圖殘稿」的卷四十九為史部別史類，「北博殘稿」的卷四十九則為史部紀事本末類。「央圖殘稿」的卷四十九保留了館臣以史部別史類為基礎，增立紀事本末類時抽換調整條目的具體線索；而「北博殘稿」則是已經完成的紀事本末類，二者卷次雖同，內容卻大有差異。在本文第二節中，已經通過論證，自「北博殘稿」中排除

了卷四十九，餘下的十五卷始於卷五十史部別史類存目，與「央圖殘稿」的卷四十九史部別史類正好銜接，二者所收卷次其實並無重疊之處。

（二）就書籍提要的調整，亦可看出「北博殘稿」與「央圖殘稿」頗有關連。

如前所云，「央圖殘稿」雖然未設「紀事本末類」，但卻具體展現了新增此一類目時，原有書籍提要的調整現象，如其中所收《宋史紀事本末》、《元史紀事本末》、《明史紀事本末》及《繹史》四部書原在「史部別史類」，紀昀將各書提要抽出，並在書眉上加注調整方式的字樣。這些加註的文字顯示了抽去各書提要與保留各書換頁的明確狀況，其中最值得注意的是《季漢書》、《晉書別本》二部書，此因《季漢書》、《晉書別本》二書恰好出現在「北博殘稿」增添的書籍中，尤其是《晉書別本》的位置調整，正足以證明「北博殘稿」與「央圖殘稿」有相當密切的關連。

「北博殘稿」卷五十史部別史類存目12b、13a著錄有《閱史約書》五卷。在13a處有浮簽墨書：「十二頁後七行下落《晉書》一條。」檢閱「津圖紀稿」（頁三一六七一），卷五十別史類《閱史約書》之前，業已補入《晉書別本》一百三十卷。「津圖紀稿」此書提要為底本原有，並無另外調整痕跡，可見《晉書別本》補在《閱史約書》前，必然早於「津圖紀稿」的編纂時間。衡以「央圖殘稿」在《晉書別本》書眉上所標的「抽去」、「不寫」提示，二者的關連非比尋常，不宜等閒視之，亦不可輕易放過。衡以常情，唯有在同一書稿上才可能出現某處標「抽去」，而另一處標明補入此書的情況，似無在不同書稿上如此處理的可能。如此說來，「北博殘稿」與「央圖殘稿」的關係並不單純，看來極為密切。

《晉書別本》之外，在「央圖殘稿」上與《晉書別本》同時抽出不寫的各書中，《季漢書》的調整也頗值得注意。「北博殘稿」卷五十別史類10b、11a著錄有《邃古記》八卷。與「津圖紀稿」相比對，可以發現「津圖紀稿」（頁三－六六五）卷五十別史類《邃古記》之後，已補入《季漢書》五十六卷，此書提要亦為「津圖紀稿」底本原有，亦無另外調整痕跡，與《晉書別本》情況相同。唯一的差別是，「北博殘稿」此處不似《晉書別本》存有浮簽指示。頗疑此處原來亦有提示簽條，年代久遠，歷經眾手，其後因故脫落佚失。這由黃文所附的書影卷五十首頁原本夾有「第一頁五行……」簽條一張，迨至筆者目驗時，該一簽條已亡佚無存，可以推知有此可能。

即使不計入《季漢書》，僅就《晉書別本》的調整現象觀察，依然可以推斷「北博殘稿」與「央圖殘稿」關係密切，二者原本似為同一部書稿，其後因故一分為二的可能性仍然存在，不宜輕易排除。

（三）「北博殘稿」卷五十的史部別史類存目頁次自為起訖，亦顯示與「央圖殘稿」關係非淺。

「津圖紀稿」與浙本《總目》、殿本《總目》的卷五十均為史部別史類，同卷之中除了著錄書籍提要之外，其後即接寫存目書籍提要，二者頁碼連續編寫，未作區隔。唯一的區別是著錄書提要的書口下為「史部別史類」，而存目書提要書口則改標「史部別史類存目」。檢閱「津圖紀稿」與浙本《總目》、殿本《總目》各書，編製體例莫不如此，即著錄書與存目書既可分別收入不同卷次，亦可合編為一卷，端視存目書數量之多寡而定。二者分開者頁次自為起訖，而同為一卷者則頁次連續編寫，不再分編頁碼，《總目》全書體例皆然，並無例外。即以史部為例，既有著錄書與存目書同在一卷者，如：正史類二與正史類存目同在卷四十六，紀事本末類與紀事本末類存目同在卷四十九，別史類與別史類存目同在卷五十。亦有著錄書與存目書分為二卷或二卷以上者，如：雜史類自為卷五十一，而雜史類存目則獨立為三並各為一卷，詔令奏議類與詔令奏議類存目分立卷五十五、卷五十六等。二種形式同時存在，涇渭分明，並不紊亂。

與上述現象相較，「北博殘稿」卷五十史部別史類存目的頁碼編輯就有極大的討論空間，本稿頁次自頁一至二十六頁，自為起訖，並未與別史類同卷，可見完整的原書稿是別史類與別史類分屬兩卷，各自獨立，頁碼並不連續，黃文附錄的「北博殘稿」卷五十別史類存目首頁書影即是確證。這屬於上舉門目編排的第二種處理形式。既然如此，則原書稿的卷四十九應為別史類，而非其他門目。

值得注意的是，「央圖殘稿」所收雖僅卷四十五至卷四十九殘葉，但卷四十九「別史類」自《契丹國志》至卷末《春秋戰國異辭》、《通表》、《摭遺》，其後即為總括本卷文字：

右別史類二十三部，一千三百十七卷，皆文淵閣著錄。案：《東觀漢記》、《後漢書補逸》之類，本皆正史也。然書已不完，今又不列於正史，概入此門。其先後從作者時代，亦與編年類例同，均稍示區別於正史耳。[28]

就上述編輯形式觀察，「央圖殘稿」卷四十九即止於此頁，其後並未接寫「別史類存目」，此一體例與「津圖紀稿」與浙本《總目》、殿本《總目》各書本卷為「別史類」、「別史類存目」合為一卷的處理方式並不相同。可以斷定「央圖殘稿」所屬的原書稿為「別史類」、「別史類存目」分屬兩卷，亦即卷四十九為「別史類」，卷五十為「別史類存目」，而非他類。再就「北博殘稿」觀察，卷五十為「別史類存目」，收書二十九部，首尾完整，並無缺佚。在此卷最後一部書「26a《遼大臣年表》

[28] 參見臺北國家圖書館藏《欽定四庫全書總目》殘稿，葉四十一。

一卷《金大臣年表》一卷」提要後，26a-26b即為總括本卷文字：

右別史類二十九部，一千一百七卷（內三部無卷數），皆附存目。[29]

根據《總目》編輯體例，這就表示「北博殘稿」卷五十為「別史類存目」，其前一卷則為「別史類」，二者分列二卷，並無同置一卷現象，同於「央圖殘稿」而異於時間較晚的「津圖紀稿」與浙本《總目》、殿本《總目》，足見「別史類」、「別史類存目」合為一卷是後來另作的調整，與「央圖殘稿」、「北博殘稿」分列二卷不同。

既然「央圖殘稿」卷四十九為「別史類」，而「北博殘稿」卷五十為「別史類存目」，二部殘稿如此相合，這應不是偶然，二者關係非淺，原為同一書稿因故分開的可能性因之增高。

（四）「北博殘稿」與「央圖殘稿」的編纂時間非常相近，重疊部份極高。可能原來即為同一書稿。

根據本文第三節的考證，「北博殘稿」的纂修時間，應該在乾隆四十四年（一七七九）四月之後，乾隆四十六年（一七八一）五月以前。

[29] 參見北京國家博物館藏《欽定四庫全書總目》殘稿，頁26a-26b。

至於「央圖殘稿」的編纂時間又如何呢？此前筆者曾撰〈臺北國圖所藏《四庫全書總目》稿本殘卷的編纂時間與文獻價值〉一文，將「央圖殘稿」的編纂時間定為「乾隆四十年秋至乾隆四十一年春之間。[30]其後根據可靠資料重新考訂，另修訂為〈重論臺北國圖所藏《四庫全書總目》稿本殘卷的編纂時間〉，[31]並將此殘稿的編纂時間移後至約為乾隆四十三年（一七七八）至乾隆四十六年（一七八一）十月之間。此一時間與「北博殘稿」的纂修時間重疊處甚多，二者為同一書稿的可能性因之大增。

（五）「北博殘稿」與「央圖殘稿」收藏者完全相同，疑係同一書稿割裂為二稿。

「北博殘稿」與「央圖殘稿」皆有眾多收藏印記，「北博殘稿」每冊鈐有印記四方：「南通馮氏景岫樓」（朱文）、「馮雄印信」（白文）、「宜秋館藏書」（白文）、「振唐鑒藏」（朱文），其中一冊卷末鈐「豐城歐陽怙昉所藏」（朱文方印）。「央圖殘稿」首葉所鈐收藏印記共計九方，扣除「國立中央圖／書館收藏」朱文長方印不計，其餘分別為：「景岫／樓」白文方印、「彊齋／行笈」朱文方印、「南通馮

---

30 夏長樸：〈臺北國圖所藏《四庫全書總目》稿本殘卷的編纂時間與文獻價值〉，《中央研究院中國文哲集刊》第四十八期（二〇一六年三月），頁一三九—一六八。

31 夏長樸：〈重論臺北國圖所藏《四庫全書總目》稿本殘卷的編纂時間〉，見《中國典籍與文化論叢》第十九輯（二〇一八年六月），頁二九五—三一一。

氏景／岫樓藏書」朱文長方印、「宜秋館／藏書」白文長方印、「馮雄／印信」白文方印、「翰／飛」朱文方印、「豐城歐陽／恬昉所藏」朱文長方印、「彊齋珍本」朱文長方印。其中「景岫／樓」、「彊齋／行笈」、「南通馮氏景／岫樓藏書」、「馮雄／印信」、「翰／飛」、「彊齋珍本」六方皆為馮氏藏書印。「宜秋館藏書」為李之鼎（一八六五－一九二八）藏書印。歐陽恬昉名鳳熙，江西豐城人，清藏書家。

就此看來，「北博殘稿」與「央圖殘稿」收藏者完全相同，頗疑為同一《總目》書稿，其後一分為二，分別散入北京國家博物館與臺北國家圖書館，二者依然同存於天壤之間，亦為書林一大幸事。

五、結語

以上就「北博殘稿」卷四十九的問題、「北博殘稿」的編纂時間以及「北博殘稿」與「央圖殘稿」的關係做了簡要的討論。

由於相關文獻資料的不足，目前可以確定的是在「北博殘稿」殘存的三冊十六卷中，卷四十九與其他十五卷原本並不是同一書稿，其編纂時間亦晚於臺北國圖所藏的《總目》稿本殘卷，但卻早於天津圖書館收藏的《總目》稿本殘卷，應該是乾隆四十六年（一七八一）十月與乾隆四十八年（一七八三）二月之間所編成。由於該卷所收的「《蘭州紀略》無卷數」一書為乾隆四十六年所勅撰，據此推斷此卷編成時間可能要遲至乾隆四十七年（一七八二）。

至於「北博殘稿」的主體部份，亦即其餘十五卷的編纂時間，則稍早於卷四十九。根據相關資料的比對，大約在乾隆四十四年（一七七九）四月之後，乾隆四十六年（一七八一）五月以前。

據筆者所考，「北博殘稿」與「央圖殘稿」的編纂時間極為相近，加以卷次並不重覆，而曾經經手的三位藏書家歐陽鳳熙、李之鼎與馮雄又完全相同，二部殘稿之間似乎存有某種關連。在依據可信資料，分就相關問題探討之後，大致可以推定二者的關係極為密切，甚至可能原本來自於同一部書稿。此說若能成立，應是《四庫總目》殘存稿本研究的一大突破，對《四庫總目》編纂過程的研究，具有不可忽視的參考價值。

文獻學的研究既以具體文獻為研究對象，則文獻資料的蒐集與掌握，自屬不可或缺的必要且充分條件。這一要件對《四庫全書總目》編纂史來說，更是首要之務。自二〇一一年起，天津圖書館藏紀曉嵐刪定《四庫全書總目》稿本與臺北國家圖書館藏《四庫全書初次進呈存目》相繼影印出版，加上文淵閣、文津閣與文瀾閣《四庫全書》及文溯閣、文津閣書前《提要》的影印，不僅為《四庫全書總目》編纂研究提供了具體而豐富的文獻資料，也促成學術界對《四庫》學高度重視，除了各大學相繼成立幾個《四庫》學研究中心之外，有關《四庫》學研究的論文大量發表，也為此一學術主題的研究，開啟了欣欣向榮的蓬勃氣象。

雖說如此，不能不指出的是，大量研究書籍與論文的出版，對《四庫》學的研究而言，在量的方面固然值得慶幸，然而質的方面則仍有相當不小的進步空間。要加強《四庫》學研究的深度，除了研究方法的開展及研究理論的吸取與建立之外，最要緊的還是研究資料的充分與取得方便，所謂「工欲善其事，必先利其器」，正是最恰當說明。儘管目前資料分享的風氣已頗有改善，但無可否認的是，仍有許多與《四庫》研究相關的珍貴文獻依然深藏在各大圖書館與博物館的善本室與特藏室中，有心人難以親眼目睹。這些書稿雖然保存良好，但從事研究工作的學者經常不得其門而入，相當令人惋惜！書籍與其他文物同樣珍貴，亦應善加維護與典藏，但書籍是知識的主要載體，古人先哲的智慧能流傳不朽，進而影響後代世人，主要依靠閱讀而來。唯有大量流傳、方便閱讀，書籍此一載體方能發揮其最大的功能，人類的精神遺產也才可能順利傳布與發生影響，這是顯而易見的事實。在此謹誠懇呼籲典藏單位調整觀念，將相關資料文獻以影印或建立電子檔的方式儘量公開，讓有心利用的研究者便於取得與使用，這才是復興傳統文化，進而發揚光大的最有效途徑。

* 原刊《中國四庫學》第六輯（二〇二〇年十二月），頁三十三—五十二。

參考書目

于敏中、王際華等：《四庫全書薈要》，臺北：世界書局，一九八五年影印摛藻堂《四庫全書薈要》本。

中國第一歷史檔案館編：《纂修四庫全書檔案》，上海：上海古籍出版社，一九九七年。

四庫全書出版工作委員會編：《文津閣本四庫全書提要匯編》，北京：商務印書館，二〇〇六年。

江慶柏等編：《四庫全書薈要總目提要》，北京：人民文學出版社，二〇〇九年。

永瑢、紀昀等：《四庫全書總目》稿本，臺北國家圖書館藏，乾隆舊抄本。

——：《四庫全書總目》稿本，北京國家博物館藏，乾隆舊抄本。

——：《四庫全書總目》稿本，上海圖書館藏，乾隆舊抄本。

——：《四庫全書初次進呈存目》，臺北：臺灣商務印書館／國家圖書館，二〇一二年影印國家圖書館藏乾隆原抄本。

——：《天津圖書館藏紀曉嵐刪定《四庫全書總目》稿本》，北京：國家圖書館出版社，二〇一一年。

——：《文淵閣本四庫全書》，臺北：臺灣商務印書館，一九八三年影印文淵閣本。

——：武英殿本《四庫全書總目提要》，臺北：臺灣商務印書館，一九八三年影印武英殿原刻本。

——：《四庫全書總目》，北京：中華書局，一九六五年，影印浙江杭州本。

——：文淵閣原抄本《四庫全書簡明目錄》，臺北：臺灣商務印書館，一九八三年，影印文淵閣本。

金毓黻輯：《金毓黻手定本文溯閣四庫全書提要》，北京：中華全國圖書館文獻縮微複製中心，一九九九年影印康德二年遼海書社排印本。

清高宗：《清高宗御製詩文全集》，臺北：國立故宮博物院，一九七六年影印原刻本。

紀昀：《紀曉嵐文集》，石家莊市：河北教育出版社，一九九五年。
吳哲夫：《四庫全書薈要纂修考》，臺北：國立故宮博物院，一九七六年。
沈津：《書韻悠悠一脈香》，桂林：廣西師範大學出版社，二〇〇六年九月。
夏長樸：〈《四庫全書初次進呈存目》初探——編纂時間與文獻價值〉，《漢學研究》第三十卷第二期（二〇一二年六月），頁一六五－一九八。
——：〈《天津圖書館藏紀曉嵐刪定《四庫全書總目》稿本》的編纂時間與文獻價值〉，《臺大中文學報》四十四期，二〇一四年三月，頁一八五－二二二。
——：〈重論《天津圖書館藏紀曉嵐刪定〈四庫全書總目〉稿本》的編纂時間〉，《湖南大學學報》（社會科學版）第三十卷第六期（二〇一六年十一月），頁八－二十。
——：〈臺北國圖所藏《四庫全書總目》稿本殘卷的編纂時間與文獻價值〉，《中央研究院中國文哲研究集刊》第四十八期（二〇一六年三月），頁一三九－一六八。
——：〈上海圖書館藏《四庫全書總目》殘稿編纂時間蠡探〉，《四庫學》第一輯（二〇一七年十二月），頁一八三－二〇七。
——：〈重論臺北國圖所藏《四庫全書總目》稿本殘卷的編纂時間〉，《中國典籍與文化論叢》第十九輯（二〇一八年六月），頁二九五－三一一。
黃燕生：〈校理《四庫全書總目》殘稿的再發現〉，《中華文史論叢》第四十八輯，一九九一年十二月，頁一九九－二一九。

文淵閣本《四庫全書》書前提要的校上時間與抽換問題

一、前言

現存於世的四部《四庫全書》中，文淵閣本《四庫全書》成書最早（乾隆四十六年，一七八一），品質極受肯定，也是各書中最早影印出版的一部（一九八三），[1] 因此廣受學界重視，成為《四庫》學研究中不可或缺的重要資源。許多研究論述莫不以這部大書所收資料為研究基礎，以此為據，從而開展出許多極具參考價值的學術論述，建構起琳瑯滿目極富創意的理論，產生豐碩的學術成果，影響之大，無遠弗屆。可見文淵閣本《四庫全書》在學術研究上，具有無可替代的重要地位。

雖說如此，文淵閣本《四庫全書》也並非十全十美毫無瑕疵，舉例而言，這部大書所收入的每一部書籍，各書書前提要的校上時間，就存在明顯的問題。若未加抉

1 永瑢、紀昀等：文淵閣本《四庫全書》（臺北：臺灣商務印書館，一九八三年影印文淵閣《四庫全書》）。

擇，逕依其所錄時間為準，據以論述，極有可能導致研究上的謬誤，使得學者殫精竭智的研究成果，遭受質疑，可信度因之失真，卻是難以彌補的損失。以往由於文獻殘缺不足，參考資料匱乏，學者使用文淵閣本《四庫全書》書前提要時，多未注意及此，研究成果難免有不夠精確之虞。現今各類《提要》大量影印問世，參考使用極為方便，學者從事研究工作時，若不能左右採獲，窮盡可得資料加以比較，卻依然故步自封，惟據手頭有限資料，不事開拓，自然難免貽人抱殘守缺敝帚自珍之譏。不僅所見不廣，挖掘深度不夠，研究所得亦不易普受肯定，這是從事研究工作時，不能不考慮的重要問題。

本文之作，主要目的在探討文淵閣本書前提要（以下簡稱「文淵本提要」）的校上時間及其相關問題，一方面嘗試釐清問題產生的緣由，另一方面則試圖提出辨別此一提要實際校上時間的具體可行方法，以期解決這個多年懸案。管見所得是否合理，推論過程是否得當，則有待大雅方家有以正之。

二、文淵本提要中存在的特殊現象

文淵閣本《四庫全書》成書最早，附書而行的文淵本提要[2]的編寫時間亦應最早，其他各閣《四庫全書》的編成時間晚於文淵閣本，其書前提要的抄成時間自然也晚於文淵本提要。雖然如此，由於各本抄寫時皆據文淵本提要底本謄寫，[3]所以各本書前提要的內容亦應同於文淵本提要才是。但在實際閱讀比對各本提要的過程中，卻

---

2 本文所據文淵本提要為李國慶輯：《四庫全書卷前提要四種》（鄭州市：大象出版社，二〇一五年）所收《文淵閣本卷前提要》。

3 清高宗：〈文源閣〉，《清高宗詩文全集・御製詩四集》（臺北：故宮博物院，一九七六年影印原刻本），卷八十六，頁八，「成亦可期始實繁」句下注：「文淵閣所弆，全部三萬六千冊已成。以纂輯不易，茲第二、三、四部則照纂輯已成者鈔錄較易。詢之館臣，稱均陸續開工，各已繕就萬冊以上云。」又同書卷八十七，頁八，〈經筵畢文淵閣賜宴以四庫全書第一部告成庋閣內用幸翰林院例得近體四律首章即疊去歲詩韻〉：首章「長律昨歲示程督」句下注云：「昨年經筵，四庫全書第一部未竣，故有『咨爾校讎總群輩，可宜淹過決旬期』之句，以示程督。茲第一部書已於昨冬告蕆，而第二、三、四部全書亦俱繕就萬冊以上，此後照鈔，較易成書矣。」又同書卷九十五，頁一，〈題文源閣〉詩「文淵昨歲慶筵行，文溯因循亦促成」句下注云：「昨歲《四庫全書》第一分完竣。……其二分書照式謄寫，易於蕆事。因命館臣上緊督辦，送至盛京文溯閣庋藏，亦於今春告竣。至三分書應弆此文源閣者，又可接續繕辦，明春想亦可蕆事。」

經常發現提要內容文字都有極大的差異，這是相當意外的現象，原因究竟何在？實在值得關注。

現存的書前提要中，除文溯本[4]、文津本[5]之外，其他《四庫全書薈要》[6]、《武英殿聚珍版叢書》[7]所收各書，也各有書前提要。此外，近年影印出版的內府寫本卷前提要，[8]與原藏於圓明園文源閣後燬於八國聯軍之役的文源閣本書前提要關係密切，[9]也都一併納入本文研究比較。浙江本《四庫全書總目》（以下簡稱「浙本總

4 金毓黻：《金毓黻手定本文溯閣四庫全書提要》，北京：中華全國圖書館文獻縮微複製中心，一九九九年影印康德二年遼海書社排印本《文溯閣四庫全書提要》。

5 四庫全書出版工作委員會編：《文津閣本四庫全書提要匯編》，北京：商務印書館，二〇〇六年。

6 江慶柏等編：《四庫全書薈要總目提要》，北京：人民文學出版社，二〇〇九年。

7 清乾隆敕編：《武英殿聚珍版叢書》，北京：中國國家圖書館藏一百四十一種線上影像檔。

8 《內府寫本四庫全書卷前提要》，原本藏於天津圖書館，今影印收入李國慶輯：《四庫全書卷前提要四種》（鄭州市：大象出版社，二〇一五年）中。

9 江慶柏：〈天津圖書館藏《四庫提要》為《文源閣提要》考說〉云：「本人經過仔細分析，並與現存文源閣本《四庫全書》相比較，初步認為這部《提要》就是四庫七閣之一的《文源閣提要》。」又說：「根據以上分析，我們認為《津圖提要》很有可能就是從已經抄寫好的《文源閣提要》中撤換出來的提要。」（《歷史文獻研究》總第四十一輯，二〇一八年八月，頁二七〇－二七九）江氏舉證詳盡，論證嚴謹，推定這部內府寫本卷前提要就是四庫七閣當中的《文源閣提要》，這個結論具體可信。但內府寫本究竟是江氏所謂文源閣本抽換下來的提要，或是另行重新抄寫用以取代原有提要的新抄提要，則似仍有可斟酌之餘地。

目」）[10]、武英殿本《四庫全書總目》（以下簡稱「殿本總目」）[11]以及《天津圖書館藏紀曉嵐刪定《四庫全書總目》稿本》（以下簡稱「津圖紀稿」）[12]均據書前提要修訂，內容相關，也都納入比對，這些都是本文討論時主要的資料來源。

就上述所舉資料比對《四庫全書》著錄書的同一提要時，大致常見下列幾種現象：

（一）各書書前提要與《總目》內容幾乎全同。

如：

1.《易學辨惑》一卷，《永樂大典》本，宋邵伯溫撰。（經部易類）

文淵（頁二十六，乾隆四十六年九月）、文溯（頁十八，乾隆四十五年十月）、文津（頁十六，乾隆四十五年十月）、內府本（頁十四，乾隆四十五年三月）與殿本（頁一－六十六）、浙本（頁六）相同。

---

10 永瑢、紀昀等：《四庫全書總目》，北京：中華書局，一九六五年，影印浙江杭州本。

11 永瑢、紀昀等：武英殿本《四庫全書總目提要》，臺北：臺灣商務印書館，一九八三年影印武英殿原刻本。

12 永瑢、紀昀等：《天津圖書館藏紀曉嵐刪定《四庫全書總目》稿本》，北京：國家圖書館出版社，二〇一一年。

2.《西漢年紀》三十卷，《永樂大典》本，宋王益之撰。（史部編年類）

文淵（頁一一〇四，乾隆四十六年二月）、文溯（頁二四二，乾隆四十六年十二月）、文津（頁六六，乾隆四十六年十二月）、內府寫本（頁五二六，乾隆四十六年三月）、殿本（頁二－六十九）、浙本（頁四二六）相同。惟「益之獨旁取《楚漢春秋》、《說苑》」，文淵、文溯、文津、內府寫本作「益之獨旁取《楚漢春秋》、《說苑》、《新書》」。

3.《鹽鐵論》十二卷，內府藏本，漢桓寬撰。（子部儒家類）

《薈要》（頁二八二，乾隆四十二年五月）、文淵（頁一八一七，乾隆四十三年六月）、文溯（頁四〇〇，乾隆四十七年九月）、文津（頁六，乾隆四十九年三月）、內府寫本（頁七七五，乾隆四十六年二月），皆同於殿本（頁三－七）、浙本（頁七七一）。惟「故諸史列之儒家」下，無殿本「黃虞稷《千頃堂書目》改隸史部食貨類中，循名而失其實矣」一段文字。

4.《山帶閣注楚辭》六卷《楚辭餘論》二卷《楚辭說韻》一卷，通行本，國朝蔣驥撰。（集部楚辭類）

文溯抄本（頁11b）作「江蘇巡撫採進本」。[13]

文淵（頁三〇二七，乾隆四十五年正月）、文溯（頁六六二，乾隆四十七年十月）、文津（頁五，乾隆四十九年九月）、內府寫本（頁一三二八，乾隆四十八年二月）、殿本（頁四－六）、浙本（頁一二六九）皆同。惟「亦不能執以為例」一下，文津無「黃庭堅詞用蜀音，以笛叶竹，林外詞用閩音，以掃叶所，安可據為典要，謂宋韻盡如是乎？又古音一字而數叶，亦如今韻一字而重音，佳字佳麻並收，寅字支真並見，是即其例。使非韻書具在，亦將執其別韻以攻今韻之部分乎？蓋古音本無成書，不過後人參互比較，擇其相通之多者區為界限。猶之九州列國，今但能約指其地，而不能一一稽其犬牙交錯之形。驥不究同異之由，但執一二小節，遽欲變亂其大綱，亦非通論」一百六十二字。

13 即文溯閣抄本《四庫全書總目》殘本，今藏天津圖書館歷史古籍部。

（二）各種提要就其內容可分為二類，書前提要為一類，《總目》提要另為一類，二者頗有差異。內府寫本提要同於《總目》提要。

1.《禹貢說斷》四卷，《永樂大典》本，宋傅寅撰。（經部書類）

聚珍本提要（未署校上時間及撰人）、《薈要》本（頁一四二，乾隆四十三年正月）、文淵本（頁二二六，乾隆四十六年四月）、文溯本（頁六十二，乾隆四十七年十月）、文津本（頁一五二，乾隆四十九年八月）相同。

內府本（頁九十一，乾隆四十六年四月）、「津圖紀稿」（頁二一－二二〇）、殿本（頁一－二五九）、浙本（頁九十二）相同，蓋據書前提要修訂。如：作者原作「宋處士金華傅寅撰」，內府本等改為「宋傅寅撰。寅字同叔，義烏人。……是編其所著《禹貢圖說》也」；「較原缺目更多至數倍」下，原作「又喬行簡〈序〉稱，寅著《群書百考》，事為之圖，《禹貢說》特其一種。是編當先以山川總會及九河、三江、九江四圖」，內府本等改為「又山川總會及九河、三江、九江四圖」；「洵卓然能自抒所見者」下，文溯等有「呂祖儉謂其集先儒之大成。唐仲友謂職方輿地盡在腹中，深為名流所推重，信不虛也」，內府本等刪去。

2.《史記》一百三十卷，內府刊本，漢司馬遷撰褚少孫補。（史部正史類）

書前提要與邵晉涵分纂稿（頁四四六）[14]不同。

《薈要》本（頁二二三，乾隆四十一年二月）、文淵本（頁九九五，乾隆三十九年二月）、文溯本（頁二二一，乾隆四十七年四月）、文津本（頁一，乾隆四十九年四月）相同。

殿本（頁二一－三）、浙本（頁三九七）相同，內容與書前提要、邵稿皆不同，乃另行撰寫。

3.《司馬法》一卷，通行本，舊題齊司馬穰苴撰。（子部兵家類）

文淵本（頁一九五〇，乾隆四十六年正月）、文溯本（頁四三一，乾隆四十七年十月）、文津本（頁九十八，乾隆四十九年三月）皆同。

內府寫本（頁八二〇，乾隆四十八年三月）、殿本（頁三一－一五四）、浙本（頁八三六）相同，皆據文淵本等書前提要修訂。如：「今本皆無之，而疑其非齊之全書」，改為「今書皆無之，疑非全書」；「所謂明白正大，廓然王者之規，三代行軍用師之大經大法，猶藉存什一於千百，文章亦閎深簡括，詞旨嚴肅，非後人所能

14 吳格、樂怡標校整理：《四庫提要分纂稿》（上海：上海書店出版社，二〇〇六年），頁四四六。

作」，改為「三代行軍政之遺規，猶藉存什一於千百，蓋其時去古未遠，先王舊典未盡無徵，直時成編，亦漢文博士追述〈王制〉之類也」；「獨出此書入《禮》類，亦以其說多與《周官》相出入，為五《禮》之一，故特加分析，不使其與縱橫變詐之術同類而並道耳。雖」，改為「獨以此書入《禮》類，豈非以其說多與《周官》相出入，為古來五《禮》之一歟」；「謂不免懸疣附贅，然其大旨純正，在兵家之中，固最為近古矣」，改為「不免懸疣附贅，然要其大旨，終為近正，與一切權謀術數迥然別矣」；結語「今以篇頁無多，併為一卷云」，改為「世所行本，以篇頁無多，併為一卷，今亦從之，以省繁碎焉。」

4. **《謝宣城集》五卷，內府藏本，齊謝朓撰。（集部別集類）**

文淵本（頁三〇四三，乾隆四十六年十二月）、文溯本（頁六六六，乾隆四十七年十月）、文津本（頁十五，乾隆四十九年八月）三者同。

內府寫本（頁一三四〇，乾隆四十七年二月）、「津圖紀稿」（頁六－三二八）、殿本（頁四－十八）、浙本（頁一一七四）皆同，蓋據書前提要修訂。如：「據《南齊書》本傳」，改為「事跡具《南齊書》本傳。案」，餘同。案：浙本提要原在《鮑參軍集》後，「津圖紀稿」（頁六－三二八）書眉標「寫于《鮑參軍集》之前」。

（三）文溯、文津本書前提要相同，為一類；《總目》提要相同，為另一類，二類內容頗有差異。文淵本、內府寫本同於《總目》提要。

1.《詩集傳》二十卷，內府藏本，宋蘇轍撰。（經部詩經類）

文溯本（頁七十八，乾隆四十七年九月）、文津本（頁二〇一，乾隆四十九年八月）皆作「十九卷」，提要同於《初次進呈存目》（頁三十六）。[15]

文淵本（頁二九九，乾隆四十年十二月）、內府寫本（頁一二九，乾隆四十六年三月）書名作「蘇氏詩集傳》二十卷」外，提要內容全同於殿本（頁一－三二六）、浙本（頁一二二一）等，蓋據《初次進呈存目》修訂。如：「宋蘇轍撰」下，除保留「其說以《詩》之《小序》反復繁重，類非一人之詞，疑為毛氏之學，衛宏之所集錄。因惟存其發端一言，而以下餘文悉從刪汰」四十一字外，以下文字大幅改寫。

2.《繹史》一百六十卷，浙江巡撫採進本，國朝馬驌撰。（史部紀事本末類）

文溯本（頁二五四，乾隆四十七年二月）、文津本（頁一〇一，乾隆四十九年九月）提要內容相同，與文淵本等文字全異。

15 江慶柏等整理：《四庫全書初次進呈存目》（北京：人民文學出版社，二〇一五年），頁三十六。

文淵本（頁一一五六，乾隆四十二年五月）、內府寫本（頁五四一，乾隆四十六年三月）、殿本（頁二－一〇八）、浙本（頁四四四）、「津圖紀稿」（頁三－五五二）均同。

3.《韓子》二十卷，內府藏本，周韓非撰。（子部法家類）

文溯本（頁四三七，乾隆四十七年九月）、文津本（頁一一六，乾隆四十九年二月）二書提要相同，書名同作「《韓非子》」。

文淵本（頁一九七五，乾隆四十四年六月）、內府寫本（頁八二七，乾隆四十八年三月）、殿本（頁三－一八〇）、浙本（頁八四八）相同，蓋據書前提要修訂。如：「殆傳寫字誤也」下，增補「其註不知何人作，……今即據以繕錄，而校以用賢之本」三百七十五字；文溯等止於「名為非撰，實非非所手定也」，以下無。文淵本等此下復增補「以其本出于非，故仍題非名，以著于錄焉」十六字。

4.《二皇甫集》七卷，江蘇蔣曾瑩家藏本，唐皇甫冉皇甫曾兄弟合集。（集部總集類）

文溯本（頁九四二，乾隆四十七年三月）、文津本（頁八六〇，乾隆四十九年三月）提要相同。

文淵本（頁四二八六，乾隆四十六年九月）、內府本（頁一八六七，乾隆四十八年二月）、殿本（頁五－十二）、浙本（頁一六九〇）相同，蓋據書前提要修訂。如：「臣等謹案」下，原作「《二皇甫集》八卷，唐皇甫冉皇甫曾兄弟合集也」，改為「唐皇甫冉皇甫曾合集，共八卷」；「冉集六卷，較《書錄解題》多五卷」，改為「冉集七卷，較《書錄解題》多五卷」；「即宋元亦尚無此」，改為「即宋元亦尚無此名」；文溯本等提要原止於「其為高棅以後不學者所竄亂審矣」。文淵等於其下增添「前有王廷相〈序〉……然則此集即潤之所編也」三十三字。

除了上述三類外，其他零星組合所在多有，但數量極少，影響不大，歸為一類亦過於勉強，本文暫不列入討論範圍。

僅就上述三類比較觀察，即可以看出幾種現象：

第一，書前提要與《總目》提要完全相同的狀況不多，原因可能在於《總目》提要係匯集著錄書提要與存目書提要二者而成，再經館臣長時間反覆修訂後，文字內容必然有所更定，完全保留書前提要原本面目的機率不大，因而出現書前提要與《總目》提要完全相同的狀況自然不會太多。

第二，書前提要與《總目》提要明顯分為二類，文溯本、文津本為一類，浙本《總目》、殿本《總目》、「津圖紀稿」及內府寫本為一類。第二類的提要內容多半據第一類修訂，但也有完全不同者，推測是抽換提要所致。內府寫本雖係書前提要，提要內容幾全同於《總目》提要，可能原因在於內府寫本抄寫時間較晚，所以內容全取自於《總目》提要，卻異於其他書前提要。這顯示內府寫本提要可能不是原書書前提要，而係修正後重新抄寫本，用以取代原提要的修正提要。

第三，最值得注意的是，在所有的書前提要中，文淵本提要的歸屬最不一致。文淵本照理應同於文溯、文津本等提要，但事實卻並不如此。就瀏覽所見，文淵本提要內容並不固定於某一類，時而同文溯、文津等提要，有時又與《總目》提要相同；以上述所舉例子而言，文淵提要有時屬於第二類，有時卻又屬於第三類。文淵閣《四庫全書》是最早編成的書籍，文淵提要附書而行，理當是最早抄成的提要，自然應與文溯、文津本等提要內容一致，事實不然。文淵提要反而經常與時間較晚的《總目》提要內容相同，此一現象非比尋常，也相當令人意外。

但若就此深入思考，存在於文淵提要的這種現象可能不是偶然形成，原因可能出在文淵閣《四庫全書》抄成後，館臣依然就附書而行的書前提要內容持續進行修改，有時甚至直接撤換原提要所致。[16]何以知道是撤換提要而非其他原因？主要在於乾隆四十六年底文淵閣《四庫全書》抄成之後，書前提要的修改撤換工作始終沒有停止過，長期的修改抽換積累既多，數量亦大，因而造成文淵提要新舊雜陳。加以抽換提

[16] 劉遠游：〈《四庫全書》卷首提要的原文和撤換〉，《復旦學報》（社會科學版），一九七一年第二期，頁九十四－一〇一。

要時，新提要內容雖已更新，多半仍標署原提要校上年月，並未改署抽換後的時間。這使得同一《四庫全書》所收各書新、舊提要混淆雜處，不易區隔辨別，極易造成參考使用上的不便，成為研究上的一個障礙，這可能是館臣在執行此一工作時始料所未及的疏失。

三、抽換現象普遍存在於《四庫全書》書前提要中

何以知道某些文淵提要曾經抽換過？回應此一質疑其實不難，這可以從現存的書前提要找到解決問題的線索。以下分論之。

（一）文淵本提要的一書二提要現象，可以證明抽換現象的存在。

就筆者瀏覽所得，現存的文淵閣書前提要中，至少有兩部書同時具有二篇提要，此一現象即可以證明文淵提要曾經抽換過。其一是史部正史類的《晉書》，其二是經部《春秋》類呂本中所撰的《春秋集解》，以下分別討論。

1. 《晉書》一百三十卷，內府刊本，唐房喬等奉勑撰。（史部正史類）

臺灣商務印書館影印文淵閣本《四庫全書》時，其中史部《晉書》，同時著錄了

兩篇提要，一在目錄前，一在目錄後。[17]居目錄前的提要（頁一〇二四，乾隆四十二年八月校上）版心標「提要」（頁一）；在目錄後的提要（乾隆四十年九月校上，提要緊接目錄，前三行為目錄）版心標「目錄」（頁四十一）。二篇提要文字繁簡不同，內容亦有極大差異。目錄前的提要蓋據邵晉涵分纂稿修訂，文字多達六四二字；目錄後的提要文字極簡，僅一六三字。[18]

就史部正史類所收各史提要觀察，原收提要多半文字簡約，抽換提要則文字大幅增加，多據邵晉涵分纂稿修訂。

文淵本（頁一〇二四，乾隆四十二年八月）、內府寫本（頁四八七，乾隆四十七年四月）、殿本（頁二－十九）、浙本（頁四〇五）內容全同。《總目提要》編纂時間較長，文字內容復經多次修改，就此而言，文淵閣本《晉書》目錄前的提要應為抽換提要。

---

17 案：李國慶輯：《四庫全書卷前提要四種》的文淵閣《晉書》書前提要，僅收入乾隆四十二年八月校上的提要，漏收乾隆四十年九月校上的提要。

18 《晉書》原提要云：「唐太宗命房喬等撰。《晉書》自陸機、干寶、王隱、虞預、謝靈運、何法盛、臧榮緒、蕭子顯等各有撰述。貞觀中，以前後十有八家，未能盡善，故命喬等再加編次。太史令李淳風深明星曆，所修〈天文〉、〈律曆〉、〈五行〉三志最可觀採，至紀傳序論，則遠棄《史》、《漢》之簡質，近宗徐、庾之華藻，劉知幾之論韙矣。高希喬有《晉書注》，何超有《晉書音義》，間附本書。今本以諸書參定，誠足補前人之未備云。乾隆四十年九月。」

緊接目錄後的提要則為原收提要，《薈要》本（頁二二六，乾隆四十一年二月）、文溯本（頁二二七，乾隆四十七年五月）同於此一提要，個別文字有出入。文津本（頁十八，乾隆四十九年八月）據《薈要》本修訂。如：「唐太宗命房喬等撰」下，文津增添「喬以〈宣武紀〉、〈陸機〉、〈王羲之傳論〉，上所自為，故曰『制旨』，又總題『御撰』焉」二十六字；「所修〈天文〉、〈律曆〉、〈五行〉三志最可觀採」下，原作「至紀傳序論，則遠棄《史》、《漢》之簡質，近宗徐、庾之華藻，劉知幾之論韙矣」，改為「然劉知幾譏其紀傳序論，遠棄《史》、《漢》之簡質，近宗徐、庾之華藻。晁公武譏其取沈約誕誣之說，采《語林》、《世說》、《幽明錄》、《搜神記》詭異謬妄之言，皆非刻論」；「何超有《晉書音義》，間附本書。今本以諸書參定成編，附錄于後」，改為「何超有《晉書音義》，其書不傳。今本以諸書參定成編，附錄於後」。

2. 《春秋集解》三十卷，內府藏本，宋呂本中撰。（經部春秋類）

文淵閣書前提要呂本中撰《春秋集解》亦有二提要，提要一（頁五五九，乾隆四十四年九月校上）[19]在葉夢得《春秋三傳讞》、胡安國《胡氏春秋傳》二書之間；提

[19] 提要一云：「臣等謹案：《春秋集解》三十卷，宋呂本中撰。舊刻題『呂祖謙』，誤也。本中字居仁，好問之子。《宋史》載其紹興六年賜進士，擢起居舍人；八年，遷中書舍人兼侍講、權直學士

要二（頁五四九，乾隆四十三年五月校上）[20]在孫覺《春秋經解》、蕭楚《春秋辨

院，學者稱為『東萊先生』。故趙希弁《讀書附志》稱是書為『東萊先生撰』。後人因祖謙與朱子游，其名最著，故亦稱為『東萊先生』。而本中以詩擅名，詩家多稱『呂紫薇』，東萊之號稍隱。遂移是書於祖謙，不知陳振孫《書錄解題》載是書，固明云『本中撰』也。振孫又言：是書『自三《傳》而下，集諸儒之說，不過陸氏、兩孫氏、兩劉氏、蘇氏、程氏、許氏、胡氏數家，而采擇頗精，全無自己議論。』以此本考之亦合，知舊刻誤題審矣。本中所著《江西宗派圖》，又有《紫薇詩話》，皆盛行于世，而不知其經學邃乃如此。今考正之，庶幾不沒其真焉。乾隆四十四年九月恭校上。」

20 提要二云：「臣等謹案：《春秋集解》三十卷，宋呂本中撰。舊刻題『呂祖謙』，誤也。本中字居仁，好問之子。《宋史》本傳載：『靖康初，官祠部員外郎。紹興六年賜進士，擢起居舍人；八年，遷中書舍人兼侍講、權直學士院，學者稱為『東萊先生』。』故趙希弁《讀書附志》稱是書為東萊先生撰。後人因祖謙與朱子游，其名最著，故亦稱為『東萊先生』。而本中以詩擅名，詩家多稱『呂紫薇』，東萊之號稍隱。遂移是書于祖謙，不知陳振孫《書錄解題》載是書，固明云『本中撰』也。朱彝尊《經義考》嘗辨正之，惟以《宋志》作『十二卷』為疑。然卷帙分合，古今每易，不獨此書為然。況振孫言：是書『自三《傳》而下，集諸儒之說，不過陸氏、兩孫氏、兩劉氏、蘇氏、程氏、許氏、胡氏數家，採擇頗精，全無自己議論。』以此本考之亦合，知舊刻誤題審矣。惟《宋志》此書之外，別出『祖謙《春秋集解》三十卷』，稍為牴牾，疑宋末刻本已析其原卷，改題祖謙，故相沿訛異，史亦因之重出耳。《祖謙年譜》備載所著諸書，俱有年月，而《春秋集解》獨不載，固其確証，不必更以他說疑也。本中嘗撰《江西宗派圖》，又有《紫薇詩話》，皆盛行于世，世多以文士目之，而經學深邃乃如此。林之奇從之受業，復以其學授祖謙，其淵源蓋有自矣。乾隆四十三年五月恭校上。」

疑》二書之間，[21]本提要誤冠於文淵本《全書》蘇轍《春秋集解》書首。

《薈要》本（頁一六二，乾隆四十年五月）、文淵本（頁五五九，乾隆四十四年九月）、文溯本（頁一二九，乾隆四十七年二月）、文津本（頁三六〇，乾隆四十九年三月）四者全同於提要一，皆據《四庫全書初次存目》（頁五十四）修訂。如：「固明云本中撰也」下，刪去「朱彝尊《經義考》嘗辨正之，惟以《宋志》作十二卷為疑。然卷帙分合，古今每異，不獨此書為然」三十五字；「知舊刻誤題審矣」下，刪去「惟《宋志》此書之外，別出『祖謙《春秋集解》三十卷』，稍為牴牾，疑宋末刻本已析其原卷，改題祖謙，故相沿訛異，史亦因之重出耳。《祖謙年譜》備載所著諸書，俱有年月，而《春秋集解》獨不載，固其確証，不必更以他說疑也」八十二字；「本中嘗撰《江西宗派圖》，又有《紫薇詩話》，皆盛行于世，世多以文士目之，而經學深邃乃如此。林之奇從之受業，復以其學授祖謙，其淵源蓋有自矣」，惟「固明云本中撰也」，改為「本中所著《江西宗派圖》，又有《紫薇詩話》，皆盛行于世，而不知其經學邃乃如此。今考正之，庶幾不沒其真焉」。另「不知陳振孫《書錄解題》載是書，固明云『本中撰』也」，文津作「不知陳振孫《書錄解題》載是

21 案：此一提要誤冠於文淵本《全書》蘇轍《春秋集解》書首，臺灣商務影印本提要欄外小注已指出此誤。

書，實為本中撰也」。本提要版心標「目錄」（頁四，前為十四行目錄），依書前提要書寫形式，應為原書提要。

文淵本（頁五四九，乾隆四十三年五月）、內府寫本（頁二六五，乾隆四十六年三月）、「津圖紀稿」（頁三－八十六）、浙本（頁二一九）、殿本（頁一－五四六）同於提要二。此提要版心標「提要」（頁一，首行起）。內府本提要同。本提要依書前提要書寫形式，應為抽換提要，用以取代提要一者。館臣一時失察，誤置於書名相同的蘇轍《春秋集解》書首，並撤除蘇轍原書提要，造成極為罕見之張冠李戴現象。

就上述所舉二書同時收有二篇提要現象而言，應可確定文淵閣書前提要確實存在以新撰提要抽換原有提要情況。

（二）文溯本提要的一書二提要現象

不僅文淵書前提要有此現象，其他各閣書前提要其實也有類此情形，如文溯本所收的《御製律呂正義後編》一書，就同時存在二篇提要。如：

1. 文溯提要一（頁一八七，乾隆五十四年四月校上）

文淵本（頁八四四，乾隆四十六年十一月）、文溯一（頁一八七，乾隆五十四年四月）、內府本（頁四〇八，乾隆四十六年二月）與殿本（頁一－七八九）、浙本

（頁三二六）相同。

2. 文溯提要二（頁一八八，乾隆四十七年十一月）

《薈要》本（頁三二六，乾隆四十二年六月）、文溯二（頁一八八，乾隆四十七年十一月）、文津本（頁五四〇，乾隆四十九年十月）三者同。惟文津本「圖各有說，而」下，漏抄「御製諸銘具在焉。……於凡古今雅俗之辨，律調清」一百三十三字。

上述二篇文溯提要中，文溯提要二與最早成書的《薈要》本相同，應是較早的書前提要，同於《總目》提要的文溯提要一則是後來的抽換提要，校上時間已改為實際的抽換時間，這種情形較為罕見。就此一例觀察，亦可證明抽換提要存在應屬事實。

（三）文淵本御纂、御定及敕撰各書的書前提要多經抽換

雖說各部《全書》普遍存在有抽換書前提要情形，但若擴大範圍深入比較，則抽換提要仍以文淵本提要最多，文溯本反而抽換提要情形較少，文津本的提要較複雜，不易估算。[22] 以下再以文淵本《全書》收入的御纂、御定及敕撰各書的書前提要更動

[22] 文津本書前提要問題極多，館臣在編寫時似不如文淵、文溯本嚴謹，最明顯的是提要文字漏抄刪減誤抄之處觸目皆是，以與文淵、文溯提要相較，瀏覽所得即有四十餘條之多，如：一、《易緯稽覽

情形為例，略作說明。[23]

《全書》收入的御纂、御定及勅撰書籍數量不少，其中經部三十部書、史部六十六部書、子部三十二部書、集部二十三部書，合計一五一部書。此處即以經部書籍為例，[24]略做簡要說明。

1. 書前提要、《總目》提要完全相同者。

a. 《易經通注》九卷，湖北巡撫採進本，國朝大學士傅以漸左庶子曹本榮奉勅撰。（經部易類）

圖》二卷提要，「則意者書亡僅存，已不免於脫佚矣」下，刪去「其書首言卦氣起〈中孚〉，……而又有云太初癸巳，則古無以此為元者。其他」二百零六字。二、宋朱子撰《儀禮經傳通解》三十七卷《續》二十九卷提要，提要「亦考禮者所不可廢也」下，誤抄入「惟〈學禮篇〉載〈鹿鳴〉至〈采蘋〉十二詩譜，……學者不可以朱子之言而概為附和也」二百七十二字，非本提要內容。三、晉杜預撰《春秋釋例》十五卷提要，「吳萊〈後序〉亦併附焉」，其下刪除「案預〈集解序〉云，……緣是以求筆削之旨，亦可云考古之津梁，窮經之淵藪矣」七百零七字。類此之例不勝枚舉，使用文津提要時，務必謹慎小心。

23 選用御纂、御定及勅撰各書的書前提要進行討論分析，原因在於這些提要的撰寫必然更為謹慎嚴謹，不易出現差錯。

24 冠上「御纂」、「御定」及「勅撰」字樣的書籍，學術尚未必高於其他書籍，但在撰寫及編輯作業上，必然要求更多更嚴謹，也比較不易出現差錯。經部為各類書籍之首，內容及文字出現問題的可能性自然更低，參考價值相對也較高，故以經部書籍為主要討論對象。

文淵本（頁一五四，乾隆四十二年六月）、文溯本（頁四十六，乾隆四十七年四月）、文津本（頁一〇〇，乾隆四十九年三月）與「津圖紀稿」（頁一－四八五）、殿本（頁一－一二八）、浙本（頁三十四）相同。

b. 《御注孝經》一卷，順治十三年世祖章皇帝御撰。（經部孝經類）

《薈要》（頁一八九，乾隆四十一年三月）、文淵本（頁六九〇，乾隆四十六年八月）、文溯本（頁一五五，乾隆四十七年十月）、文津本（頁四四五，乾隆四十九年八月）、浙本（頁二六六）、殿本（頁一－六五二）皆同。惟《薈要》等書前提要，書名作「《御定孝經注》」，提要首作「順治十三年大學士蔣赫德恭纂」，殿本等改作「順治十三年世祖章皇帝御撰」。

c. 《欽定繙譯五經》五十八卷《四書》二十九卷，乾隆二十年初欽定繙譯《四書》續譯《五經》，乾隆四十七年完成。（經部五經總義類）

文淵本（頁七二〇，乾隆五十四年正月）、文溯本（頁一六一，乾隆五十年正月）、文津本（頁四六三，乾隆五十年正月）、浙本（頁二七五）、殿本（頁一－六七三）皆同。

d. 《欽定詩經樂譜》三十卷《樂律正俗》一卷，乾隆五十三年奉勅撰。（經部樂類）

文淵本（頁八四六，乾隆五十四年四月）、文溯本（頁一八八，乾隆五十四年四月）、文津本（頁五四一，未署進呈年月）與殿本（頁一－八四六）、浙本

（頁三五五）相同。

e. 《御定滿州蒙古漢字三合切音清文鑑》三十三卷，乾隆四十四年奉勅撰。（經部小學類）

文淵本（頁九三二，乾隆四十七年十月）、文溯本（頁二〇五，乾隆四十七年十月）、文津本（頁五九七，乾隆四十九年十月）與殿本（頁一－八五八）、浙本（頁三五六）相同。

f. 《欽定音韻述微》三十卷，乾隆三十年奉勅撰。

文淵本（頁九八〇，乾隆四十七年十一月）、文溯本（頁二一三，乾隆四十七年十一月）、文津本（頁六二二，乾隆四十九年十月）與殿本（頁一－八八二）、浙本（頁三六七）相同。

2. 書前提要為一類，《總目》提要為另一類，二者內容不同。

a. 《日講易經解義》十八卷，康熙二十二年聖祖仁皇帝御定。（經部易類）

《薈要》本（頁一二三，乾隆四十一年三月）、文淵本（頁一五六，乾隆四十年九月）、文溯本（頁四十六，乾隆四十七年四月）、文津本（頁一〇一，乾隆四十九年閏三月）四者同，而異於「津圖紀稿」等。

「津圖紀稿」（頁一－四八八）、殿本（頁一－一二九）、浙本（頁三十四）相同。

b. 《御纂周易述義》十卷，乾隆二十年奉勅撰。（經部易類）

《薈要》本（頁一二四，乾隆四十年二月）、文津本（頁一五八，乾隆四十四年三月）、文淵本（頁一〇二，乾隆四十九年閏三月）三者同。文溯本（頁四六，乾隆四十七年四月）雖同《薈要》等，惟「乾隆二十年奉勅定」下，多出「從朱子《本義》，用晁氏本，以二經十翼為次，大要主乎探求三聖之辭，以著觀象玩占之實用，本諸卦德，證諸人事，非義理象數偏主一說者所能窺見也」一段文字。

「津圖紀稿」（頁一－四九三）、殿本（頁一－一三〇）、浙本（頁三十五）相同，與《薈要》本等不同。

c. 《日講書經解義》十三卷，康熙十九年聖祖仁皇帝御定、總裁庫勒納、葉方藹等奉勅編。（經部書類）

《薈要》本（頁一三九，乾隆四十一年五月）、文淵本（頁二六六，乾隆四十年九月）、文溯本（頁七十一，乾隆四十七年五月）、文津本（頁一八〇，乾隆四十九年三月）四者同，與「津圖紀稿」等不同。

「津圖紀稿」（頁一－二九八）、殿本（頁一－二七九）、浙本（頁一百）相同。

d. 《欽定書經傳說彙纂》二十四卷，聖祖仁皇帝御定、大學士王頊齡等奉命修校。（經部書類）

《薈要》本（頁一四〇，乾隆三十九年九月）、文淵本（頁二六七，乾隆四十一年五月）、文溯本（頁七十一，乾隆四十七年四月）、文津本（頁一八〇，乾隆四十九年四月）四者同，著錄作「《書經傳說彙纂》二十一卷《卷首》二卷《書序》一卷」，內容與殿本等不同。

內府本（頁一〇六，乾隆四十六年三月）、「津圖紀稿」（頁二—三百）、殿本（頁一—二八〇）、浙本（頁一〇一）相同。

e. 《欽定周官義疏》四十八卷，乾隆十三年御定《三禮義疏》之第一部。（經部禮類）

《薈要》本（頁一八四，乾隆四十年二月）、文淵本（頁四百，乾隆四十年九月）、文溯本（頁九十八，乾隆四十七年九月）、文津本（頁二六五，乾隆四十九年十一月）相同。惟《薈要》本結語「至今日乃昭然若揭云」，文溯本、文津本作「至今日乃昭然揭日月云」。

浙本（頁一五五）、殿本（頁一—四〇三）相同，而與《薈要》本等不同。

f. 《御纂孝經集註》一卷，雍正五年世宗憲皇帝御定。（經部孝經類）

《薈要》本（頁一九〇，乾隆四十二年十一月）、文淵本（頁六九一，乾隆四十六年十月）、文溯本（頁一五五，乾隆四十七年十月）、文津本（頁四四五，乾隆四十九年三月）皆同。

浙本（頁二六六）、殿本（頁一—六五二）相同，而與《薈要》本等不同。

g. 《御定律呂正義》五卷，康熙五十二年聖祖仁皇帝御定律曆淵源之第三部。（經部

樂類）

文淵本（頁八四三，乾隆四十六年十二月）與文溯本（頁一八七，乾隆四十七年十一月）、文津本（頁五三九，乾隆四十九年十一月）三者相同。

殿本（頁一－七八七）、浙本（頁三二五）相同，與文淵本等不同。

h. 《御製清文鑑》三十二卷《補編》四卷《總綱》八卷《補總綱》二卷，乾隆三十六年奉敕撰。（經部小學類）

《薈要》本（頁二一八，乾隆四十一年七月）、文淵本（頁九三一，乾隆四十六年十二月）、文溯本（頁二〇五，乾隆四十七年十一月）、文津本（頁五九六，乾隆四十九年十一月）相同。

殿本（頁一－八五六）、浙本（頁三五五）相同，而與《薈要》本等不同。惟「許慎《說文》九千餘字」下，殿本作「揚雄《方言》已增至一萬一千九百餘字」，浙本則作「李登《聲類》已增至一萬一千九百餘字（案：《聲類》今無其書，此據封演《聞見記》）」。

3.

《薈要》本、文溯本、文津本為一類，《總目》提要為一類，二者內容不同；文淵本、內府本同於《總目》提要。

a. 《御纂周易折中》二十二卷，康熙五十四年聖祖仁皇帝御纂。（經部易類）

《薈要》本（頁一二三，乾隆三十九年九月）、文溯本（頁四十六，乾隆四十七年十一月）、文津本（頁一〇二，乾隆四十九年八月）三者同。

殿本（頁一—一二九）、浙本（頁三十四）相同，與《薈要》本等不同。文淵本（頁一五七，乾隆四十二年二月）、內府本（頁六十四，乾隆四十六年四月）、「津圖紀稿」（頁一—四九〇）同於《總目》。

b. 《欽定詩經傳說彙纂》二十卷《序》二卷，康熙末聖祖仁皇帝御定。（經部詩類）

《薈要》本（頁一五一，乾隆四十年十月）、文溯本（頁八十七，乾隆四十七年十月）、文津本（頁二二九，乾隆四十九年八月）相同。

浙本（頁一三〇）、殿本（頁一—三四七）相同，與《薈要》本等不同。文淵本（頁三四一，乾隆四十一年五月）、內府寫本（頁一四三，乾隆四十六年三月）、「津圖紀稿」（頁二—四九六）同於《總目》。

c. 《欽定詩義折中》二十卷，乾隆二十年皇上御纂。（經部詩類）

《薈要》本（頁一五一，乾隆三十九年九月）、文溯本（頁八十七，乾隆四十七年五月）、文津本（頁二三〇，乾隆四十九年三月）相同。

浙本（頁一三〇）、殿本（頁一—三四七）相同，與《薈要》本等不同。文淵本（頁三四三，乾隆四十年五月）、內府寫本（頁一四五，乾隆四十六年三月）、「津圖紀稿」（頁二—五〇一）同於《總目》。

d.

《欽定儀禮義疏》四十八卷，乾隆十三年御定《三禮義疏》之第二部。（經部禮類）

《薈要》本（頁一八五，乾隆四十年十二月）、文溯本（頁一〇四，乾隆四十七年九月）、文津本（頁二八〇，乾隆四十九年四月）全同，書名均作「《儀禮義疏》」。

殿本（頁一－四一八）、浙本（頁一六二二）相同，與《薈要》本等不同。文淵本（頁四二九，乾隆□年□月）、內府本（頁一八三，乾隆四十五年六月）同於《總目》。

e.

《日講禮記解義》六十四卷，聖祖仁皇帝經筵所講。（經部禮類）

《薈要》本（頁一八四，乾隆四十年十月）、文溯本（頁一一二，乾隆四十七年五月）、文津本（頁三〇六，乾隆四十九年二月）三者同。

殿本（頁一－四四一）、浙本（頁一七二）相同，與《薈要》本等不同。文淵本（頁四七四，乾隆四十一年五月）、內府本（頁二一〇，乾隆四十六年三月）同於《總目》。

f.

《欽定禮記義疏》八十二卷，乾隆十三年《御定三禮義疏》之第三部。（經部禮類）

《薈要》本（頁一八五，乾隆四十一年六月）、文溯本（頁一一二，乾隆四十七年九月）、文津本（頁三〇六，乾隆四十九年十一月）三者同。

文淵本（頁四七六，乾隆四十六年十月）、內府本（頁二一一二，乾隆四十六年三月）、殿本（頁一－四四一）、浙本（頁一七二）相同，與《薈要》本等不同。惟內府本漏抄「衡鑒之至精也」及以下大段文字。

g. 《日講春秋解義》六十四卷，聖祖仁皇帝舊稿世宗憲皇帝考論。（經部春秋類）

《薈要》本（頁一七三，乾隆四十年四月）、文溯本（頁一四五，乾隆四十七年四月）、文津本（頁四〇八，乾隆四十九年二月）三者相同。

浙本（頁二三四）、殿本（頁一－五八一）皆同，而異於《薈要》等。文淵本（頁六二九，乾隆四十一年十月）、內府寫本（頁三百，乾隆四十六年二月）同於《總目》。

h. 《欽定春秋傳說彙纂》三十八卷，康熙三十八年奉勅撰。（經部春秋類）

《薈要》本（頁一七三，乾隆三十九年十一月）、文溯本（頁一四五，乾隆四十七年三月）、文津本（頁四〇九，乾隆四十九年十一月）三者相同，標明「大學士王掞等奉勅撰」。

浙本（頁二三五）、殿本（頁一－五八二）相同，而異於《薈要》等。文淵本（頁六三〇，乾隆四十三年正月）、內府寫本（頁三〇一，乾隆四十六年二月）同於《總目》。

i. 《御纂春秋直解》十五卷，乾隆二十三年御撰。（經部春秋類）

《薈要》本（頁一七四，乾隆乾隆四十年五月）、文溯本（頁一四五，乾隆四十七年一月）、文津本（頁四〇九，乾隆四十九年十一月）三者相同，同作「十二卷」、《薈要總目》則作「十六卷」。浙本（頁二三五）、殿本（頁一－五八二）皆同，而異於《薈要》等。文淵本（頁六三二，乾隆四十一年九月）同於《總目》。

j. 《日講四書解義》二十六卷，康熙十六年聖祖仁皇帝御定。（經部四書類）《薈要》本（頁二〇三，乾隆四十二年二月）、文溯本（頁一七九，乾隆四十七年三月）、文津本（頁五一七，乾隆四十九年八月）三者相同。殿本（頁一－七三七）、浙本（頁三〇三）相同，與《薈要》本等不同。文淵本（頁八一〇，乾隆四十一年五月）、內府本（頁三九二，乾隆四十六年三月）同於《總目》。

k. 《御製律呂正義後編》一百二十卷，乾隆十一年奉敕撰。（經部樂類）《薈要》本（頁三二六，乾隆四十二年六月）、文溯本提要一（頁一八八，乾隆四十七年十一月）、文津本（頁五四〇，乾隆四十九年十月）三者同。殿本（頁一－七八九、浙本（頁三二六）相同，與《薈要》本等不同。文淵本（頁八四四，乾隆四十六年十一月）、文溯提要二（頁一八七，乾隆五十四年四月）、內府本（頁四〇八，乾隆四十六年二月）同於《總目》。

l. 《康熙字典》四十二卷，康熙五十五年聖祖仁皇帝御定。（經部小學類）
《薈要》本（頁二一七，乾隆四十一年七月）、文溯本（頁二〇五，乾隆四十七年十一月）、文津本（頁五九五，乾隆四十九年九月）三者同，書名皆為「《御定康熙字典》」（文淵亦作「《御定康熙字典》」）。殿本（頁一－八五六）、浙本（頁三五五）相同，與《薈要》本等不同。文淵本（頁九二九，乾隆四十六年五月）同於《總目》。

m. 《御定西域同文志》二十四卷，乾隆二十八年奉敕撰。（經部小學類）
文溯本（頁二〇五，乾隆四十七年十一月）、文津本（頁五九八，乾隆四十九年十一月）相同。殿本（頁一－八五八）、浙本（頁三五六）相同，與文溯本等不同。文淵本（頁九三三，乾隆四十六年十二月）同於《總目》。

n. 《欽定音韻闡微》十八卷，康熙五十四年奉敕撰，雍正四年告成。（經部小學類）
《薈要》本（頁二二一，乾隆四十一年三月）、文溯本（頁二一三，乾隆四十七年十一月）、文津本（頁六二〇，乾隆四十九年八月）三者同。殿本（頁一－八八〇）、浙本（頁三六五）相同，與《薈要》本等不同。文淵本（頁九七四，乾隆四十三年六月）、內府本（頁四六五，乾隆四十六年二月）同於《總目》。

o. 《欽定同文韻統》六卷，乾隆十五年奉勅撰。（經部小學類）

《薈要》本（頁二二二，乾隆四十一年七月）、文溯本（頁二一三，乾隆四十七年十一月）、文津本（頁六二一，乾隆四十九年十一月）三者同。

殿本（頁一－八八〇）、浙本（頁三六六）相同，與《薈要》本等不同。文淵本（頁九七六，乾隆四十六年十一月初二日）、內府本（頁四六七，乾隆四十六年二月）同於《總目》。

p. 《欽定叶韻彙輯》五十八卷，乾隆十五年奉勅撰。（經部小學類）

文溯本（頁二一三，乾隆四十七年十一月）、文津本（頁六二一，乾隆四十九年閏三月）相同。

殿本（頁一－八八二）、浙本（頁三六六）相同，與文溯本等不同。文淵本（頁九七八，乾隆四十六年十月初十日）、內府本（頁四六九，乾隆四十五年二月）同於《總目》。

就上述所舉各例觀察，書前提要與《總目提要》內容完全相同的有六部；書前提要與《總目提要》內容不同的有八部；文溯本、文津本內容相同，而文淵本內容同於《總目》提要的有十六部。第一類可以不計，在第二、第三類中文淵本同於文溯、文津本等書前提要的只有八部，與文溯、文津本等不同卻同於《總目提要》相同的反而有十六部之多。第一類之外的二十四部書中，《薈要》本提要即有二十二部之多，這就給我們提供了極佳的比較資料。《薈要》本成書於乾隆四十三年，早於文淵本的乾隆四十六年，時間比較明確；《薈要》本成書後，其書前提要極少修改更換，保持了成書時的原來面貌。文淵本成書時間晚於《薈要》本，由於種種原因而抽換更動頻繁。可見《薈要》本可以用作原本提要的標準，藉以評量其他書前提要是否曾修改或抽換。[25]

25 吳哲夫在其《四庫全書纂修考》（臺北：國立故宮博物院，一九七六年）中，曾就《薈要》本與文淵閣四庫提要做過完整的比較（頁六十五—七十一），他說：「兩書提要相同的有一百三十種，略不同的有五十七種，全不同的則達二百七十一種之多。……從比較提要中可以看出，兩書提要相同的，多半是從《永樂大典》輯出的聚珍本、內府刊本以及《通志堂經解》本之書。略不同的提要，只刪節幾個字，或增補一二行，最可看出刪潤的痕跡。至於提要不同者，除了《丙子學易編》、《禹貢山川地理圖》等少數幾種外，多半大旨內容相去不遠，還是可以看出刪潤的蛛絲馬跡。不過，就大體而論，提要不同的，則以文淵閣《四庫全書》為詳（當然也有例外，如《春秋左氏傳說》、《廣韻》、《資治通鑑》、《道園學古錄》便是《薈要》提要較詳），推測原因，一則是《全書》成書較後，必然是屢加增訂，後來轉詳；二則是《薈要》專供御覽，必需簡短專精。……可以推想《薈要》修纂時，提要尚是初稿，以後認為不甚滿意，重加改寫，故提要完全不同。」吳氏因此認為：「由於薈要修纂時間大抵較《全書》為早，其提要完成日期也先於《全書》各提要，而且提要大多未經紀氏刪改，多半還保存原提要的精神。……尚可利用為核校總目提要最好材料。」江慶柏亦說：「《薈要提要》對後來提要影響最深的是《文淵閣提要》，……從提要比較可知，《文淵閣提要》中的不少篇目來自於《薈要提要》，而非直接來自於分纂稿。」見《四庫以上所舉的各書中，存在一個極明顯的現象：《薈要》提要的文字大多簡單扼要，而《總目》提要的文字則繁複而周全，篇幅亦大量增加，如：

a. 《日講易經解義》十八卷，康熙二十二年聖祖仁皇帝御定。（經部易類）

《薈要》本提要：

臣等謹案：《日講易經解義》十八卷，聖祖仁皇帝欽定，康熙二十二年製〈序〉頒行。《易》自漢以後，象數、義理之說分，而讖緯空虛之弊起。朱子集諸家之成，作為《本義》，簡而能該。我聖祖仁皇帝服膺朱子之書，而悅心研慮，訂為斯編。仍詔講幄諸臣日以進講，蓋心契三聖之微言，以闡造化之功用。〈序〉所云「以經學為治法」者，崇德廣業，咸基於此矣。乾隆四十一年三月恭校上。（頁一二三）

殿本提要：

康熙二十二年聖祖仁皇帝御定。《易》為四聖所遞傳，則四聖之道法治法具在於是。故其大旨在即陰陽往來剛柔進退，明治亂之倚伏、君子小人之消長，以

全書薈要研究》（南京：鳳凰出版社，二〇一八年），頁四二〇—四二一。

示人事之宜，於帝王之學最為切要。儒者拘泥章句，株守一隅，非但占驗機祥漸失其本，即推奇偶者言天而不言人，闡義理者言心而不言事，聖人立教豈為是無用之空言乎？是編為講幄敷陳，睿裁鑑定，其體例與宋以來奏進講義大致略同，而於觀象之中，深明經世之道。御製序文所謂「以經學為為治法」者，實括是書之樞要，亦即括六十四卦三百八十四爻之樞要。信乎帝王之學能見其大，非鯫生一知半解所能窺測高深也。（頁一－一二九）

文淵本（頁一五六，乾隆四十年九月）、文溯本（頁四十六，乾隆四十七年四月）、文津本（頁一〇一，乾隆四十九年閏三月）提要同於《薈要》，而異於「津圖紀稿」（頁一－四八八）、殿本（頁一－一二九）、浙本（頁三十四）等。惟文溯、文津本「聖祖仁皇帝欽定」下，有「總裁臣牛鈕等奉勅編纂」十字，《薈要》、文淵本無；「而悅心研慮，訂為斯編」下，文溯、文津本有「於諸儒注疏傳義悉為參考，擇要取精」十五字，《薈要》、文淵本無。

本書的文淵提要（頁一五六，乾隆四十年九月）版心標「卷目」（葉三，前有十二行目錄）。內容同於《薈要》本，而異於《總目》提要，可見文淵提要為原本，並未抽換。

b.

《御纂周易折中》二十二卷，康熙五十四年聖祖仁皇帝御纂。（經部易類）

《薈要》本提要：

臣等謹案：《御纂周易折中》二十二卷，康熙五十四年御纂，大學士臣李光地等奉命修校。自來講《易》之家，主理主數，人自為書。明永樂中所修《大全》，援摭不越宋、元，殊為陋略。我聖祖仁皇帝別擇群言，於數則納甲、飛伏之謬必斥，於理則老、莊空虛之旨必破，觸類引申，罔非精義。至二經、十翼次序悉還《本義》之舊，蓋理、數之說至朱子而合，朱子之《傳》至是書而大備云。乾隆三十九年九月恭校上。（頁一二三）

殿本提要：

康熙五十四年聖祖仁皇帝御纂。自宋以來，惟說《易》者至夥，亦惟說《易》者多岐（歧）。門戶交爭，務求相勝，遂至各倚於一偏。故數者《易》之本，主數太過，使魏伯陽、陳摶之說竄而相雜，而《易》入於道家。理者《易》之蘊，主理太過，使王宗傳、楊簡之說溢而旁出，而《易》入於釋氏。明永樂中官修《易經大全》，龐雜割裂，無所取裁，由群言淆亂，無聖人以折其中也。我聖祖仁皇帝道契羲、文，心符周、孔，幾餘典學，深見彌綸天地之源。詔大學士李光地採摭群言，恭呈乙覽，以定著是編，冠以《圖說》，殿以《啟蒙》。未嘗不用數，而不以盛談河、洛，致晦觀象之原。冠以程《傳》，次以《本義》。未嘗不主理，而不以屏斥讖緯，併廢互體變爻之用。其諸家訓解或不合於伊川、紫陽，而實足發明經義者，皆兼收並採，不病異同。惟一切支離幻渺之說咸斥不錄，不使溷四聖之遺文。蓋數百年分朋立異之見，至是而竟融，數千年畫卦繫詞之旨，乃至是而大彰矣。至於經傳分編，一從古本，尤足正費直以來割裂綴附之失矣。（頁一－一二九）

《薈要》本（頁一二三，乾隆三十九年九月）、文溯本（頁四十六，乾隆四十七年十一月）、文津本（頁一〇二，乾隆四十九年八月）三者同，與文淵本等不同。文淵本（頁一五七，乾隆四十二年二月）、內府本（頁六十四，乾隆四十六年四月）、「紀稿」（頁一－四九〇）、殿本（頁一－一二九）、浙本（頁三十四）相同。

文淵提要在目錄之前，版心標「提要」，內容同於時間較晚之《總目提要》，已非原本提要，而是抽換過的新提要。二者除了內容簡繁差異之外，文字倍增是最明顯的不同。至於校上時間仍標乾隆四十二年二月，這是四庫館的標注通例，仍署原提要校上時間，不再改易。

綜合上述三點，可以清楚的證明，文淵本提要的確大量抽換過，抽換的數量且高居各閣書前提要之冠。何以如此？推測跟文淵閣《四庫全書》庋藏在皇宮內，皇帝最常接觸閱覽有關，所以被館臣列為最優先更新的對象。也因為這個緣故，使得文淵書前提要成書雖早，其內容卻經常同於屢經修改的《總目》提要，使用時稍一不慎，就有可能誤判。

四、文淵書前提要抽換本的鑑別方式

文淵書前提要是學者較常參考使用的提要，既然存在大量校上時間不符實際的抽換提要，貿然使用，勢必造成研究上的極大困擾，這是非常可能發生的問題。那麼，是否有客觀的方式可以辨別某書提要是原本提要或後來抽換的提要呢？劉遠游曾說：「鑑別庫本提要是否原文的最好方法，莫過於同初稿比較。困難的是傳世的提要分纂稿并不全是初稿。」[26]劉氏的說法與筆者的觀點並不一致，他所謂的「原文」，指的是《四庫》館臣依據原書所撰寫的分纂稿。筆者所謂的「原本提要」，指稱的則是文

26 劉遠游：〈《四庫全書》卷首提要的原文和撤換〉，《復旦學報》（社會科學版），一九七一年第二期，頁九十四—一〇一。

淵閣《四庫全書》抄成時各書書首所附的提要，這些提要由於未經抽換，又有具體的校上時間，對瞭解提要編纂過程而言，具有無可替代的文獻參考價值。所以劉氏所建議的這個方法並不適用於本文。

除此之外，鑑別文淵書前提要的方法其實不少，如劉氏所云：提要文字的繁簡多寡是一個可以參考的標準；提要的位置在目錄前或後，也是一個標準；所署校上時間早於或晚於文淵閣抄成的時間，又是一個標準；提要起首署名的方式，也是一個標準。這些方法都有參考價值，要注意的是各法不能孤立使用，不能單獨作為判定的唯一標準，必須綜合各項形式一併參考，再做合理的推斷。

通觀並比較現存書前提要與《總目》提要後，拙見以為，除了上舉各點之外，其實還有一些書寫方式的差異，這些書寫方式比較特殊，易於鑑定，可以作為辨別文淵提要是否曾經抽換的重要參考。以下分項略做說明。

（一）就版心標誌「目錄」或「提要」，可以辨別為原提要或抽換提要。

現存書前提要中，文淵提要是唯一能適用此一原則的書前提要，此因文溯提要為重新排印本，並非原本影印，舊有版式消失無蹤完全未保留；[27]文津提要則版心全標

27　近聞甘肅省有影印文溯閣《四庫全書》之計畫，是否已進行，不得而知。

「提要」，並未使用此一區隔方式；文瀾提要大都為劫難後的補抄本，舊有書寫形式無從觀察。這些書前提要皆未保存舊有面目，自然無法適用這個原則。

就瀏覽所見，文淵本提要在書寫形式上有一定的規格，每葉版心魚尾下，除書寫書名外，同時標注「目錄」、「總目」，其下並註明葉碼，[28]以宋張載撰《橫渠易說》為例，文淵本提要在目錄後，版心題「目錄」（葉一，前十二行為目錄）。

此提要（頁二十二，乾隆四十三年七月）同於《薈要》（頁一〇三，乾隆三十九年十一月）、文溯（頁十七，乾隆四十七年四月）、文津本（頁十三，乾隆四十九年閏三月）等，為原本提要。這類提要極多，如：

1.《融堂書解》二十卷，《永樂大典》本，宋錢時撰。（經部書類）

文淵（頁二三六，乾隆四十五年五月）版心標「目錄」（葉三，前十行為目錄）。

聚珍本提要（乾隆三十九年十月，纂修官邵晉涵）、文淵（頁二三六，乾隆四十

[28] 某些提要雖然採取這種書寫形式，但並不能逕自認定為原本提要，如史部別史類的《欽定重訂契丹國志》、《欽定重訂大金國志》二書，雖然版心也標注「目錄」，提要前亦有數行目錄，但校上時間都為「乾隆四十九年十一月」，皆在文淵閣《四庫全書》抄成之後，自不可能為原書提要。此二書皆後來奉勅重編書籍，提要亦重新撰寫。館臣一時失察誤署，致有此失。

五年五月）、文溯本（頁六十五，乾隆四十七年三月）三者相同。惟「〈康誥〉首節以周公初基定為未營洛邑」，文溯本作「〈康誥〉首節以周公初基定為東都，未營洛邑」。

文津本（頁一五九，乾隆四十九年三月）、「津圖紀稿」（頁二一－二四一）、殿本（頁一－二六四）、浙本（頁九十四）相同，蓋據聚珍本修訂。

2.《絜齋毛詩經筵講義》四卷，《永樂大典》本，宋袁燮撰。（經部詩類）

文淵（頁三－二，乾隆四十三年六月）版心標「目錄」（葉四，前七行為目錄）。

余集分纂稿（聚珍本，乾隆四十年五月）、文淵（頁三－二，乾隆四十三年六月）、文溯（頁八十，乾隆四十七年五月）、文津本（頁二〇九，乾隆四十九年八月）相同。

內府寫本（頁一三四，乾隆四十六年三月）、殿本（頁一－三三三）、浙本（頁一二四）據文淵本等修訂。如：「宋袁燮撰」下，原作「燮字和叔，慶元府鄞縣人，絜齋其自號也。登進士第，調江陰尉，歷官寶文閣直學士，謚正獻。事蹟詳《宋史》本傳。燮素尚名節，學有體用，嘉猷讜論無不卓然可紀。所著文集已經散佚，今從《永樂大典》中裒輯為二十四卷，別著錄集部中」，改為「燮有《絜齋家塾書鈔》，已著錄」。

3.《周禮句解》十二卷，浙江范懋柱家天一閣藏本，宋朱申撰。（經部禮類）

文淵本（頁三九〇，乾隆四十三年三月）版心標「目錄」（葉二，前十行為目錄）。

文淵（頁三九〇，乾隆四十三年三月）、文溯（頁九十七，乾隆四十六年十二月）相同。

文津（頁二六〇，乾隆四十九年二月）「宋朱申撰」下，有「申事跡無考，惟《江西通志》載其字繼宣，贛州人。宋太學生，不言時代。朱彝尊《經義考》載是書於南宋末，而別載其《論語辨別》於黃鍰之後、江奇之前。考《閩書》，鍰以政和五年登第，奇以宣和三年登第，則申又曾為北宋徽宗時人。莫之詳也」九十字；「是書逐句詮釋」，作「是書取《周禮》經文逐句詮釋」；「其中所見有與注疏異者」下，無「義取簡約」四字；「至於注疏之是非疑不能決者」，文津作「至於注疏之疑不能決者」；「雖循文訓詁」，文津作「雖循文詁義」；「頗乖體例」，文津作「頗乖體要」；「是則因陋就簡之失，亦不必曲為之諱矣」，文津作「是則因陋就簡之失矣」。頗疑文津所據為分纂稿。

殿本（頁一－三九七）、浙本（頁一五二）相同，蓋據文淵本修訂。

4.《禮書綱目》八十五卷，安徽巡撫採進本，國朝江永撰。（經部禮類）

文淵（頁五〇九，乾隆四十三年七月）版心標「目錄」（葉七十八，前二行為目錄）。

文淵（頁五〇九，乾隆四十三年七月）、文溯（頁一一八，乾隆四十七年四月）、文津（頁三二六，乾隆四十九年閏三月）相同。

殿本（頁一－四五七）、浙本（頁一七九）同，蓋據文淵本修訂。

5.《春秋傳說例》一卷，《永樂大典》本，劉敞撰。（經部春秋類）

文淵本（頁五四五，乾隆四十三年六月）版心標「目錄」（葉二，前十一行為目錄）。

文淵（頁五四五，乾隆四十三年六月）、文溯（頁一二五，乾隆四十七年五月）、文津本（頁三四九，乾隆四十九年九月）與聚珍本提要（乾隆四十一年二月，纂修官為庶吉士楊昌霖）相同。

「津圖紀稿」（頁三－五十五）、浙本（頁二一六）、殿本（頁一－五三九）相同，據聚珍本提要修訂。

6.《論語正義》二十卷，內府藏本，魏何晏集解，宋邢昺疏。（經部四書類）

文淵本（頁七五〇，乾隆四十一年五月）版心標「目錄」（葉三，前十二行為目錄）。

《薈要》（頁一九二，乾隆四十年十月）、文淵（頁七五〇，乾隆四十一年五月）、文溯（頁一六七，乾隆四十七年二月）、文津本（頁四八一，乾隆四十九年八月）等四者同，書名皆作「《論語注疏》」，與殿本等作《論語正義》不同。惟文溯、文津本於「宋邢昺疏」下，有「晏字平叔，南陽宛人。漢大將軍進之孫。以才秀知名，後以附曹爽伏誅。昺字叔明，曹州濟陰人」三十六字。

殿本（頁一－七〇九）、浙本（頁二九〇）同。與《薈要》本等全異。

案：殿本等抽換原提要，補入「今觀其書，大抵翦皇氏之枝蔓，而稍傅以義理，漢學宋學茲其轉關。」凸顯漢學、宋學分立觀點。

7.《俗書刊誤》十二卷，江蘇巡撫採進本，明焦竑撰。（經部小學類）

文淵本（頁九二七，乾隆四十二年五月）版心標「目錄」（葉二，前十行為目錄）。

文淵（頁九二七，乾隆四十二年五月）、文溯（頁二〇四，乾隆四十七年九月）、文津本（頁五九三，乾隆四十九年三月）等三者同，皆據初次存目（頁一〇五），少許文字有修訂。

殿本（頁一－八五五）、浙本（頁三五四）相同，亦據初次存目（頁一〇五）修訂，較文淵等更動較多。如原「竑字弱侯。萬歷乙未進士第一人，官翰林院修撰」，改為「竑有《易筌》，已著錄」。

文淵本提要的每葉版心魚尾下，除書寫書名外，若是同時標注「提要」，其下並註明葉碼，則此提要可能就是抽換提要。如：康熙末聖祖仁皇帝御定《欽定詩經傳說彙纂》一書。文淵本（頁三四一，乾隆四十一年五月）版心標「提要」（葉七，前半葉八行為目錄）。

文淵（頁三四一，乾隆四十一年五月）、內府寫本（頁一四三，乾隆四十六年三月）、「津圖紀稿」（頁二－四九六）、浙本（頁一三〇）、殿本（頁一－三四七）相同，而異於《薈要》本等。

《薈要》（頁一五一，乾隆四十年十月）、文溯（頁八十七，乾隆四十七年十月）、文津本（頁二二九，乾隆四十九年八月）等相同，均作「二十一卷《序》二卷」，提要內容不同於文淵本等。

類此例子極多，如：晉范寧集解唐楊士勛疏《春秋穀梁傳註疏》二十卷、乾隆二十三年奉勅撰《御纂春秋直解》十五卷、漢趙岐注《孟子正義》十四卷、康熙十六年聖祖仁皇帝御定《日講四書解義》二十六卷、康熙五十四年奉勅撰雍正四年告成《欽定音韻闡微》十八卷、乾隆十五年奉勅撰《欽定叶韻彙輯》五十八卷等，都是抽換提要。[29]

（二）就提要行文注明作者已有某書「別著錄」或「已著錄」的書寫方式，亦可辨別提要為原本或抽換本。

《總目》在修訂提要、統一書寫方式時，曾訂定某些準則，作為全書的基本要求。這些要求也保存在《總目》卷首的「凡例」中，其中關於一作者有數本著作收入《全書》，應如何處理其生平爵里時，有下列明文規定：

歷代勅撰官書，如《周禮正義》之類，承詔纂修，不出一手，一一詳其爵里，則末大於本，轉病繁冗，故但記其成書年月，任事姓名，而不縷陳其爵

29 此一原則，有時也會有例外，如：漢鄭玄注唐賈公彥疏《周禮注疏》四十二卷。文淵（頁三七四，乾隆四十二年三月）版心標「目錄」（葉八，前十二行為目錄），但提要卻同於內府本（頁一四九，乾隆四十五年六月）、殿本（頁一－三八八）、浙本（頁一四九）。又如漢鄭玄注唐孔穎達疏《禮記正義》六十三卷。文淵（頁四五七，乾隆四十二年八月）版心標「禮記注疏目錄」（葉九，前十四行為目錄），但提要內容也同於時間較晚的內府本（頁二〇一，乾隆四十六年三月）、殿本（頁一－四三三）、浙本（頁一六八）。可見館臣在編纂時，未能完全做到全書一致，因此在使用此一標準衡量時，仍然必須與其他提要比較，方能做出較正確的判斷。

里。……至一人而著數書，分見於各部中者，其爵里惟見於第一部，後但云某人有某書已著錄，以省重複。如二書在一卷之中，或數頁之內，易於省記者，則第二部但著其名。（如明戴原禮已見所校補朱震亨《金匱鉤元》條下，其推求師意二卷僅隔五條之類。）[30]

所謂「至一人而著數書，分見於各部中者，其爵里惟見於第一部，後但云某人有某書已著錄，以省重複。」指的是一人有數本著作收入《全書》時，除第一部書交代其生平爵里外，自第二部起，僅於該書提要內加注「某人有某書已著錄」即可。這一規定主要見於《總目》提要，書前提要則不受此限，這麼一來就為區別書前提要與《總目》提要，提供了極大方便，間接也為鑑別書前提要是原本或抽換本，增加了具體可行的客觀衡量標準。

就文淵提要而言，由於成書較早，自然不應出現「某人有某書，已著錄」字樣，因為這是《總目》提要的規定，不應出現在書前提要中，若是文淵提要出現這些文字，內容又同於《總目》提要，幾乎可以確定這篇提要時間較晚，是抽換過的提要，而非原有提要。以下也略舉數例加以說明。

[30] 永瑢、紀昀等：《四庫全書總目提要・凡例》（臺北：臺灣商務印書館，一九八三年影印武英殿原刻本），頁一—三十七。

1.《古文尚書冤詞》八卷，內府藏本，國朝毛奇齡撰。（經部書類）

文溯本（頁七十二，乾隆四十七年四月）、文津本（頁一八一，乾隆四十九年閏三月）相同。

文淵本（頁二七二，乾隆四十三年七月）、內府本（頁一一二，乾隆四十六年四月）、「津圖紀稿」（頁二－三一〇）、殿本（頁一－二八二）、浙本（頁一〇二）相同，蓋據原書前提要修訂。如：「國朝毛奇齡撰」下，文溯等原作「初山陽閻若璩作《古文尚書疏證》，蓋本朱子之說，以攻梅賾之偽，條分縷析，已無疑義。奇齡持論務與朱子相反，又與若璩爭名相詬，故作此書以難之」；文淵等改為「奇齡有《仲氏易》，已著錄。其學淹貫群書，而好為異論以求勝。……及閻若璩作《古文尚書疏證》，奇齡又力辨以為真」一百一十七字。

2.《三國志補註》六卷附《諸史然疑》一卷，兵部侍郎紀昀家藏本，國朝杭世駿撰。（史部正史類）

浙本（頁四〇四）作「浙江巡撫採進本」。

文溯本（頁二二六，無進上時間）二書提要分立。

文津本（頁十六，乾隆四十九年三月）僅有《三國志補註》提要，無《諸史然疑》提要。

文淵本（頁一〇二一，乾隆四十二年十月）、內府寫本（頁四八四，乾隆四十七年八月）全同於殿本（頁二－十八）、浙本（頁四〇四），蓋據二書原書前提要合併修訂。如：「國朝杭世駿撰」下，原作「世駿字大宗，號菫浦，仁和人。乾隆丙辰召試博學鴻詞，授翰林院編修」，改為「世駿有《續方言》，已著錄」。案：文淵為抽換本。

3.《古史》六十五卷，副都御史黃登賢家藏本，宋蘇轍撰。（史部別史類）

分纂稿姚鼐撰（頁三九七）。[31]

「姚稿」（頁三九七）、文溯本（頁二五六，乾隆四十七年四月）、文津本（頁一一一，乾隆四十九年正月）皆作「六十卷」。「紀稿」（頁三－五八六）為「六十五卷」。

文溯本（頁二五六，乾隆四十七年四月）、文津本（頁一一一，乾隆四十九年正月）相同，與「姚稿」不同。

文淵本（頁一一六八，乾隆四十一年二月）版心標「提要」（葉一，首行起）。

文淵本（頁一一六八，乾隆四十一年二月）、內府寫本（頁五四四，乾隆四十六

31 吳格、樂怡標校整理：《四庫提要分纂稿》（上海：上海書店出版社，二〇〇六年），頁三九七。

年三月）、「津圖紀稿」（頁三－五八六）、殿本（二－一一六）、浙本（頁四四八）相同，蓋據原書前提要修訂，如：「轍字子由，號潁濱，眉山人。事蹟具《宋史》」，改為「轍有《詩傳》，已著錄」。案：文淵為抽換本。

4. 《白氏長慶集》七十一卷，通行本，唐白居易撰。（集部別集類）

文溯本（頁六八七，乾隆四十七年十一月）、文津本（頁七十八，乾隆四十九年三月）二者同，皆據《薈要》（頁三六六，乾隆四十二年四月）增補修訂。

文淵本（頁三一四〇，乾隆四十四年九月）、內府寫本（頁一三九一，乾隆四十七年二月）、「津圖紀稿」（頁六－四二八）、殿本（頁四－六十七）、浙本（頁一二九五）皆同，蓋據原書前提要修訂。如：原作「居易爵里事跡具《唐書》本傳」，改為「居易有《六帖》，已著錄」。案：文淵為抽換本。

5. 《河南集》二十七卷，兩淮馬裕家藏本，宋尹洙撰。（集部別集類）

文淵本（頁三二一九，乾隆四十六年六月）、文溯本（頁七〇三，乾隆四十七年五月）、文津本（頁一二六，乾隆四十九年三月）三者全同，蓋據初次存目（頁三三七）修訂。

內府寫本（頁一四四一，乾隆四十八年三月）、「津圖紀稿」（頁六－五七〇）、殿本（頁四－一〇四）、浙本（頁一三一一）皆同，蓋據原書前提要修訂。如：「宋尹洙撰」下，刪去「洙字師魯，河南人。……事蹟具《宋史》本傳」，改為「洙有《五代春秋》，已著錄」。

6.《祠部集》三十六卷，《永樂大典》本，宋強至撰。（集部別集類）

文淵本（頁三二二五，乾隆四十九年十月）、文溯本（頁七〇四，乾隆四十九年十月）、文津本（頁一三〇，乾隆四十一年七月）三者相同，皆作「三十五卷」。

內府寫本（頁一四四四，乾隆四十八年三月）、「津圖紀稿」（頁六－五八三）、殿本（頁四－一〇七）、浙本（頁一三一三）皆同，蓋據原書前提要修訂，更動頗大。如：「宋強至撰」下，刪去「至字幾聖，錢唐人。……至為大賢所嘉，契其才品，卓有可稱」大段文字，改為「至有《韓忠獻遺事》，已著錄」。

7.《樂圃餘藁》十卷《附錄》一卷，兩淮馬裕家藏本，宋朱長文撰。（集部別集類）

文淵本（頁三三三一，乾隆四十一年十月）版心標「目錄」（葉二，前十四行為目錄）。文淵本（頁三三三一，乾隆四十一年十月）、文溯本（頁七二七，乾隆四十七年四月）、文津本（頁一九八，乾隆四十九年三月）三者同初次存目（頁三六七）。文字略有修訂。

內府寫本（頁一四八九，乾隆四十八年三月）、殿本（頁四－一五八）、浙本（頁一三三五）皆同，蓋據初次存目及原書前提要修訂。如：「宋朱長文撰」下，原作「長文字伯原，蘇州吳人。未冠登進士乙科，以足疾不仕。築室藥圃坊，著書閱古。蘇軾等薦，起本州教授。召為太常博士，遷秘書省正字」，改為「朱長文有《吳郡圖經續記》，已著錄」。

8. **《夾漈遺稿》三卷，編修汪如藻家藏本，宋鄭樵撰。（集部別集類）**

文淵本（頁三四八四，乾隆四十六年四月）、文溯本（頁七六二，乾隆四十七年九月）、文津本（頁三百，乾隆四十九年八月）三者同。

內府寫本（頁一五三五，乾隆四十八年六月）、殿本（頁四－二三〇）、浙本（頁一三六六）皆同，蓋據原書前提要修訂。如：「宋鄭樵撰」下，原作「樵字漁仲，莆田人。居夾漈山中，自稱溪西遺民。紹興間，以薦得召對，授右迪功郎、兵部架閣，尋改監潭州南嶽廟。給札歸，鈔所著《通志》，書成，入為樞密院編修。生平」，改為「樵有《爾雅註》，已著錄。樵」；「未成者八種」下，刪去「並見于所作〈獻皇帝書〉中，故」十一字，並改「當時以博物洽聞著」，為「當時頗以博物洽聞著」。

以上所舉八部書中，前四部文淵提要內容同於《總目》提要，又刪去書前提要原有爵里文字，改為「某人有某書，已著錄」，則此四篇提要皆為抽換提要。後四部文淵提要內容同於文溯、文津提要，《總目》提要刪去原提要原有爵里文字，改為「某人有某書，已著錄」形式，則文淵提要為原本提要，未經抽換。

（三）就提要內容辨別其為原本或抽換本。

這是較不容易，卻是最準確的鑑別方法。一篇提要若為原本提要，其內容記載通常與校上時間密切相合，不會產生時間落差或扞格難通現象。由於書前提要的校上時間多據進呈御覽年分填寫，[32] 因此館臣抽換提要時，依然存有保留原校上時間不予更動的觀念，[33] 這個慣例為辨別工作帶來了極大的便利。一篇提要內容若出現與校上時

32 〈軍機大臣奏遵查發下《四庫全書提要》填寫年月緣由片（軍機處上諭檔，乾隆四十九年五月初六日）〉：「遵查發下《四庫全書提要》末行有本年閏三月恭校上者。查向來繕校各書，所寫年分均係按照各呈進年分填寫，從前進過一、二、三分書均係如此辦理。惟月分有填寫在前、進呈在後者，因無甚關礙，是以進呈時即用原填月分，以省挖補痕跡。現在運送熱河備進各書所填月分，自二月至四月不等。理合據實覆奏。謹奏。」中國第一歷史檔案館編：《纂修四庫全書檔案》（上海：上海古籍出版社，一九九七年），頁一七七四。

33 《金毓黻手定本文溯閣四庫全書提要》（北京：中華全國圖書館文獻縮微複製中心，一九九九年影印康德二年遼海書社排印本《文溯閣四庫全書提要》），頁六，「解題」云：「《武英殿聚珍版叢

間不能配合的情形，除非有合理的解釋，否則即可據此推定其為晚於校上時間的抽換版本。以下亦舉數例略做說明。

1. 《欽定詩義折中》二十卷，乾隆二十年皇上御纂。（經部詩類）

文淵本（頁三四三，乾隆四十年五月）版心標「提要」（葉二，前一行為目錄）。內府本亦前空一行

《薈要》本（頁一五一，乾隆三十九年九月）、文溯本書名作「《御纂詩義折中》」

《薈要》本（頁一五一，乾隆三十九年九月）、文溯本（頁八十七，乾隆四十七年五月）、文津本（頁二三〇，乾隆四十九年三月）相同。

文淵本（頁三四三，乾隆四十年五月）、內府寫本（頁一四五，乾隆四十六年

書》，經始乾隆三十八年，是即《四庫全書》中所謂應刻之書也。其書多輯自《永樂大典》，每種之前，大抵冠以提要。考其校上年月，始於乾隆三十八年四月，亦多在《四庫》本所著年月之前，此亦可謂最初撰擬之提要矣。第詳校其字句，或同於原本提要，或同於《總目》，其異同之處絕少，絕不類邵氏（晉涵）初撰之稿。此蓋於校印時，又據原本提要及《總目》加以修改，惟其校上年月不復改易，若不詳為考校，尟有不以為初稿者。」金氏觀察入微，惟所謂「修改」，即是抽換原本。其實不僅聚珍本提要有抽換提要不改校上年月的現象，文淵本提要絕大部分抽換時也都保持原校上時間，不作更動，少數抽換提要改署校上時間應屬例外，並非正常作法。

三月）、津圖紀稿（頁二一五〇一）、浙本（頁一三〇）、殿本（頁一一三四七）相同，全異於《薈要》本等。

《薈要》本提要原作：

臣等謹案：《詩義折中》二十卷，乾隆二十年御纂。取聖祖仁皇帝《周易》命名之義為名。大學士忠勇公傅恒等裁纂。蓋《詩》義自朱子斥去二《序》，獨尋微旨，一掃傅會拘牽之說。我皇上鑒聚訟之失，標言志之準，融洽諸家，歸於一是。分章間採康成，徵事亦搜《小序》。至於諷勸之大，仍一以朱子為正。不待覼縷眾說，而擇善用中之旨，即寓於流連諷詠之中矣。乾隆三十九年九月恭校上。

文淵本提要則作：

臣等謹案：《詩義折中》二十卷，乾隆二十年皇上御纂。……我皇上幾暇研經，洞周窔奧，於漢以來諸儒之論，無不衡量得失，鏡別異同。伏讀御製〈七十二候詩〉中〈虹始見〉一篇，有「晦翁舊解我疑生」句，句下御注，於《詩集傳》所釋〈蝃蝀〉之義，詳為辨證，併於所釋〈鄭風〉諸篇，概作淫詩者，亦根據毛、鄭，訂正其訛，反覆一二百言，益足見聖聖相承，心源如一。是以諸臣恭承彝訓，編校是書，分章多準康成，徵事率從《小序》。使孔門大義，上溯淵源；卜氏舊傳，遠承端緒。因欽定《詩經》以樹義，即因御纂《周易》以立名。作述之隆，後先輝耀，經術昌明，洵無過於昭代者矣。乾隆四十年五月恭校上。

案：清高宗〈三月清明節三候：虹始見〉詩（《清高宗御製詩文全集‧御製詩四集》，卷五十七，頁九）作於乾隆己亥（四十四年）。[34]此處文淵提要有云：「伏讀御製〈七十二候詩〉中〈虹始見〉一篇，有『晦翁舊解我疑生』句下御注，於《詩集傳》所釋〈蝃蝀〉之義，詳為辨證，併於所釋〈鄭風〉諸篇，概作淫詩者，亦根據毛、鄭，訂正其訛，反覆一二百言，益足見聖聖相承，心源如一。」文淵既署乾隆四十年五月奏上，自無可能預見乾隆四十四年御製詩。可以得知文淵提要原同於文溯、文津提要，其後抽換新提要，依然保留原奏上時間，致有此一明顯誤失。

又案：《薈要》等提要原採「兼容漢宋」態度，謂此書「分章間採康成，徵事亦搜《小序》。至於諷諫之大義，仍一以朱子為正」。自乾隆御製詩有上述「晦翁舊解我疑生」句後，館臣揣摩上意改撰提要，在「漢宋對峙」原則下，揭舉根據毛、鄭，

34 清高宗：《清高宗御製詩文全集‧御製詩四集》（臺北：國立故宮博物院，一九七六年影印原刻本），卷五十七，頁九。

訂正《集傳》，並強調是書「分章多準康成，徵事率從《小序》。使孔門大義上溯淵源，卜氏舊傳遠承端緒」，改採崇漢抑宋態度。

2.《青山集》三十卷，浙江巡撫採進本、《續集》七卷，編修朱筠家藏本，宋郭祥正撰。（集部別集類）

《薈要》本（頁三八五，乾隆四十二年十月）僅收《青山集》三十卷，無《續集》七卷。

文淵、文溯、文津本《青山集》與《續集》分為二書，故均有二提要。文溯（頁七二四，乾隆四十七年十月；頁七二四，乾隆四十七年五月）、文津（頁一八九，乾隆四十九年三月；頁一九〇，乾隆四十九年三月）二者《續集》提要全同，《青山集》提要曾參考《薈要》修訂。文津與文溯文字偶有不同。如：「此本三十卷，與晁陳二家所載合，猶完書矣」下，增添「史稱祥正以上書諛安石，反為安石所擠，坐是偃蹇以終」二十二字；「前輩或許為太白後身」下，文溯作「又稱青山太白祠，以祥正侑食，蓋因其詩格相近，從而附會。然亦足見其文章警邁，時似青蓮，故當時有此品目也」，文津則刪去「又稱青山太白祠，以祥正侑食」十二字；「故當，後復棄官時有此品目也」下，復增添「其人品不足道，而其集猶傳厥有由歟」十五字。

內府寫本（頁一四八二，乾隆四十八年三月）、殿本（頁四－一五〇）、浙本（頁一三三二）皆同，蓋據原書前提要所收《青山集》與《續集》提要修訂而成。如：「此本三十卷，與晁陳二家所載合，猶完書矣」以上為《青山集》提要，其下「又《續集》七卷，晁氏陳氏均不載……則史所云『知端州後復棄官』者非也」則為《續集》提要；「其詩好用仙佛語，或偶傷拉雜……當時有此品目也」為《青山集》提要，「《東坡集》有〈郭祥正家醉畫竹石壁上郭作詩為謝且遺二古銅劍〉一首，……而《續集》亦無之」則為《續集》提要。其餘文字皆為修改時增添。

文淵本（頁三三一六，乾隆四十一年五月；頁三三一九，乾隆四十三年七月）之《青山集》提要（頁三三一六，乾隆四十一年五月）全同於內府寫本及《總目》，《續集》提要則全同文溯等。

案：書前提要既存有二提要，足證《四庫全書》原分《青山集》與《續集》為二書，故各有提要。其後《總目》合二書為一，提要亦合併為一。由文淵所收二提要內容，可知文淵《青山集》提要曾經抽換，校上時間依例未修改。

3. **《南軒集》四十四卷，浙江鮑士恭家藏本，宋張栻撰。（集部別集類）**

文溯本（頁七八三，乾隆四十七年五月）、文津本（頁三五六，乾隆四十九年四月）二者同，與初次存目（頁三七四）不同。

文淵本（頁三五七四，乾隆四十三年）、內府寫本（頁一五六四，乾隆四十八年二月）、「津圖紀稿」（頁七－一六）、殿本（頁四－二七四）、浙本（頁一三八六）同，蓋據原書前提要修訂。如：「即今所傳淳熙甲辰本也」下，原作「栻學問文章，皆朱子之亞。生平與朱子交最善」，「津圖紀稿」墨筆刪去「學問文章，皆朱子之亞。生平」十一字，改為「栻與朱子交最善」；「其間論辨斷斷不少假借」下，增入「如第二札，則致疑于辭受之間，……〈與胡季隨〉第五札，又論朱子所編《名臣言行錄》未精細」一百八十字；文溯提要等原止於「論張浚者，往往遺議于朱子，蓋未核是集之過也」，以下無。文淵等改為「論張浚者，往往遺議于朱子，蓋未核是集也」，其下復增添「劉昌詩《蘆浦筆記》，駁栻〈堯廟歌〉，……然則栻集外詩文，皆朱子刪其少作，非偶佚矣」一百八十二字。

案：就文淵同於「津圖紀稿」改本而言，則文淵此條提要當晚於「津圖紀稿」，奏上時間未修正。

4. 《東維子集》三十卷《附錄》一卷，浙江孫仰曾家藏本，元楊維楨撰。（集部別集類）

文溯（頁八六四，乾隆四十七年十一月）、文津本（頁六一四，乾隆四十九年九月）相同。

文淵本（頁三九三三，乾隆四十六年四月）、「津圖紀稿」（頁七－三三六）、內府寫本（頁一七一三，乾隆四十八年二月）、殿本（頁四－四四七）、浙本（頁一四六一）相同，蓋據原書前提要修改。

「則維楨之文，不得概以妖目之矣」下，「津圖紀稿」原作「陶宗儀《輟耕錄》載維楨〈辨統論〉一篇，大旨謂元繼宋而不繼遼、金，欲黜二代之史，其說殊戾。此集不載此篇，或自知其謬而削之歟？」館臣墨筆改為「陶宗儀《輟耕錄》載維楨〈辨統論〉一篇，大旨謂元繼宋而不繼遼、金。此集不載此篇，未喻其故。今恭奉諭旨，補入集內。蓋維楨雖反顏吠主，罪甚揚雄，而其言可採，則不以其人廢云。仰見聖人衮鉞之公，上超萬古，非儒生淺見所能窺也」。

文淵等皆從改本。

案：乾隆辛丑（四十六，一七八一）年十月，清高宗有〈命館臣錄存楊維楨〈正統辨〉諭〉云：「元楊維楨著〈宋遼金正統辨〉，大旨以元承宋統而排斥遼、金。其文不見本集，惟陶宗儀《輟耕錄》載之。今館臣編輯《四庫全書》，謂其持論紕繆，並《輟耕錄》內所載者亦與刪除。……然館臣之刪楊維楨〈正統辨〉者，其意蓋以金為滿洲，欲令承遼之後，故曲為之說耳。不知遼、金皆自起北方，本無所承繼，非若宋、元之相承遞及，為中華之主也。若以此立論，轉覺狹小，天下萬世必有起而議之者，是不可以不辨。朕以為，不但《輟耕錄》中所載楊維楨之〈正統辨〉不必刪除，即楊維楨文集內亦當補錄是編。並將此諭各載卷首，以昭天命人心之正，以存《春秋》、《綱目》之義。特諭。」[35]

清高宗此諭於乾隆辛丑（四十六，一七八一）年十月頒發，「津圖紀稿」（頁七－三三六）據此諭修改提要內容，文淵（頁三九三三，乾隆四十六年四月）、內府寫本（頁一七一三，乾隆四十八年二月）、殿本（頁四－四四七）、浙本（頁一四六一）皆據「津圖」改本，可見各提要皆晚於「津圖紀稿」，但文淵本提要仍署「乾隆四十六年四月」，時間早於高宗上諭，與事理不符，可見文淵此提要為抽換提要，依慣例未改校上時間。

5. 《甫田集》三十五卷《附錄》一卷，內府藏本，明文徵明撰。（集部別集類）

文溯（頁九一〇，乾隆四十七年五月）、文津（頁七五七，乾隆四十九年三月）同於《薈要》本（頁四二九，乾隆四十二年五月），惟於「韻致天成」下，增添「洵足撲去塵氛」六字。

文淵本（頁四一三六，乾隆四十四年七月）、內府寫本（頁一八〇一，乾隆四十八年二月）、殿本（頁四－五四三）、浙本（頁一五〇三）相同，蓋據原書前提要修

35 慶桂等編：《清實錄・高宗實錄》（北京：中華書局，一九八六年五月），卷一一四二，總頁三〇八。

訂，更動幅度極大。如：「其仲子嘉所述也」下，原作「徵明與唐寅、沈周皆以書畫掩其文，然寅詩纖巧，周詩頹唐，而徵明較為雅飭，故其詩稍顯於二人」，改為「徵明、沈周皆以書畫名，亦並能詩。周詩揮灑淋漓，但自寫其天趣，如雲容水態，不可限以方圓；徵明詩則雅飭之中時饒逸韻。《靜志居詩話》記其告何良俊之言曰：『我少年學詩，從陸放翁入，故格調卑弱，不若諸君皆唐音也。』此所謂如魚飲水，冷暖自知，皎然不誣其本志。然周天懷坦易，其畫雄深而蒼茫，詩格如之；徵明秉志雅潔，其畫細潤而瀟灑，詩格亦如之。要亦各肖其性情，不盡由於所倣效也」；「其〈池上〉一篇，集中所無，《靜志居詩話》謂其『畫必留題』，故集外流傳者多，是編所載，亦未必足盡著作之全。然其蕭疏淡遠，韻致天成，洵足撲去塵氛，讀者猶可想見其高致焉」，改為「其〈池上〉一首，得諸墨迹，為本集所不載。且稱『其集外流傳者甚多，惜無廣搜為續集者』。然縑素流傳，半真半贋，與其如吳鎮、倪瓚諸集多收偽本，固不如據其家集，猶不失本來面目矣。」

案：《薈要》本提要內容簡約，原將文徵明、唐寅、沈周三人並列，以比較三人詩風。文淵本提要則刪去唐寅，將重點改為沈周、文徵明二人之比較，內容因之轉成沈周、文徵明二人詩格之差異。此處文淵本明顯為抽換後之提要，已非原本之舊，惟未改校上之時間耳。

五、結語

在討論提要編纂史時，極易將閣書書前提要編成時間置放於《總目》提要之前，這是一般人常有的習慣。殊不知《四庫總目》的編纂工作，其實與《四庫全書》的編輯作業同時進行，《四庫總目》的成書進呈時間為乾隆四十六年二月十三日，[36]時間猶早於同年底抄成的文淵閣《四庫全書》，只是此後持續在修改之中，遲遲未能刊定而已。任何未經討論即逕自認定閣書書前提要必然早於《總目》提要的說法，是相當危險的推定。因此，較妥當的作法是，在下判斷之前，依據具體可信的資料，比對相關佐證，再加上縝密的分析論證，才可能得出足以令人信服的結論。

文淵書前提要雖是最早編成的書前提要，也為其他各閣書前提要的範本，照理說可信度之高，應無可置疑，但就現有的成書觀察，事實上並非如此。除了少數既同

---

36 參看〈諭內閣著將列朝御纂各書分列各家著撰之前並將御題四庫諸書詩文從總目卷首撤出〉（乾隆四十六年二月十三日，軍機處上諭檔），《纂修四庫全書檔案》，頁一二八九—一二九〇。〈質郡王永瑢等奏《四庫全書簡明目錄》等書告竣呈覽請旨陳設刊行摺〉（乾隆四十七年七月十九日，「軍機處原摺」），《纂修四庫全書檔案》，頁一六〇二—一六〇四。〈軍機大臣奏查明《四庫全書總目》於上年七月進呈尚未繕竣陳設片〉（乾隆四十八年三月十八日，軍機處上諭檔），《纂修四庫全書檔案》，頁一七一四—一七一五。

於書前提要，也同於《總目》提要之外，文淵閣書前提要內容時而同於文溯等書前提要，時而又同於浙本、殿本《總目》提要，其一致性反不如成書遲一年的文溯閣提要。所以會出現這種奇異的現象，與四庫館臣基於種種原因，在要求盡善盡美的前提下，再三修改或抽換提要內容有密不可分的關係。這種抽換提要的措施，才是造成文淵書前提要有時同於其他書前提要，有時又與《總目》提要相同狀況的主要原因。

經過上述討論之後，筆者認為，由於四庫館臣抽換提要時有維持原校上時間的慣例，因而混雜了文淵書前提要的真實進呈時間，使得文淵書前提要的定位難以確定，也造成研究上的極大不便。在這種情形之下，使用文淵書前提要時必須特別謹慎，不可輕信提要所署的校上時間，否則極易落入前人誤設的陷阱而不自知。唯有透過具體可信的的辨別方式鑑定之後，方能確定文淵提要的正確校上時間，從而得出較合理的結論來。

* 原刊《中國四庫學》第八輯（二〇二二年，排版中）。

參考書目

中國第一歷史檔案館編：《纂修四庫全書檔案》，上海：上海古籍出版社，一九九七年。

四庫全書出版工作委員會編：《文津閣本四庫全書提要匯編》，北京：商務印書館，二〇〇六年。

江慶柏：〈天津圖書館藏《四庫提要》為《文源閣提要》考說〉，《歷史文獻研究》總第四十一輯，二〇一八年八月，頁二七〇－二七九。

——：《四庫全書薈要研究》，南京：鳳凰出版社，二〇一八年。

江慶柏等編：《四庫全書薈要總目提要》，北京：人民文學出版社，二〇〇九年。

江慶柏等整理：《四庫全書初次進呈存目》，北京：人民文學出版社，二〇一五年。

永瑢、紀昀等：《文溯閣抄本《四庫全書總目》》殘本，今藏天津圖書館歷史古籍部。

——：《天津圖書館藏紀曉嵐刪定〈四庫全書總目〉稿本》，北京：國家圖書館出版社，二〇一一年。

——：《文淵閣本四庫全書》，臺北：臺灣商務印書館，一九八三年影印文淵閣本。

——：武英殿本《四庫全書總目提要》，臺北：臺灣商務印書館，一九八三年影印武英殿原刻本。

——：《四庫全書總目》，北京：中華書局，一九六五年，影印浙江杭州本。

金毓黻輯：《金毓黻手定本文溯閣四庫全書提要》，北京：中華全國圖書館文獻縮微複製中心，一九九九年影印康得二年遼海書社排印本。

吳格、樂怡標校整理：《四庫提要分纂稿》，上海：上海書店出版社，二〇〇六年。

吳哲夫：《四庫全書薈要纂修考》，臺北：國立故宮博物院，一九七六年。

李國慶輯：《四庫全書卷前提要四種》，鄭州市：大象出版社，二〇一五年。

清高宗：《清高宗御製詩文全集》，臺北：國立故宮博物院，一九七六年影印原刻本。
清高宗乾隆敕編：《武英殿聚珍版叢書》，北京：中國國家圖書館藏一百四十一種線上影像檔。
慶桂等編：《清實錄・高宗實錄》，北京：中華書局，一九八六年五月。
劉遠游：〈《四庫全書》卷首提要的原文和撤換〉，《復旦學報》（社會科學版），一九七一年第二期，頁九十四－一〇一。

下編

經學思想編

朝向一個學術史觀的建構——以《四庫全書總目・經部》為例*

一、前言

《四庫全書》的編修是乾隆鼎盛時期的重要文化事業，伴隨著全書而編纂的《四庫全書總目》更是這部龐大叢書的智慧結晶。

《四庫全書總目》不僅是劉歆《七略》開啟圖書分類以來，中國目錄學著作的最高成就，同時也是乾隆君臣試圖建構代表清代學術觀點的典範性作品。經由經、史、子、集四部總序、各類小序、編書凡例，著錄及存目各書提要，再加上提要的按語

* 本文為二〇一九年三月二十九—三十一日美國亞利桑那州立大學（ASU）「中國歷史上的權力與文化國際學術研討會」（Culture and Power in China's History）宣讀論文，經修改後，發表於《中國經學》第二十八輯，頁四十九—七十二，北京清華大學中國經學研究院編印，廣西師範大學出版社，桂林。在此謹向會議主辦者亞利桑那州立大學（ASU）、Hoyt Cleveland Tillman（田浩）教授、會議贊助者「蔣經國國際學術交流基金會」（the Chiang Ching-Kuo Foundation）及提供評論意見的Robert Kent Guy(蓋博堅)教授等敬致誠摯謝意。

等，共同構成了全書完整的學術觀點，具體呈現劉向、歆父子以來目錄學「辨章學術，考鏡源流」的宗旨。[1] 簡而言之，透過這部龐大目錄性質書籍的編寫，充分顯現出乾隆時期除了「十全武功」的締造之外，意欲建構一個網羅眾家、囊括古今的學術史觀的明顯企圖。

晚近以來與《四庫全書總目》相關的資料大量影印出版，為探討《四庫全書總目》的編纂過程提供了具體可信的資料。就這些資料進行分析研究，可以大致發掘出在這部大書的編纂過程中，四庫館臣如何由撰寫、修改、抽換等方式凝聚原本錯綜複雜各自分歧的提要內容，進而建構出一個鮮明完整的學術觀點，用以解釋並處理歷代學術的發展。

由於《四庫全書總目》所收的著錄與存目書提要卷帙龐大，內容豐富，逐一討論既無可能，也無必要。因此本文之作，即以《四庫全書總目》的重心——經部為例，

1 〔清〕章學誠《校讎通義．序》云：「校讎之義，蓋自劉向父子部次條別，將以辨章學術，考鏡源流，非深明於道術精微、群言得失之故者，不足與此。後世部次甲乙，記錄經史者，代有其人，而求能推闡大義，條別學術異同，使人由委溯源，以想見於墳籍之初者，千百之中不十一焉。」見章學誠著、王重民通解：《校讎通義通解》（上海：上海古籍出版社，一九八七年），頁一。案：此處章學誠所說的「校讎學」，即是劉歆《七略》以來歷代相承的目錄之學。近人余嘉錫亦曾明言目錄學的意義，在「要以能敘學術源流者為正宗」，見余氏《目錄學發微》（北京：中華書局，二〇〇七年），頁七。

探討乾隆君臣如何建構「漢宋對峙」觀點，做為詮釋中國學術發展的基礎。此一新觀點不僅重要且影響深遠，至今依然為學界論述歷代經學時必然涉及的主要議題。

二、《四庫全書總目・經部》「漢宋對峙」觀念的提出

在《四庫全書總目・經部總敘》中，開宗明義即逐一論述了先秦以下歷代經學經過六次轉變。[2]最後，館臣的總結是：

---

[2] 所謂「六變」，即《四庫全書總目・經部總敘》所云：「自漢京以後，垂二千年，儒者沿波，學凡六變：其初專門授受，遞稟師承，非惟詁訓相傳，莫敢同異，即篇章字句，亦恪守所聞，其學篤實謹嚴，及其弊也拘；王弼、王肅稍持異議，流風所扇，或信或疑，越孔、賈、啖、趙，以及北宋孫復、劉敞等，各自論說，不相統攝，及其弊也雜；洛閩繼起，道學大昌，擺落漢、唐，獨研義理，凡經師舊說，俱排斥以為不足信。其學務別是非，及其弊也悍；（如王柏、吳澄攻駁經文，動輒刪改之類。）學脈旁分，攀緣日眾，驅除異己，務定一尊。自宋末以迄明初，其學見異不遷，及其弊也黨；（如《論語集註》誤引包咸夏瑚商璉之說，張存中《四書通證》即闕此一條，以諱其誤。又如王柏刪〈國風〉三十二篇，許謙疑之，吳師道反以為非之類。）主持太過，勢有所偏，才辨聰明，激而橫決。自明正德、嘉靖以後，其學各抒心得，及其弊也肆；（如王守仁之末派，皆以狂禪解經之類。）空談臆斷，考證必疎，於是博雅之儒引古義以抵其隙。國初諸家，其學徵實不誣，及其弊也瑣（如一字音訓動辨數百言之類）」。見〔清〕永瑢、紀昀：《四庫全書總目提要》，頁一－五十四，〈經部總敘〉，臺灣商務影印武英殿刊本，一九八三年。案：所謂頁一－五十三，即

要其歸宿，則不過漢學、宋學兩家，互為勝負。夫漢學具有根柢，講學者以淺陋輕之，不足服漢儒也。宋學具有精微，讀書者以空疎薄之，亦不足服宋儒也。消融門戶之見，而各取所長，則私心祛而公理出，公理出而經義明矣。蓋經者非他，即天下之公理而已。[3]

這是學術史上首次出現將「漢學」、「宋學」二者對舉比較的論述，其學術意義至為重大。此前固然明代唐樞已有《宋學商求》之作，[4]至於「漢學」一詞，則首見於惠棟的《易漢學》，但過去學界似無著述將二者並舉的先例。四庫館臣薈萃眾說首先將「漢學」、「宋學」對舉，以二者各自代表不同的學風與治學方法，在經學領域內具體落實，用為比較的標準，建構起「漢宋對峙」的模式，藉此解釋中國經學史的發展與演變，這是《總目》的創舉。由於《總目》是官方正式編纂的著作，就此而言，其意義自然非同小可。以往學術界提及清代三百年學術發展時，多半以江藩《國朝

第一冊，頁五十三，以下同此。

3 永瑢、紀昀：《四庫全書總目提要》，頁一－五十四，〈經部總敘〉。

4 周予同《中國經學史講義》首先提出此點，他說：「『宋學』一詞，初見於明代唐樞《宋學商求》（《木鐘臺全集‧初集》，清咸豐六年唐氏書院刊本），唐氏『宋學』泛指宋朝文化，不專指經學。」見朱維錚編：《周予同中國經學史論著選集（增訂本）》（上海：上海人民出版社，一九九七年）頁九四二，註三十七。

漢學師承記》與方東樹《漢學商兌》二書為清中期「漢宋之爭」的導火線，此說固然有其依據，至今猶有學者力持此說。平心而論，清代學術史上正式將「漢學」、「宋學」置放一起，作為一組學術討論對象，甚至成為此下經學論述的典範，恐怕還是得以《四庫全書總目・經部》為最早，這是具體客觀的歷史事實，亦難以撼動。

「漢學」、「宋學」對舉固然始自《四庫全書總目・經部總敘》，但此一構想其實淵源有自，依然有其所本，並非四庫館臣自我作古，無中生有。早在即位初期，乾隆皇帝即曾孤明先發，將「漢唐箋疏之說」、「宋儒之書」相提並論做過詳細的比較，並且嚴詞要求翰詹科道諸臣治經時要重視宋學義理，不能偏執漢學考證一端。乾隆五年（一七四二）十月己酉發出的〈訓諸臣研精理學論〉中，乾隆即說：

有宋周、程、張、朱子於天人性命大本大原之所在，與夫用功節目之詳，得孔孟之心傳，而於理欲、公私、義利之界，辨之至明。循之則為君子，悖之則為小人。為國家者，由之則治，失之則亂，實有裨於化民成俗、脩己治人之要。所謂入聖之階梯，求道之塗轍也。學者精察而力行之，則蘊之為德行，學皆實學；行之為事業，治皆實功。此宋儒之書所以有功後學，不可不講明而切究之也。今之說經者，間或援引漢唐箋疏之說。夫典章制度，漢唐諸儒有所傳述考據，固不可廢；而經術之精微，必得宋儒參考而闡發之，然後聖人之微言大

> 義，如揭日月而行也。惟是講學之人有誠有偽，誠者不可多得，而偽者託於道德性命之說欺世盜名，漸啟標榜門戶之害。此朕所深知，亦朕所深惡。然不可以偽託者獲罪於名教，遂置理學於不事，此何異於因噎而廢食乎！[5]

他有感於奉命進講的翰詹科道諸臣，在說經論史時，無不援引漢唐箋疏之說，罕有將宋儒性理諸書切實敷陳者，這與乾隆所學頗為扞格，也令其難以忍受。此因乾隆自幼深受康熙所立程朱正學的薰陶，一心倡導能「探聖賢之精蘊，為致治寧人之本」有功於後學的宋學。[6]並未料及進講的諸臣竟然僅關注漢唐諸儒的箋疏之學，對宋儒專長的義理之學則毫未涉及，這自然使乾隆大失所望。為此，他特地下令群臣在研治經書時，除了講明漢唐箋疏外，必須同時兼顧能「化民成俗，脩己治人」的宋儒實學，以免偏執一端，顧此失彼，忽略了經書中蘊含的聖人微言大義。

此一上諭嚴峻至極，當時究竟發生了多少實質效應不得而知。但從上諭將漢唐諸

---

5 〈訓諸臣研精理學諭〉，中國第一歷史檔案館編：《乾隆朝上諭檔》（北京：檔案出版社，一九九一年），第一冊，一六〇〇條，頁六四八。又〔清〕慶桂等編：《清實錄・高宗實錄》（北京：中華書局，一九八五年），卷一二八，總頁八七五，乾隆五年十月己酉。

6 有關康熙寵愛培養其孫乾隆的詳細討論，請參看美國學者歐立德（Mark C. Elliott）撰、青石譯：《皇帝亦凡人——乾隆・世界史中的滿州皇帝》（*Emperor Qianlong: Son of Heaven, Man of the World*）（新北市：八旗文化事業公司，二〇一五年一月），第一章〈注定登基的皇子〉，頁十九—三十六。

儒經學與宋儒經學同時並列來觀察比較，可以明確看出，日後《總目》標舉的「漢宋對峙」觀念，乾隆本人的思想在其中扮演了舉足輕重的角色。其後隨著乾隆三十八年（一七七三）《四庫全書》的開館修書，乾隆自身的經學思想雖已有所調整，由原本堅守宋儒之說，逐漸轉變為推崇漢學，[7]但這種漢宋並舉二元對峙的思維並未改變。從《四庫全書總目・經部總敘》的論述來看，「漢宋對峙」的觀念此時已經深植四庫館臣心中，成為《四庫全書總目》衡量學術的基本原則，充斥於《總目》各處，其影響之大，可以想見。

7 乾隆經學思想的發展與轉向，對《總目》經學觀的建立有決定性的影響。乾隆經學思想的轉變除了個人內在因素之外，開館纂修《四庫全書》時，乾隆要求自《永樂大典》輯出的著作必須呈送御覽，由他本人決定是否刊刻或收入《全書》，因此他幾乎遍閱所有輯佚出來的宋人著作，《清高宗御製詩文全集》中保存了七十餘首詩文，全係針對宋人著作而作，這些著作對他思想的轉變影響極大，是導致他思想改變的外在因素，也確立了他本人「漢宋對峙」的觀點。筆者另有專文討論此一問題，見夏長樸：〈乾隆皇帝的經學思想及其發展——兼論與《四庫全書總目》編纂的關係〉，《經學文獻研究集刊》第十九輯（二〇一八年八月），頁一四〇—一七五。按此文已收入拙撰《四庫總目發微》（北京，中華書局，二〇二〇年十二月）第四三七—四九一頁。

三、「漢宋對峙」觀念的具體呈現

《四庫全書總目》卷首三收有「凡例」二十則，具體扼要的闡明了編輯《四庫全書》的目的與收書原則，這是《四庫全書》的編輯總綱，其重要性不言可喻。「凡例」除了說明「今於所列諸書，各撰為提要，分之則散弁諸編，合之則共為總目」之外，[8]並強調：

> 四部之首，各冠以總序，撮述其源流正變，以挈綱領。四十三類之首，亦各冠以小序，詳述其分併改隸，以析條目。如其義有未盡，例有未該，則或於子目之末，或於本條之下，附註案語，以明通變之由。[9]

此處所謂四部〈總序〉「撮述其源流正變，以挈綱領」，即是建立綱領，論述歷代學術發展變化；四十三類〈小序〉「詳述其分併改隸，以析條目」，則是透過各類條目的分合立廢，在條理分明的前提下，彰顯各類學術的同異差別。前者為「考鏡源

[8] 永瑢、紀昀：《四庫全書總目提要》，總頁一—三十六，「凡例」。

[9] 永瑢、紀昀：《四庫全書總目提要》，總頁一—三十七，「凡例」。

流」，後者則是「辨章學術」，二者合併觀察，正是所謂「辨章學術，考鏡源流」，此即劉歆《七略》以下，歷代目錄學家念兹在兹極力追求的最高鵠的。這個崇高理想在乾隆君臣汲汲不已的努力下，終於藉著《四庫全書總目》的編纂完整的呈現出來。

雖說〈經部總敘〉在「經者天下之公理」的大原則下，標榜全書編輯在「消融門戶之見」。但從「凡例」及各書提要（含存目提要）的論述來看，館臣在乾隆的指示下，歷經二十餘年的不懈努力，所編輯出來的成果《四庫全書總目》卻是一部不折不扣的「揚漢抑宋」的大書，這是乾嘉以來學界的共識，沒有太多的爭議。不僅如此，隱藏在「揚漢抑宋」的種種論述中，其實字裡行間透露一個訊息：南宋以下的主流學術雖為「道學」，但號稱上接孔孟道統，浸潤人心達數百年之久的這種學術，其內涵卻是虛幻不實，缺乏理據，禁不起實際驗證的空虛之學。當今欲振衰起敝以挽救宋學流弊的唯一途徑，即是改弦更張，採用無徵不信的治學態度，將經學建立在重視實證的基礎上，從而探求經書中蘊含的聖人義理。這也使得揚棄風行數百年的宋儒道學，重新恢復漢唐諸儒的治經方式，取得理論上的依據。因此，「凡例」中開宗明義即說：

> 劉勰有言：「意翻空而易奇，詞徵實而難巧。」儒者說經論史，其理亦然。故說經主於明義理，然不得其文字之訓詁，則義理何自而推？論史主於示褒貶，然不得其事迹之本末，則褒貶何據而定？……，今所錄者，率以考證精核、論

辨明確為主，庶幾可謝彼虛談，敦茲實學。[10]

館臣強調「今所錄者，率以考證精核、論辨明確為主」，如此即可用實學取代宋學的虛談。清代學者力主「由文字、聲音、訓詁而得義理之真」，[11]《總目》所謂「不得其文字之訓詁，則義理何自而推？」正是呼應此一治學基本信念。此處將漢學訓詁、宋學義理相提並論，藉以凸顯「漢宋對峙」觀點的用心，昭然若揭，不待贅言。另一則「凡例」則說：

> 聖賢之學，主於明體以達用，凡不可見諸實事者，皆屬卮言。儒生著書，務為高論，陰陽太極，累牘連篇，斯已不切人事矣。至於論九河，則欲修禹迹；考六典，則欲復《周官》封建、井田。動稱三代，而不揆時勢之不可行。……凡斯之類，並闢其異說，黜彼空言，庶讀者知致遠經方，務求為有用之學。[12]

此處力主棄虛務實，以回歸儒學重視實用的基本信念。館臣提出以實踐為檢驗的標

---

10 永瑢、紀昀等：《四庫全書總目提要》，頁一－三十七，「凡例」。

11 〔清〕錢大昕：〈臧玉林《經義雜識》序〉，《潛研堂文集》（上海：上海古籍出版社，一九八九年），卷二十四，頁三九〇－三九一。這種觀念是乾嘉時代漢學家的共識。

12 永瑢、紀昀等：《四庫全書總目提要》，頁一－三十八，「凡例」。

準，檢討是否切合應用，主張「凡不可見諸實事者，皆屬卮言」，這是衡量學術虛實問題的又一準則。以此為準，道學諸儒熱衷討論的陰陽太極等純屬空言，與實際人事絲毫無關，自然不能滿足「聖賢之學，主於明體以達用」的基本要求。以漢學取代宋學，因之成為不可遏抑的趨勢，從而取得名正言順的發展機會。

透過上述「以實代虛」的要求，《四庫》館臣揭櫫了「以考證精核、辨論明確為主」的篩選準則。依此為準，漢學著作的問題不大，較易獲得青睞，順利收入《四庫全書》；相較之下，不合於這個基本要求的，多半為宋學著作或科場制藝之書，因之無緣收進《四庫全書》。如此一來，除了「濂洛關閩之道學」代表性著作因「定論久孚」[13]，足以跟「馬、班之史，李、杜之詩，韓、柳、歐、蘇之文章」並列，得以收入《四庫全書》之外。其他絕大多數宋學家的著作，在此嚴格標準下均遭篩除，僅少數勉強能列入「存目」類，這種情形以南宋以下及明中葉以後著作為最多。館臣藉著「崇實棄虛」的方式排除了宋學著作，同時大量收入漢學著作，以達到「揚漢抑宋」的目的，從而樹立起經學「漢宋對峙」的歷史發展模式，為建構新的學術史觀奠定了堅實的基礎。

此一藉「揚漢抑宋」方式宣揚「漢宋對峙」史觀的作法不僅見於「凡例」，也出

---

13 永瑢、紀昀等：《四庫全書總目提要》，頁一—三十九，「凡例」。

現在各經〈小序〉的內容中。以下就以〈經部・詩類小序〉為例，略做說明：

《詩》有四家，毛氏獨傳。唐以前無異論，宋以後則眾說爭矣。然攻漢學者，意不盡在於經義，務勝漢儒而已。伸漢學者，意亦不盡在於經義，憤宋儒之詆漢儒而已。各挾一不相下之心，而又濟以不平之氣，激而過當，亦其勢然歟？……至於鳥獸草木之名，訓詁聲音之學，皆事須考証，非可空談。今所採輯，則尊漢學者居多焉。[14]

此處以唐宋之際為說《詩》方式轉換的關鍵，唐以前毛《詩》一枝獨傳，偶有爭議，差異不大。入宋以後，尤其是南宋時期，尊《序》與廢《序》立場分明，門戶有別，也各有擁眾，二者相持不下，曠日持久，學風因之一變，轉而成為漢唐注疏之學與宋儒擺落注疏逕研義理孰擅勝場的爭執。由於朱熹之學「致廣大，盡精微」，有「綜羅百代」之氣勢，[15]所編《伊雒淵源錄》自立宗旨，盡斥非我同道，建立起以周張二程一脈相傳的道學傳承。在其強大影響力之下，宋學因而獨領風騷達數百年之久，完

14 永瑢、紀昀等：《四庫全書總目提要》，卷十五，頁一－三二〇。

15 〔清〕全祖望：《宋元學案・晦翁學案敘錄》，《黃宗羲全集》冊四（杭州：浙江古籍出版社，一九九九年），頁八一六。

全取代了漢唐以來的篤實學風。[16]究其所以然，重點不在攻漢學、伸漢學二者說經孰是孰非，兩派意氣之爭的成份可能更大。〈經部・詩類小序〉出自於紀昀本人之手，他也頗以此自豪，[17]上述觀察是否合理，留待下節再進行較深入的討論。但紀昀身為《四庫全書》的總纂，《總目》的編纂修訂與其息息相關，透過長期的修正增刪過

16 《伊雒淵源錄》在《四庫》館臣的論述中，始終是道學門派及門戶之見的始作俑者，如《伊雒淵源錄》〈提要〉即云：「蓋宋人談道學宗派自此書始，而宋人分道學門戶亦自此書始。」（《四庫全書總目提要》，卷五十七，頁二—二八〇）類此意見極多，最具代表性的則是萬斯同《儒林宗派》的〈提要〉，館臣云：「自《伊雒淵源錄》出，《宋史》遂以〈道學〉、〈儒林〉分為二傳。非惟文章之士、記誦之才，不得列之於儒，即自漢以來，傳先聖之遺經者，亦幾幾乎不得列於儒。講學者遞相標榜，務自尊大，明以來談道統者，揚己凌人，互相排軋，卒釀門戶之禍，流毒無窮。」（《四庫全書總目提要》，卷五十八，頁二—二九九）其意即指摘《宋史》編撰者上承《伊雒淵源錄》一脈，將〈道學傳〉、〈儒林傳〉一分為二，用意即在建立宋學宗派，獨據學術正統，將文章之士、漢以下傳經之儒，全都摒斥於儒門之外。漢學、宋學之對峙，即發端於宋儒之排斥漢唐注疏之學。

17 紀昀頗以己撰〈經部・詩類小序〉自豪，其著作中曾再三提及，如〈周易義象合纂序〉云：余嚮纂《四庫全書》，作經部詩類小序曰：「攻漢學者，意不盡在於經義，務勝漢儒而已；伸漢學者，意亦不盡在於經義，憤宋儒之詆漢儒而已。」《紀曉嵐文集》（石家莊市：河北教育出版社，一九九五年），第一冊，卷八，頁一五四—一五五；又如〈詩序補義序〉云：余作《詩類總序》有曰：「攻漢學者，意不盡在於經義，務勝漢儒而已；伸漢學者，意亦不盡在於經義，憤宋儒之詆漢儒而已。各挾一不相下之心，而又濟以不平之氣，激而過當，亦其勢然歟！」（《文集》卷八，頁一五六—一五七）

程，刻意將論述重點導向此一以攻漢學者、伸漢學者對舉的作法，主要出自於他一人之手，[18]其後逐漸發展成概括全書的「漢宋對峙」觀點，可謂其來有自，影響深遠。「凡例」、〈小序〉之外，各書提要強調「揚漢抑宋」，藉此凸顯「漢宋對峙」觀點的，更是所在多有，指不勝屈，以下再略舉數例，簡要說明，如：

〔明〕朱泰貞《禮記意評》〈提要〉云：

> 漢儒說禮考禮之制，宋儒說禮明禮之義，而亦未敢盡略其制。蓋名物度數，不可以空談測也。[19]

18　〔清〕阮元〈紀文達公遺集序〉云：「蓋公之學在於辨漢、宋儒術之是非，析詩文流派之正偽，主持風會，非公不能。」《揅經室集・三集》（北京：中華書局，一九九三年），卷五，頁六七八－六七九。紀昀本人亦頗以此自許。流風所及，近代學者甚至有將《四庫全書總目》著作權完全歸屬於紀昀者。在廣泛參閱《纂修四庫全書檔案》、《清實錄・高宗實錄》、《清高宗御製詩文全集》及其他相關史料之後，筆者認為，真正掌控《四庫全書總目》編纂大權，確定學術宗旨、編輯方針，發蹤指示總裁、總纂等館臣進行編纂工作的，正是集天下權力於一身的乾隆皇帝本人。紀昀對編纂《四庫全書》及《總目》竭盡全力，二十餘年始終如一，此書之所以能順利編成，紀昀扮演了最重要的角色，厥功甚偉。雖說如此，在乾隆籠罩一切的絕對權力下，身為館臣的紀昀所做的工作，只能說是忠實且徹底的執行乾隆的意旨，具體落實皇帝的學術觀點，自不可能展現個人獨立意志，甚至違逆乾隆的心意。就此而言，紀昀最恰當的定位應是乾隆皇帝意旨的執行者（CEO）。

19　〔明〕朱泰貞《禮記意評》〈提要〉，永瑢、紀昀等：《四庫全書總目提要》，卷二十四，

此處就說《禮》比較漢學、宋學之差異。《四庫》館臣曾指出三《禮》之中，《周官》、《儀禮》皆言禮制，《禮記》則兼言禮意。[20]由於禮制全為名物度數之學，不可以空言騁辯，所以宋儒多避之不講。[21]二者相較，在解說三《禮》上，漢學自然優於宋學。所以有此判定，原因在於「漢代諸儒，去古未遠，其所訓釋，大抵有所根據，不同於以意揣求。宋儒義理雖精，而博考詳稽，終不逮注疏家專門之學。」[22]漢學篤實，宋學空疏的判斷極為明確。

又如〔清〕毛奇齡《孝經問》〈提要〉云：

> 漢儒說經以師傳，師所不言，則一字不敢更。宋儒說經以理斷，理有可據，則六經亦可改。然守師傳者，其弊不過失之拘；憑理斷者，其弊或至於橫決而不可制。王柏諸人點竄《尚書》，刪削二〈南〉，悍然欲出孔子上，其所由來者漸矣。奇齡此書負氣叫囂，誠不免失之過當，而意主謹守舊文，不欲啟變亂古

20 《欽定禮記義疏》〈提要〉，永瑢、紀昀等：《四庫全書總目提要》，卷二十一，頁一－四四四。

21 《欽定儀禮義疏》〈提要〉，永瑢、紀昀等：《四庫全書總目提要》，卷二十，頁一－四一八。

22 〔清〕陸隴其《讀禮志疑》〈提要〉，永瑢、紀昀等：《四庫全書總目提要》，卷二十二，頁一－四九二。

經之習，其持論則不能謂之不正也。[23]

此處分別說明了漢儒、宋儒說經的特色與缺點。二者相較，漢儒之失在謹守師傳，過於保守拘謹；而宋儒說經斷之以理，逕探精微，雖有可取之處，但其弊則橫決而不可收拾，甚至自我作古，連六經亦可更動。宋儒變亂古經至此，已經失去說經本義，遠離聖人藉以立教的原意，孰是孰非，其意不言可喻。

再如〔清〕王植《四書參註》〈提要〉云：

是書多掊擊註疏，以自表尊崇朱子之意。而掊擊鄭元、孔穎達尤甚於趙岐、何晏、孫奭、邢昺。然先有漢儒之訓詁，乃能有宋儒之義理，相因而入，故愈密愈深。必欲盡掃經師，獨標道學，未免門戶之私。譬之天文、算數，皆今密而古疏，亦豈容排擊羲氏、詆諆隸首哉？且所採多近時王廷諍、崔紀、傅泰諸人之說，在諸人研究《四書》固各有所得，然遽躋諸鄭、孔諸儒之上，恐諸人亦未必自安矣。[24]

23 〔清〕毛奇齡《孝經問》〈提要〉，永瑢、紀昀等：《四庫全書總目提要》，卷三十二，頁一－六五三。

24 〔清〕王植《四書參註》〈提要〉，永瑢、紀昀等：《四庫全書總目提要》，卷三十七，頁一－七七〇。

此處對王植是書堅持道學立場，獨尊朱子之學，處處掊擊漢唐註疏的作法甚不以為然。館臣力主「先有漢儒之訓詁，乃能有宋儒之義理，相因而入，故愈密愈深」原則，強調作者盡掃漢唐諸儒經說，卻代之以近代《四書》學者的說解，是捨本逐末的不當舉措，並非說經解經的正途。王氏此一作法明顯暴露宋學家心存門戶之見，不能容忍異己的態度，其不遺餘力排斥漢唐經師的作為自不足取。

上述諸例之外，瀏覽《四庫總目》時，漢學、宋學二者對舉互做比較的文字比比皆是，普遍見於四部提要之中，如「蓋欲尊宋學，故不得不抑漢儒。然宋儒解經，惟《易》、《詩》、《春秋》掊擊漢學，其《尚書》、三《禮》實不甚異同，承澤堅持門戶，又併排斥之耳」[25]、「光坡此書，不及漢學之博奧，亦不至如宋學之蔓衍」[26]、「其持論酌於漢學、宋學之間，與朱子頗有異同」[27]、「漢學之有孟、京，亦猶宋學之有陳、邵，均所謂『《易》外別傳』也」[28]、「蓋於漢學、宋學之間，能

25 〔清〕孫承澤《尚書集解》〈提要〉，永瑢、紀昀等：《四庫全書總目提要》，卷十四，頁一—三〇八。

26 〔清〕李光坡《周禮述注》〈提要〉，永瑢、紀昀等：《四庫全書總目提要》，卷十九，頁一—四〇三。

27 〔清〕胡煦《周易函書約存》〈提要〉，永瑢、紀昀等：《四庫全書總目提要》，卷六，頁一—一四五。

28 〔清〕惠棟《易漢學》〈提要〉，永瑢、紀昀等：《四庫全書總目提要》，卷六，頁一—一

斟酌以得其平」[29]、「未考漢學、宋學各有源流」[30]、「蓋漢學但有傳經之支派，各守師說而已。宋學既爭門戶，則不得不百計以求勝，亦勢之不得不然者歟」[31]、「其詮釋義理而不廢考訂訓詁，斟酌於漢學、宋學之間」[32]等等。

漢學、宋學對舉是常例，亦有以漢儒、宋儒對舉者，除前舉毛奇齡《孝經問》〈提要〉、朱泰貞《禮記意評》〈提要〉、王植《四書參註》〈提要〉外，他如：「所列卦圖，皆以一卦變六十四卦，與焦延壽《易林》同。然其宗旨則宋儒之《易》，非漢儒之《易》也。」[33]「視漢儒議禮附會緯書，宋儒議禮紛更錯簡，強不

五一。

29 〔清〕顧鎮《虞東學詩》〈提要〉，永瑢、紀昀等：《四庫全書總目提要》，卷十六，頁一—三五九。

30 〔清〕王步青《四書本義匯參》〈提要〉，永瑢、紀昀等：《四庫全書總目提要》，卷三十七，頁一—七七一。

31 〔清〕張烈《孜堂文集》〈提要〉，永瑢、紀昀等：《四庫全書總目提要》，卷一八三，頁四—八九五。

32 〔清〕朱鶴齡《尚書埤傳》〈提要〉，永瑢、紀昀等：《四庫全書總目提要》，卷十二，頁一—二八四。

33 〔明〕韓邦奇《易學啟蒙意見》〈提要〉，永瑢、紀昀等：《四庫全書總目提要》，卷五，頁一—一一六。案：本段文字文溯、文津本書前提要原作：「焦延壽《易林》同，蓋純為象數之學。邦奇于天文、地理、樂律、術數、兵法無不通究，所撰《志樂》尤為世所稱。是書雖多自出新意，而推闡詳盡，確有所得，亦可為說《易》家備一解焉。」《總目》所錄，則已改為上述「焦延

知以為知者，尤迴乎殊焉。」[34]「宋儒事事排漢儒，獨三《禮》註疏不敢輕詆，知《禮》不可以空言說也。」[35]「宋代諸儒，惟朱子窮究典籍，其餘研求經義者，大抵斷之以理，不甚觀書，故其時博學之徒，多從而探索舊文，網羅遺佚，舉古義以補其闕。於是漢儒考證之學，遂散見雜家筆記之內，宋洪邁、王應麟諸人，明楊慎、焦竑諸人，國朝顧炎武、閻若璩諸人，其尤著者也。」[36]於此二者之外，館臣有時也借用《宋史》分〈道學傳〉、〈儒林傳〉的方式，以「道學」、「儒林」來區隔宋儒、漢儒，如：「道學之譏儒林也，曰『不聞道』，儒林之譏道學也，曰『不稽古』，斷斷相持，至今未已。夫儒者窮研經義，始可斷理之是非，亦必博覽史書，始可明事之得失，故云博學反約，不云未博而先約。」[37]

壽《易林》同，然其宗旨則宋儒之《易》，非漢儒之《易》也。」

34 清高宗敕撰《欽定滿洲祭神祭天典禮》〈提要〉，永瑢、紀昀等：《四庫全書總目提要》，卷八十二，總頁二－七〇八。案：《總目》提要依書前提要修訂，文淵、文溯、文津本書前提要原無此段文字，蓋修訂時增補。

35 〔清〕劉青芝《周禮質疑》〈提要〉，永瑢、紀昀等：《四庫全書總目提要》，卷二十三，總頁一－四七六。

36 〔清〕鄭方坤《經稗》〈提要〉，永瑢、紀昀等：《四庫全書總目提要》，卷三十三，總頁一－六七九。

37 〔宋〕呂祖謙門人《麗澤論說集錄》〈提要〉，永瑢、紀昀等：《四庫全書總目提要》，卷九二，頁三－三十四。案：此書提要，《總目》亦據書前提要修訂，文溯、文津本提要原無此段文以上所揭二者對舉現象並非少數一二孤例，類此作法尚有許多，也具體呈現在各書提要中。《四庫》館臣將「漢宋對峙」視為論述學術的基本原則，此種觀念貫穿全書，其影響至深，至今未已，依然散見於近人學術著作之中。

四、「漢宋對峙」觀念淵源於對《詩序》的尊與廢

「漢宋對峙」觀念既是《四庫總目》的核心宗旨，除了上舉乾隆五年諭旨之外，此一觀念是否可能有更早的來源呢？據上述〈經部・詩類小序〉所云，之所以會有漢學與宋學的對立，最早的肇始應來自於宋儒自身的門戶之見。南宋高宗一朝的王氏新學與元祐道學之爭固然異常慘烈，其實只是當時學術領導權的爭奪，而非說經異同的爭執，因此當道學取得最後勝利，成為學術主流之後，問題即已逐漸平息，不再有太大的影響。[38]

字，館臣修訂時補入。

[38] 有關南宋王安石新學與元祐道學之爭及其消長起伏，筆者另有專文討論。請參閱夏長樸：〈從李心傳《道命錄》論宋代道學的成立與發展〉（修訂本），《宋史研究集》，第三十六輯，宋史座談會主編，頁一—六十六，二〇〇六年七月。案：此文後收入抽撰《北宋儒學與思想》（臺北，大安出版社，二〇一五）第二九一—三六一頁。

若就經學本身而論，雖說「宋以來說五經者，《易》、《詩》、《春秋》各有門戶」，[39]但三者相較，《易》與《春秋》雖有門戶之見，亦不免有所爭執，但其爭議程度其實不及《詩經》，影響也不如《詩經》深遠。尤其孝宗以下，因《詩經》詮釋觀點不同所產生的學術爭執，更是壁壘分明，有若敵國。主張說《詩》廢《詩序》與堅持尊《詩序》的各有其人，雙方立場迥異，彼此又互不相讓，因而形成嚴重的學術門戶之見。此一態勢根深蒂固難以化解，元明時代依然綿延長久，持續到清代，餘波所及就轉而成為漢學與宋學的明顯對立。究其所以如此，自應「振葉以尋根，觀瀾而索源」，[40]以紀昀為代表的館臣即明言，漢宋對立問題主因來自於宋儒對《詩序》的尊信與廢置，而其關鍵人物即是朱熹與呂祖謙兩位大儒。[41]在此認知下，配合經部

39 〔清〕康熙敕撰〈欽定書經傳說彙纂提要〉，永瑢、紀昀等：《四庫全書總目提要》，卷十二，總頁一－二八〇。

40 〔梁〕劉勰撰、范文瀾註：《文心雕龍・序志篇》（香港：商務印書館香港分館，一九八六年第九次印刷），卷十，頁七二六。

41 〈經部・詩類小序〉云：「《詩序》……去古未遠，必有所受，意其真贗相半，亦近似《公羊》，全信全疑均為偏見。今參稽眾說，務協其平，苟不至如程大昌之妄改舊文，王柏之橫刪聖籍者，論有可採，並錄存之，以消融數百年之門戶。」（《四庫全書總目提要》，卷十五，頁一－三二〇），若與此提要開首所云「《詩》有四家，毛氏獨傳。唐以前無異論，宋以後則眾說爭矣。然攻漢學者，意不盡在於經義，務勝漢儒而已。伸漢學者，意亦不盡在於經義，憤宋儒之詆漢儒而已。各挾一不相下之心，而又濟以不平之氣，激而過當，亦其勢然歟」，合併而觀，即可得知漢學、宋

〈詩類小序〉的觀點，《詩》類起首的《詩序》與《毛詩正義》二書提要洋洋灑灑多達數千字的論述，內容完全集中在分析《毛詩序》的作者問題與探討歷代儒者對《詩序》所持態度，甚至強調此一論題為元明以下越數百年說經之家的第一爭詬問題，[42]尊《序》廢《序》的重要性於此可見。

唐代以前，漢三家《詩》中，齊《詩》、魯《詩》二家先亡，韓《詩》亦在若亡若存之間，[43]此時毛《詩》獨存於世，雖偶有爭議，並無詆排情事。宋室南渡以後，開始出現質疑《詩序》作者，甚至有棄《序》言《詩》的激烈作法，黃震《黃氏日抄》即說：

學之所以對立，形成門戶，導致互不相讓之局面，館臣認定主因來自於尊《序》、廢《序》雙方學者的門戶意氣之爭，其代表學者即朱熹與呂祖謙。

42 〔漢〕毛亨《詩序》〈提要〉，永瑢、紀昀等：《四庫全書總目提要》，卷十五，頁一—三二一。

43 《隋書．經籍志》云：「漢初，有魯人申公，受《詩》於浮丘伯，作詁訓，是為《魯詩》。齊人轅固生亦傳《詩》，是為《齊詩》。燕人韓嬰亦傳《詩》，是為《韓詩》。……漢初又有趙人毛萇善《詩》，自云子夏所傳，作《詁訓傳》，是為『《毛詩》古學』。……《序》子夏所創，毛公及（衛）敬仲又加潤益。鄭眾、賈逵、馬融並作《毛詩傳》，鄭玄作《毛詩箋》。《齊詩》，魏代已亡；《魯詩》亡於西晉；《韓詩》雖存，無傳之者，唯毛《詩》鄭《箋》至今獨立。」見〔唐〕魏徵等：《隋書》（臺北：史學出版社，一九七四年影印北京中華書局點校本），卷二十七，頁九一八。

南渡後，……雪山王公質、夾漈鄭公樵，始皆去《序》而言《詩》，與諸家不同。晦庵先生因鄭公之說盡去美刺，探求古始，其說頗驚俗，雖東萊先生不能無疑焉。[44]

可見首開排斥《詩序》之端的固然是南宋初的鄭樵與王質，[45]但真正造成巨大影響，導致日後漢學、宋學分立，互相爭執不休的關鍵人物則是晚於二人的宋代大儒朱熹與其好友呂祖謙。呂祖謙《呂氏家塾讀詩記》〈提要〉云：

朱子與祖謙交最契，其初論《詩》亦最合，此書中所謂「朱氏」者，即所採朱子說也。後朱子改從鄭樵之論，自變前說，而祖謙仍堅守毛、鄭。故祖謙沒後，朱子作是書〈序〉稱：「少時淺陋之說，伯恭父誤有取焉。既久，自知其說有未安，或不免有所更定。伯恭父反不能不置疑於其間，熹竊惑之。方將相與反覆其說，以求真是之歸，而伯恭父已下世」云云。蓋雖應其弟祖約之請，

44 〔宋〕黃震：《黃氏日抄》（臺北：大化書局，一九八四年影印日本立命館大學圖書館藏乾隆三十三年刊本），卷四，總頁二十六，〈讀《毛詩》〉。

45 案：其後四庫館臣即將鄭樵說《詩》而廢《序》與孫復說《春秋》而廢三《傳》相提並論，強調二人的解經方式為深文巧詆，其用意無非在「務排漢學」。參見〔明〕孫瑴《古微書》〈提要〉，永瑢、紀昀等：《四庫全書總目提要》，卷三十三，頁一－六八五。

而夙見深有不平。迄今兩說相持，嗜呂氏書者終不絕也。[46]

又朱熹《詩集傳》〈提要〉亦云：

朱子……註《詩》亦兩易稿，凡呂祖謙《讀詩記》所稱「朱氏」者，皆其初稿，其說全宗《小序》，後乃改從鄭樵之說（原案：朱子攻《序》用鄭樵說，見於《語錄》，朱升以為歐陽修之說，殆誤也）是為今本。卷首〈自序〉作於淳熙四年，中無一語斥《小序》，蓋猶初稿〈序〉，末稱「時方輯《詩傳》」，是其證也。[47]

綜合上述二則提要的內容，可以得知館臣認為朱、呂二人說《詩》原本皆信《詩序》，著作中亦互引對方說法。其後朱熹態度丕變，放棄舊說改從鄭樵之說，摒除《詩序》而直接解《詩》；相較於此，呂祖謙則堅守原說仍尊《詩序》，保持原本立場不為所動。朱子開新而呂祖謙守舊，[48]不同的解《詩》方式導致了二人之間關係

46 永瑢、紀昀等：《四庫全書總目提要》，卷十五，頁一－三三一。
47 永瑢、紀昀等：《四庫全書總目提要》，卷十五，頁一－三二九。
48 〈《四庫全書薈要》聯句〉「黴（朱子）婺（呂祖謙）齊驅狎主盟」句下，小注云：「朱子與呂祖謙論《詩》，雖始同終異，然存朱子《詩集傳》之義，可以通舊說之拘墟；存呂祖謙《讀詩記》之義，可以杜後來之妄撰。故宋以後，獨取二家為宗。」見清高宗：《清高宗御製詩文全集・御製詩

的緊張，關鍵在於彼此堅持己見，難以妥協，館臣因而認定其中意氣之爭的成分極大。[49]朱、呂皆為南宋大儒，二人各有極多擁護者，雙方堅持己說，互相譏評，各不相讓，因而造成「自是以後，說《詩》者遂分攻《序》、宗《序》兩家，角力相爭，

四集》（臺北：國立故宮博物院，一九七六年影印原刻本），頁二十三。

49 館臣即云：「楊慎《丹鉛錄》謂文公因呂成公太尊《小序》，遂盡變其說。雖臆度之詞，或亦不無所因歟？」語雖保留，其實意思已十分清楚。見《詩集傳》〈提要〉，永瑢、紀昀等：《四庫全書總目提要》，卷十五，總頁一－三二九。但在《欽定詩經傳說彙纂》提要中，館臣則逕說：「蓋《集傳》廢《序》成於呂祖謙之相激，非朱子之初心，故其間負氣求勝之處在所不免。原不能如《四書集注》句銖字兩，竭終身之力，研辨至精。」見永瑢、紀昀等：《四庫全書總目提要》，卷十六，頁一－三二九。《四庫簡明目錄》《詩集傳》〈提要〉，亦持同一論調：「其初稿亦用《小序》，後與呂祖謙相爭，遂改從鄭樵廢《小序》，而《集傳》未及追改，如〈豐年〉篇之類者。」永瑢、紀昀等：《欽定四庫全書簡明目錄》（臺北：臺灣商務印書館，一九八三年影印文淵閣原鈔本），頁三十一。此說相沿極久，幾已成為定論。但余嘉錫則極不同意館臣的此一判斷，其《四庫提要辨證》引成蓉鏡《駉思堂答問》說法之後，即具體指出成氏為反駁館臣此說所引的各書資料，撰寫提要者其實皆嘗親眼過目。館臣雖見之而視若無睹，亦未加以更正，原因在於先入為主，預存成見在心之故。因此余氏云：「朱子所以廢《詩序》之故，提要非不知也。知之而仍信《丹鉛錄》之臆說者，因紀文達諸人不喜宋儒。讀楊慎之書，見其與己之意見相合，深喜其道之不孤，故遂助之張目，而不暇平情以核其是非也。」若如余說，則館臣強調朱、呂意氣相爭，其實是刻意為之，非偶然之誤。余說見《四庫提要辨證》（香港：中華書局香港分局，一九七四年港版），頁三十六。

而終不能以偏廢」[50]、「講學諸家尊《集傳》而抑《小序》，博古諸家又申《小序》而疑《集傳》，構釁者四、五百年，迄無定論。」[51]講學、博古二派纏鬥交鬨的結果是：「朱子從鄭樵之說，不過攻《小序》耳。至於《詩》中訓詁，用毛、鄭者居多。後儒不考古書，不知《小序》自《小序》，《傳》《箋》自《傳》《箋》，鬨然佐鬥，遂併毛、鄭而棄之。」[52]

由於宗《詩序》的毛《傳》鄭《箋》是漢唐《詩經》學主流，亦為漢學的正宗；相較於此，朱熹的《詩集傳》為宋學的代表性著作，解《詩》則擺落漢唐舊說，盡棄《詩序》。尊、廢之間，即使同解一詩，二者解說卻經常南轅北轍迴然有異，此一現象相沿既久，導致《詩集傳》與毛《傳》鄭《箋》之爭大作。[53]所謂「自北宋以前，

50 〔宋〕朱熹《詩集傳》〈提要〉，永瑢、紀昀等：《四庫全書總目提要》，卷十五，頁一－三二九。

51 〔清〕顧鎮《虞東學詩》〈提要〉，永瑢、紀昀等：《四庫全書總目提要》，卷十六，頁一－三五九。

52 〔漢〕毛亨傳、鄭玄箋、〔唐〕孔穎達疏《毛詩正義》〈提要〉，永瑢、紀昀等：《四庫全書總目提要》，卷十五，頁一－三二二。

53 此前，戴震於乾隆癸酉（十八年，一七五三）即曾說過：「先儒為《詩》者，莫明於漢之毛、鄭，宋之朱子。然一詩而以為君臣朋友之詞者，又或以為夫婦男女之詞；以為刺譏之詞者，又或以為稱美之詞；以為他人代為詞者，又或以為己自為詞。其主漢者必攻宋，主宋者必攻漢，此說之難一也。」見戴震：〈毛詩補傳序〉，《戴震文集》（北京：中華書局，一九九〇年第二次印刷），卷十，頁一四六。足見戴氏已先見及此。

說《詩》者無異學。……紹興、紹熙之間，左右配劍，相笑不休。迄宋末年，乃古義黜而新學立。」[54]壁壘分明的尊《詩序》與廢《詩序》二派，在激烈爭執角逐下，影響層面逐步擴及整個經學，轉而成為重考證的漢唐古義（漢學）與重義理的宋代新學（宋學）對立的局面，彼此學風雖異卻各擅勝場，從此分道揚鑣達數百年之久。[55]

南宋以下，道學獨尊成為顯學，《詩集傳》因而一枝獨秀，成了學子必習、科舉必考的主流，[56]相較於此，毛《傳》鄭《箋》則湮沒不彰，乏人問津。此一局面延續到明末清初，在顧炎武等大儒倡導下，[57]風氣纔有所轉變，漢學開始力爭上游，貞下

54 〔明〕胡廣等《詩經大全》〈提要〉，永瑢、紀昀等：《四庫全書總目提要》，卷十六，頁一—三四二。

55 〔宋〕輔廣《詩童子問》〈提要〉即云：「蓋義理之學與考證之學分途久矣。廣作是書，意自有在，固不以引經據古為長也。」見永瑢、紀昀等：《四庫全書總目提要》，卷十五，頁一—三三四。

56 元仁宗皇慶二年十一月詔書云：「經義一道，各治一經，《詩》以朱氏為主，《尚書》以蔡氏為主，《周易》以程氏、朱氏為主，已上三經，兼用古註疏。」雖云兼用古註疏，其實已獨尊宋儒經注，下至明代，依然沿而未改，見〔明〕宋濂等撰：《元史．選舉一》（臺北：鼎文書局，一九七六年影印北京中華書局點校本），卷八十一，頁二〇一八。

57 顧炎武揭櫫「博學於文，行己有恥」大纛，猛烈攻擊晚明學風，其治學方法強調貴創、博證、致用，對清儒影響至深，開啟了此下漢學復興的重大契機。參看梁啟超《清代學術概論》（臺北：臺灣商務印書館，一九八五年臺二版），頁十六—二十三。

起元，逐步崛起，走向足以與宋學比肩並立的局面。

乾隆下諭編纂《四庫全書》時，漢學日盛，戴震、錢大昕等大師輩出，在學界的影響力極為明顯，不僅可與宋學分庭抗禮，互較短長，甚至淩駕其上，展現取而代之的趨勢。《四庫》開館修書之後，館臣也就順著風氣所向，藉著修正各書提要之便，透過增刪抽換以期聚焦觀點，進而一步步建構起「漢宋對峙」觀念，不僅用以闡述歷代經學發展，甚至突破傳統形成新的說經典範。[58]究其淵源所自，與南宋尊、廢《詩序》的爭執，有著密不可分的關係。就此而言，館臣在《四庫全書・經部總序》中的觀察堪稱合理，並非自我作古，康雍乾時期的經學發展現象，正是「漢宋對峙」說法的極佳佐證。

五、「漢宋對峙」觀念的建構舉隅

武英殿本《四庫全書總目》刊刻完成進呈的時間為乾隆六十年（一七九五）十一

[58] 吳國武對此現象有深入清楚的觀察，他說：「乾隆以前，『漢學』『宋學』二語還只是漢、宋兩朝學術的總名。至纂修《四庫全書》，在清廷和館臣的努力下，『漢學』『宋學』二語超越朝代意義而上升到典範形式的高度。」見吳著：〈略議《四庫全書總目》與中國古典學的成立〉，收在鄧洪波主編：《中國四庫學》第三輯（二〇一九年一月），頁一－十六。

月十六日，[59]上距乾隆三十八年（一七七三）二月正式開館編修《四庫全書》已有二十餘年之久。在這漫長的時光中，《四庫全書總目》由彙整著錄書與存目書提要起逐步成形，館臣也同時進行提要內容的修訂工作，歷經所收各書的增刪抽毀等加工，以迄於最後刊刻成書，以紀昀、陸錫熊等總纂為首的館臣，除了文字的修正之外，主要的工作即在統一各提要原本參差不齊的內容，將其聚焦於漢、宋學的論述上，從而建立起貫串全書以「漢宋對峙」為核心觀念，以此觀點解釋歷代經學的發展與變化，這也是《總目．經部》的論述重點所在。因此，若能掌握《四庫全書總目》稿本編纂資料，再通過同一提要各階段文字論述的比較，應可大致看出館臣是如何修訂文字，調整提要內容，以建構起此一核心史觀。

近二十多年來與《四庫全書總目》有關資料大量發現並影印出版，[60]為進行上

59 見〈原戶部尚書曹文埴奏刊刻《四庫全書總目》竣工刷印裝潢呈攬摺〉（乾隆六十年十一月十六日，宮中硃批奏摺），中國第一歷史檔案館編：《纂修四庫全書檔案》（上海：上海古籍出版社，一九九七年），頁二三七四。

60 除了文淵、文津、文瀾三部《四庫全書》、《四庫全書薈要總目提要》、《四庫全書初次進呈存目》、《天津圖書館藏紀曉嵐《四庫全書總目》稿本》皆已有影印本，頗便參考之外，其餘北京國圖藏《四庫全書總目》殘稿、北京國博藏《四庫全書總目》殘稿、上海圖書館藏《四庫全書總目》殘稿、南京圖書館藏《四庫全書總目》殘稿及臺北國圖藏《四庫全書總目》殘稿，皆深藏於各館善本室中。除少數外，查考依然有所不便，也極難逐一比對，這是未來進行《四庫》學研究有待克服

述比對工作提供了不少的便利，這是過去所沒有的條件，雖然仍有障礙不易克服，相較於過往一書難求的現象，已經方便許多。以下討論，即根據較易取得的資料略舉數例，進行具體說明。

（一）〔宋〕魏了翁撰《周易要義》〈提要〉

1. 文溯閣《四庫全書》提要（經部，易類一）

蓋能上本漢學，下逮濂洛流派會而通之，以折衷于微旨者。故其《周易要義》所錄，雖止《注》、《疏》之說，間及《釋文》，而採掇精醇，大義昭揭，使讀者可以尋蹊徑而探其本原，尤學《易》者所必資。[61]（乾隆四十七年五月）[62]

的障礙。

61 金毓黻輯：《金毓黻手定本文溯閣四庫全書提要》（北京：中華全國圖書館文獻縮微複製中心，一九九九年影印康德二年遼海書社排印本），頁二十九。

62 文津閣本書前提要（乾隆四十九年三月，頁五十）與此全同。本文所用為四庫全書出版工作委員會編：《文津閣本四庫全書提要匯編》，北京：商務印書館，二〇〇六年

2.《天津圖書館藏紀曉嵐刪定《四庫全書總目》稿本》（經部，易類三）

蓋其大旨主於以象數求義理，折衷於漢學、宋學之間。故是編所錄，雖主於《注》、《疏》、《釋文》，而採掇謹嚴，別裁精審，可謂翦除枝蔓，獨擷英華。[63]

案：文溯閣本提要等原本只隱約其詞，謂「蓋能上本漢學，下逮濂洛流派會而通之，以折衷于微旨者」，雖提「濂洛流派」，並未直接標舉「宋學」二字。至《總目》提要，則明白提出「折衷於漢學、宋學之間」，雖未涉及二者優劣問題，但已將二者對舉，藉此彰顯出「漢宋對峙」主題。

---

63 《天津圖書館藏紀曉嵐刪定《四庫全書總目》稿本》（北京：國家圖書館出版社，二〇一一年，頁一—四四九）武英殿本《四庫全書總目提要》（頁一—九十）、浙本（頁十七）及文淵閣本書前提要（乾隆四十二年二月，頁七十六）與此全同。文淵閣本書前提要異於文溯閣本、文津閣本等書前提要，卻與時間較晚的《四庫全書總目》提要相同，原因可能出在此書文淵閣本書前提要係抽換後的提要而非原有提要。就筆者涉獵所及，文淵閣本書前提要其實經常出現類此現象，並不罕見。有關書前提要撤換問題，請參看劉遠游：〈《四庫全書》卷首提要的原文和撤換〉，《復旦學報》（社會科學版）（一九九一年第二期），頁九十四—一〇一。案：本文所用《文淵閣本四庫全書卷前提要》，乃李國慶輯《四庫全書卷前提要四種》本，鄭州：大象出版社，二〇一五年影印文淵閣本。

（二）〔清〕潘思棨撰《周易淺釋》〈提要〉

1. 文溯閣《四庫全書》提要（經部，易類六）

是書皆即卦變之法以求象，而即象以明理。每卦皆注自某卦來，謂之「時來」。蓋**經以漢儒之法而緯以宋人之義**。然卦變與互體皆《易》中之一義，盡廢者失之悍，盡主之者失之鑿，固亦得失互陳者也。（乾隆四十七年四月）[64]

案：書前提要雖云「經以漢儒之法而緯以宋人之義」，已將「漢儒」與「宋人」同時並舉，然語意仍嫌不夠清晰。

2. 《天津圖書館藏紀曉嵐刪定《四庫全書總目》稿本》（經部，易類六）

是書皆即卦變之法以求象，而即象以明理。每卦皆注自某卦來，謂之「時來」。蓋《易》道廣大，無所不該，其中陰陽變化宛轉關生，亦具有相通之理，故**漢學如虞翻諸家皆有是說**，**宋學即程子、朱子亦闡明是理**。雖非《易》

64 金毓黻輯：《金毓黻手定本文溯閣四庫全書提要》，頁五十五。文淵閣本（乾隆四十五年九月，頁一九五）、文津閣本（乾隆四十九年三月，頁一二九）皆同。

之本義，要亦《易》之一義也。[65]

案：館臣就書前提要內容再加修訂，將原有「漢儒」、「宋人」修改成「漢學」與「宋學」，以凸顯二者之對立關係，進而由此確定「漢宋對峙」此一主題。

（三）〔清〕李光坡撰《周禮述注》〈提要〉

1.《四庫全書初次進呈存目》（經部，禮類）

國朝李光坡撰。光坡，字耜卿，號茂夫，安溪人。其書節取《注》、《疏》，旁採他說，間亦用己意。雖未典博，而頗為簡要。[66]

2. 文溯閣《四庫全書》提要（經部，禮類一）

國朝李光坡撰。光坡，字耜卿，號茂夫，安溪人。大學士光地之弟也。……其

65 《天津圖書館藏紀曉嵐刪定《四庫全書總目》稿本》，頁一－五六六。武英殿本《四庫全書總目提要》（頁一－一四八）、浙本（頁四十三）亦同。

66 江慶柏等整理：《四庫全書初次進呈存目》（北京：人民文學出版社，二〇一五年），頁五十一。

書取《注》、《疏》之文，刪繁舉要，以著訓詁之源。又旁採諸家，參以己意，以闡制作之義。雖於鄭、賈名物度數之文多所刊削，而析理明通，措詞簡要，頗足為初學之津梁。……宋儒喜談三代，故講《周禮》者恒多。又鑒於熙寧之新法，故恒牽引宋代弊政支離詰駁，於《注》、《疏》多所攻擊，議論盛而經義反淆。**光坡此書不及漢學之博奧，亦不至如宋學之蔓衍**，平心靜氣，務求理明而詞達，於說經之家亦可謂適中之道矣。（乾隆四十七年九月）。[67]

3. 武英殿本《四庫全書總目提要》（經部，禮類一）

是書提要（頁一－四〇四，浙本頁一五五三）除少數文字調整外，全同於文溯閣本。

案：《四庫全書初次進呈存目》提要文字簡約，內容絲毫未涉及與漢、宋有關問題。文溯閣本等書前提要，則已加入「光坡此書不及漢學之博奧，亦不至如宋學之蔓衍」等文字，刻意對舉漢學、宋學之優、缺點，藉「揚漢抑宋」方式，以凸顯二者對峙之現象。《總目》則全用此說，不再更動。

---

[67] 《金毓黻手定本文溯閣四庫全書提要》，頁九十八。文淵閣本提要（乾隆四十六年十月，頁四〇一）、文津閣本提要（乾隆四十九年二月，頁二六六）亦同。

除了藉修改文字以增入「漢宋對峙」的觀點之外，必要時館臣甚至直接抽換原有的書前提要，另採重新撰寫提要的方式，藉以凸顯經學中漢、宋二種學風同時並存的現象。以下就以朱熹所撰《四書章句集注》為例，略作說明。

此書現存的書前提要計有《四庫全書薈要》本、文淵閣本、文溯閣本、文津閣本及新近影印出版的內府藏本等五種，其中《薈要》本較早（乾隆四十年五月，頁一九七），文淵閣本次之（乾隆四十二年五月，頁七六一），其餘三種本子較晚，不過都早於浙本（乾隆六十年十月）、殿本《總目》（乾隆六十年十一月）。《薈要》本所收的《四書章句集注》提要云：

《四書》之稱始於朱子。自漢以來，注《論語》者孔安國而下至宋凡百八十餘家，注《孟子》者趙岐而下亦六十餘家。朱子融洽眾說，著為《集注》，心得之妙，超出前儒。若取《中庸》於《禮記》而專行之者，漢儒已有之，……其取《大學》則自司馬光始，二程子繼之，專為講明。朱子各為之注，名曰《章句》者，則於古本分章有所移改也。首《大學》，次《論語》，次《孟子》，次《中庸》，凡十九卷。後人便於誦習，或以《中庸》次《大學》。而明時定制，科場命題，又以《中庸》次《論語》，至今因之，然非朱子之舊矣。[68]

文溯閣本、文津閣本書前提要除「始於朱子」改為「實始於此」，結語刪除十九字外，與此全同。此一提要除就四部經書來歷略作交代，並說明何以命名為《集注》、《章句》之外，完全不涉及漢宋問題，可見此時並未特別關注此一主題。至於《四庫總目》所收的此書提要，內容除部份提及四部經書來歷及《集注》、《章句》命名緣由之外，重點改而集中於抨擊學者治經時猶有門戶之見。殿本《總目》提要云：

> 《大學章句》，諸儒頗有異同，然所謂「誠其意」者以下，並用舊文，所特創者不過〈補傳〉一章，要非增於八條目外，既於理無害，又於學者不為無裨，何必分門角逐歟？《中庸》雖不從鄭注，而實較鄭注為精審。**蓋考證之學，宋儒不及漢儒；義理之學，漢儒亦不及宋儒**，言豈一端，要各有當。[69]

本提要最明顯的特徵在於置入漢學、宋學不僅對峙，而且治經各有特色，不必排斥對

---

68 江慶柏等整理：《四庫全書薈要總目提要》（北京：人民文學出版社，二〇〇九年），頁一九七。

69 武英殿本《總目》，頁一－七一五。浙本《總目》（頁二九三）及文淵閣本（乾隆四十二年五月，頁七六一）、內府寫本提要（乾隆四十六年三月，頁三六二）皆同。案：本文所用《內府寫本卷前提要》，為李國慶輯：《四庫全書卷前提要四種》本（鄭州：大象出版社，二〇一五年影印天津圖書館藏本）。

方，各立門戶。這段文字與〈經部總敘〉、〈詩經類小序〉內容相同，頗疑與總纂紀昀有關。

《總目》藉修訂提要方式逐步建立「漢宋對峙」主題的作法，不限於經部，經部以外，其他各部也有類似情形。為省篇幅，此處再就子部、集部各舉一例，略做比較。

（一）〔宋〕王應麟《困學紀聞》〈提要〉

1. 《四庫全書初次進呈存目》（子部，考證類）

> 應麟好學彊識，而約以儒者之義，故博雅多聞，理軌於正。其間有辨正朱子語誤數條，如……雖考証是非，不相阿附，而辭氣謙謹質實，得後學於先師之禮。非妄人陋學，恃其雜博，敢詆大儒者可比。[70]

王應麟為宋末大儒，博雅多聞，治學嚴謹，實事求是，雖為朱子後學，卻不存門戶之見，惟理是求。即使朱子語偶有訛誤，亦據實辨正，不相阿附。故館臣對其讚譽有加，極為推崇。

---

70 江慶柏等整理：《四庫全書初次進呈存目》，頁二六一。

2.《四庫全書薈要》（子部，考證類）

應麟博洽多聞，而理軌於正，其學問淵源，出於朱子。其書中辨正朱子語誤數條，如……雖考證是非，不相阿附無所遷就，不肯如元胡炳文諸人堅持門戶，亦不至如明楊慎、陳耀文、國朝毛奇齡諸人肆相攻擊。蓋學問既深，意氣自平，故絕無黨同伐異之私，其所考覈率切實可據，良有由也。（乾隆四十三年二月）。[71]

此一提要依據《四庫全書初次進呈存目》修正，文字略有增補移動。館臣雖舉出應麟學問出於朱子，但強調王氏治學嚴謹，不相阿附，即使朱子語有誤，亦必考證是非，具體辨正，絕無元胡炳文等人堅持門戶黨同伐異之私。

3. 武英殿本《四庫全書總目提要》（子部，雜家類二）

應麟博洽多聞，在宋代罕其倫比。雖淵源亦出朱子，然書中辨正朱子語誤數條，……皆考證是非，不相阿附，不肯如元胡炳文諸人堅守門戶，亦不至如明楊

71 江慶柏等整理：《四庫全書薈要總目提要》，頁三三九。案：文淵閣本（乾隆四十六年五月，頁二五〇八）、文溯閣本（乾隆四十七年八月，頁五五一）、文津閣本（乾隆四十九年三月，頁四七三）全同此。

慎、陳耀文、國朝毛奇齡諸人肆相攻擊。蓋學問既深，意氣自平，**能知漢唐諸儒本本原原，具有根柢，未可妄詆以空言。又能知洛閩諸儒亦非全無心得，未可概視為弇陋**，故能兼收並取，絕無黨同伐異之私。所考率切實可據，良有由也。[72]

浙本《總目》（頁一〇二四）與此同。此處提要內容大部分沿襲《四庫全書薈要》，提要雖依然肯定王應麟學識淵博，在宋代罕其倫比。卻刻意將重點轉為強調王氏雖具宋學根柢，但學風走向以考證是非為主，篤實謹嚴，兼有漢、宋學二家之長，更無黨同伐異之私心，迥異於胡炳文等朱子後學。館臣透過修正方式，在「意氣自平」下，另行增入漢唐諸儒與洛閩諸儒對舉文字，藉此彰顯「漢宋對峙」此一觀念。[73]

（二）〔明〕程敏政撰《篁墩集》〈提要〉（集部，別集類）

1. 翁方綱分纂稿

敏政考證古今，精詳博洽，所著《明文衡》、《新安文獻志》、《宋紀受終

---

72 武英殿本《總目》，頁一－五七八。

73 案：子部儒家類二所收〔宋〕呂祖謙門人雜錄其師之說的《麗澤論說集錄》提要亦有類似情形，請參看比較《四庫全書初次進呈存目》、文溯閣本及《總目》所收該書提要。

考》、《宋遺民錄》皆有功於史籍。此集兼載詩文，亦皆著稱當時之作。應鈔存之。[74]

案：此處簡要略述程敏政出身、仕宦，文集命名由來及其著作。最後建議收入《四庫全書》。言簡意賅，不多贅言。

2.《四庫全書初次進呈存目》（集部別集類）

> 敏政學問淹通，詩文皆具見根柢，非游談無根者比。雖意見間有偏駁，如：奏考正祀典，欲黜鄭康成祀於其鄉；論五祀，欲以竈易行之類，皆於義未允。然其他考證及議論之文，類多精博。[75]

案：此一提要據翁《稿》修訂，文字已有增改，除原有的學問淵博外，謂程敏政學術具有根柢，與明儒空虛不實學風頗有差異，同時指出其立說亦有偏頗之處。

74 吳格、樂怡標校整理：《四庫提要分纂稿》（上海：上海書店出版社，二〇〇六年），頁二六七。

75 江慶柏等整理：《四庫全書初次進呈存目》，頁三九六。

3. 文淵閣《四庫全書》提要（集部，別集類五）

敏政學問淹通，著作具有根柢，非游談無根者可比。特其才高負氣，俯視一切，故議論或不免偏駁，如：奏考正祀典，欲黜鄭康成祀於其鄉；論五行，欲以竈易行之類，於義皆為未允。……然明之中葉，士大夫侈談性命，其病日流於空疎。敏政獨以雄才博學高視闊步，其考證精當者亦多有可取，要為一時之冠冕，未可盡以繁蕪廢也。[76]

案：文溯本提要（乾隆四十七年四月，頁八九六）、文津本提要（乾隆四十九年三月，頁七一五）與此同。除小部份同於《初次存目》外，增入大量批評明儒文字，但沿襲《初次存目》論調，謂程氏考證精當多有可取，迴異於明儒空疏學風。

4. 《天津圖書館藏紀曉嵐刪定《四庫全書總目》稿本》（集部，別集類二十四）

敏政學問淹通，著作具有根柢，非游談無根者可比。**特以生於朱子之鄉，又自稱為程子之裔，故於漢儒、宋儒判如冰炭，於蜀黨、洛黨亦爭若寇讎。門戶之見既深，**狥其私心，遂往往傷於偏駁，如：奏考正祀典，欲黜鄭康成祀

---

76 《文淵閣本四庫全書卷前提要》，李國慶輯《四庫全書卷前提要四種》本，頁四〇七七。

於其鄉；作〈蘇氏檮杌〉，以鍛鍊蘇軾，復伊川九世之讎，至今為通人所詬厲。……然明之中葉，士大夫侈談性命，其病日流於空疏。敏政獨以雄才博學挺出一時，集中徵引故實，恃其淹博，不加詳檢，舛誤者固多，其考證精當者亦時有可取，要為一時之碩學，未可盡以繁蕪廢也。[77]

案：武英殿《四庫全書總目》提要（頁四－五一六）、浙本《四庫全書總目》提要（頁一四九一）亦同。提要與《文淵》、《文溯》、《文津》本大致同，文字有所修訂。除說明程氏雖學術淵博、考證精當時有可取之外，然亦謂其自恃淹博，不加詳檢，致舛誤不少。最值得注意的是，館臣刻意增入程敏政自居程、朱傳承，大力抨擊漢儒，藉此強調漢、宋儒之學有如冰炭，以凸顯漢、宋學對立這個事實，從而為「漢宋對峙」此一觀念張本。

上述所舉各例，《篁墩集》的翁方綱分纂稿、《四庫全書初次進呈存目》、各閣《全書》及《總目》等各種提要齊全，可以完整比較提要各階段的修訂變化。至於其他各例則受限於文獻殘缺，無法一一呈現各書在每一階段的具體內容。雖說如此，僅

77 《天津圖書館藏紀曉嵐刪定《四庫全書總目》稿本》，頁七－三五九。武英殿《四庫全書總目》提要（頁四－五一六）、浙本《四庫全書總目》提要（頁一四九一）亦同。

就上述各書的提要變化，已足以看出以紀昀為首的《四庫》館臣，為了建構「漢宋對峙」觀念，在修訂提要內容時蓄意增添相關文字，設法聚焦於此的明顯作法。不僅如此，充斥於整部《總目》中的「揚漢抑宋」文字，除打擊宋學以提升漢學聲勢之外，目的亦在彰顯「漢宋對峙」這個觀念，其用心昭然若揭，極為明確。

六、結語

《四庫全書總目》的編纂固然伴隨《四庫全書》而起，但這部目錄性質的大書在館臣的用心經營之下，其作用已不僅限於閱覽《四庫全書》的工具書，事實上已發展成代表官方學術立場的一部專著。從乾隆三十七年（一七七二）十一月朱筠上奏建議校核《永樂大典》並仿劉向、曾鞏前例，每進一書必「校其得失，撮舉大旨，敘於本書首卷」起，[78]撰寫每書提要並彙編為《總目》即成為《四庫全書》的主要構成部份之一。[79]此書上承劉向《別錄》、劉歆《七略》「剖析條流，斟酌今古，辨章學術，

[78]〈安徽學政朱筠奏陳購訪遺書及校核《永樂大典》意見摺〉（乾隆三十七年十一月二十五日，宮中硃批奏摺），中國第一歷史檔案館編：《纂修四庫全書檔案》，頁二十。

[79]〈辦理四庫全書處奏遵旨酌議排纂四庫全書應行事宜摺〉（乾隆三十八年閏三月十一日，錄自《辦理四庫全書檔案》），中國第一歷史檔案館編：《纂修四庫全書檔案》，頁七十四。

高揭群言」的觀點[80]，充分展現了乾隆時代的經學思想，其所揭櫫的「漢宋對峙」觀點，對當時與後世學術的影響既深且遠，已是學界有目共睹的事實。

「漢宋對峙」觀念貫穿《四庫全書總目》全書，不僅限於此處所舉的經部而已，其實整部書無不如此。館臣討論歷代學術的發展，比較或說明其特色時，也經常以此為衡量的標準。必須特別指出的是，不論是「揚漢抑宋」或由其深化發展而成的「漢宋對峙」觀念，都不是從編撰《四庫全書》開始時即已事先設定。此因負責撰寫分纂稿的館臣學術背景各異，漢、宋學者皆廁身其中，[81]他們所撰寫成的提要稿原本未

80 余嘉錫《四庫提要辨證・序錄》，見《四庫提要辨證》（香港：中華書局香港分局，一九七四年），頁五十二。

81 漆永祥：《乾嘉考據學研究》（北京：中國社會科學出版社，一九九八年）曾說：「從開館到第一部書成，歷任館職者多達三百六十人。但據張之洞《國朝著述家姓名略》，這些館臣中起主要作用的著述家約二十一人，即彭元瑞、莊存與、謝墉、朱筠、紀昀、陸錫熊、李潢、任大椿、邵晉涵、周永年、戴震、姚鼐、翁方綱、朱筠、王太岳、陳繼新、金榜、曾燠、洪梧、趙懷玉和王念孫，他們中的絕大多數為舉世熟知的考據學家。可以說，《四庫》館實際上已成為考據學在北京的大本營。」見是書頁六十五。案：是說梁啟超已先發之，梁氏說：「當時《四庫》館中所網羅的學者三百多人，都是各門學問的專家。露骨的說，《四庫》館就是漢學家大本營，《四庫提要》就是漢學思想的結晶體。」見朱維錚校注：《梁啟超論清學史二種：中國近三百年學術史》（上海：復旦大學出版社，一九八五年），頁一一五。但此一判斷並不盡然，除了考據學者之外，館臣中莊存與、程晉芳、翁方綱、姚鼐等皆以宋學見重當時，足見四庫館中並未完全排斥宋學。

必與漢、宋有關，其內容之駁雜不齊各有所見也可以覘知。但提要經過館臣各階段的修改與核定，在刪繁就簡去蕪存菁的考量下，將原本繁雜的觀點逐步聚焦在漢宋之學上。就上述所舉的各例及相關的討論可以看出，以《總目》為代表所呈現的「揚漢抑宋」、「漢宋對峙」思想，都是在編纂《總目》的漫長過程中，透過提要的修訂、增刪甚至抽換，一步一步的強化而逐漸形成的。[82]在編修過程中，乾隆本人思想的主導與紀昀、陸錫熊等總纂官的實際操作，必然發揮了關鍵性的作用，這是論述此一觀念時絕不能忽略不顧的關鍵。[83]

＊原刊《中國經學》第二十八輯（二〇二〇年六月），頁四十九－七十二。

---

82 江慶柏：《四庫全書薈要總目提要・概述》即云：「以《總目》為代表的對漢學的過度頌揚，及對宋學的相應貶抑，不是《四庫》館臣一貫的思想，而是逐步強化起來的。所謂《總目》尊漢排宋的門戶之見，也不是一開始就形成的，而且也不代表所有《四庫》館臣的思想和意志。只是掌握了提要最後定稿權的總纂官紀昀，在《總目》中任意發揮，遂使與其觀念相左的文字，在《總目》中難以覓見了。」《四庫全書薈要總目提要》，頁六十八。

83 有關乾隆如何指導調整《四庫總目》的核心觀念，則請參看前述拙著：〈乾隆皇帝的經學思想及其發展——兼論與《四庫全書總目》編纂的關係〉，《經學文獻研究集刊》第十九輯，頁一四〇－一七五。按此文已收入拙撰《四庫全書總目發微》（北京：中華書局，二〇二〇年），第四三七－四九一頁。

參考書目

于敏中、王際華等：《四庫全書薈要》，臺北：世界書局，一九八五年影印摛藻堂《四庫全書薈要》本。

江慶柏等編：《四庫全書薈要總目提要》，北京：人民文學出版社，二〇〇九年。

江慶柏等整理：《四庫全書初次進呈存目》，北京：人民文學出版社，二〇一五年。

《四庫全書初次進呈存目》，臺北：臺灣商務印書館／國家圖書館，二〇一二年影印國家圖書館藏乾隆原抄本。

四庫全書出版工作委員會編：《文津閣本四庫全書提要匯編》，北京：商務印書館，二〇〇六年。

永瑢、紀昀等：《四庫全書總目》稿本，臺北國家圖書館藏，乾隆舊抄本。

——：《天津圖書館藏紀曉嵐刪定《四庫全書總目》稿本》，北京：國家圖書館出版社，二〇一一年。

——：《文淵閣本四庫全書卷前提要》，李國慶輯《四庫全書卷前提要四種》本，鄭州：大象出版社，二〇一五年影印文淵閣本。

——：《內府寫本卷前提要》，李國慶輯《四庫全書卷前提要四種》本，鄭州：大象出版社，二〇一五年影印天津圖書館藏本。

——：武英殿本《四庫全書總目提要》，臺北：臺灣商務印書館，一九八三年影印武英殿原刻本。

——：《四庫全書總目》，北京：中華書局，一九六五年，影印浙江杭州本。

——：文淵閣原鈔本《四庫全書簡明目錄》，臺北：臺灣商務印書館，一九八三年，影印文淵閣本。

金毓黻輯：《金毓黻手定本文溯閣四庫全書提要》，北京：中華全國圖書館文獻縮微複製中心，一九九九年影印康德二年遼海書社排印本。

四庫全書出版工作委員會編：《文津閣本四庫全書提要匯編》，北京：商務印書館，二〇〇六年。

中國第一歷史檔案館編：《纂修四庫全書檔案》，上海：上海古籍出版社，一九九七年。

吳格、樂怡標校整理：《四庫提要分纂稿》，上海：上海書店出版社，二〇〇六年。

魏徵等：《隋書》，臺北：史學出版社，一九七四年影印北京中華書局本。

宋濂等撰：《元史》，臺北：鼎文書局，一九七六年影印北京中華書局本。

劉勰撰、范文瀾註：《文心雕龍註》，香港：商務印書館香港分館，一九八六年。

黃震：《黃氏日抄》，臺北：大化書局，一九八四年影印日本立命館大學圖書館藏乾隆三十三年刊本。

黃宗羲撰、全祖望增補：《宋元學案》，《黃宗羲全集》第四冊，杭州：浙江古籍出版社，一九九九年。

章學誠著、王重民通解：《校讎通義通解》，上海：上海古籍出版社，一九八七年。

清高宗：《清高宗御製詩文全集》，臺北：國立故宮博物院，一九七六年影印原刻本。

慶桂等編：《清實錄・高宗實錄》，北京：中華書局，一九八五年。

中國第一歷史檔案館編：《乾隆朝上諭檔》，北京：檔案出版社，一九九一年。

紀昀：《紀曉嵐文集》，石家莊市：河北教育出版社，一九九五年。

戴震：《戴震文集》，北京：中華書局，一九九〇年第二次印刷。

錢大昕：《潛研堂文集》，上海：上海古籍出版社，一九八九年。

阮元：《揅經室集》，北京：中華書局，一九九三年。

梁啟超：《清代學術概論》，臺北：臺灣商務印書館，一九八五年臺二版。

余嘉錫：《目錄學發微》，北京：中華書局，二〇〇七年。

——：《四庫提要辨證》，香港：中華書局香港分局，一九七四年。

朱維錚編：《周予同中國經學史論著選集（增訂本）》，上海：上海人民出版社，一九九七年。

朱維錚校注：《梁啟超論清學史二種：中國近三百年學術史》，上海：復旦大學出版社，一九八五年。

漆永祥：《乾嘉考據學研究》，北京：中國社會科學出版社，一九九八年。

歐立德（Mark C. Elliott）著、青石譯：《皇帝亦凡人——乾隆‧世界史中的滿州皇帝》（*Emperor* Qianlong: Son of Heaven, Man of the World），新北市：八旗文化事業公司，二〇一五年一月。

劉遠游：〈《四庫全書》卷首提要的原文和撤換〉，《復旦學報》（社會科學版），一九九一年第二期，頁九十四－一〇一。

夏長樸：〈從李心傳《道命錄》論宋代道學的成立與發展〉（修訂本），《宋史研究集》，第三十六輯，二〇〇六年七月，頁一－六十六。

——：〈乾隆皇帝的經學思想及其發展——兼論與《四庫全書總目》編纂的關係〉，《經學文獻研究集刊》第十九輯（二〇一八年八月），頁一四〇－一七五。

吳國武：〈略議《四庫全書總目》與中國古典學的成立〉，《中國四庫學》，第三輯（二〇一九年一月），頁一－十六。

尊《序》、廢《序》與漢宋對峙

——以《四庫全書總目・經部詩類》為例

一、前言

將中國經學的發展，定調為漢學、宋學兩個系統的對立與競爭，最早由《四庫全書總目・經部總敘》提出，並以「漢宋對峙」（「漢宋之爭」）此一觀念詮釋觀察宋以下經學的發展與變化。這個提法普遍為學界接受，乾嘉以下，論述經學的著作深受此說啟發，也莫不從「漢宋對峙」的觀點探討經學的內涵與發展，影響既深且久，成為經學研究的主流論述，只要談經學，必然涉及漢、宋學問題，至今二百餘年，依然如此。

《四庫全書總目・經部總敘》雖然強調漢學、宋學各有其優、缺點，同時主張「消融門戶之見而各取所長，則私心祛而公理出，公理出而經義明矣。」[1]但學界公

[1]〔清〕永瑢、紀昀等：《四庫全書總目提要》（臺北：臺灣商務印書館影印武英殿原刊本，一九

認《四庫全書總目》的學術立場是立足漢學，貶抑宋學，也就是所謂「崇漢抑宋」。這個觀察基本上是正確的，通讀《四庫全書總目》，其整體學術立場的確有刻意貶抑宋學的傾向。雖說「崇漢抑宋」一詞固然有所偏頗，其所顯示的卻正是漢學、宋學對舉現象，足見「漢宋對峙」此一觀念已成為《四庫》館臣論述經學的基本觀點。

本文之作，並不在於全面論述《四庫全書總目》的經學觀點，主要在窮源溯本，探討《四庫全書總目》「漢宋對峙」觀點的淵源所自，以及此一觀點如何形成。透過書前提要與《總目》各種版本的比較，從而觀察出《四庫》館臣在編輯《總目》的漫長過程中，經由增刪修訂甚至抽換提要的方式，逐步改變著錄提要的內容與論述重點，將主題凝聚在「漢宋對峙」問題上，從而建構出嶄新的學術主題，也開啟了經學論述的新視角。以今視之，類此由官方主導「一道德同風俗」，引領學術風向的作法是否合宜，固然見仁見智，各有評價，褒貶不同；但就經學研究而言，這種作法確實有其不可忽視的影響。就事論事，此一成就可說瑕不掩瑜，仍然值得肯定。至於相關問題的深入考察，則請俟諸他日。

八三年），卷一，頁一－五十三。案：所謂「頁一－五十三」，為臺灣商務影印武英殿刊本所編頁碼，即第一冊，第五十三頁。以下同此。

二、《四庫全書總目》對《詩經》學的觀察

康熙勅撰《欽定書經傳說彙纂》提要云：

宋以來說五經者，《易》、《詩》、《春秋》各有門戶，惟三《禮》則名物度數，不可辨論以空言，故無大異同。《書》則帝王之大經大法，共聞共見，故自古文、今文互有疑信外，義理亦無大異同。[2]

孫承澤《尚書集解》提要也說：

蓋欲尊宋學，故不得不抑漢儒。然宋儒解經，惟《易》、《詩》、《春秋》掊擊漢學，其《尚書》、三《禮》實不甚異同，承澤堅持門戶，又併排斥之耳。然千古之是非，曷可掩也？[3]

上述二者所言，各有門戶之見的《易》、《詩》、《春秋》三部經書中，《易》、《春

[2]〔清〕永瑢、紀昀等：《四庫全書總目提要》，卷十二，頁一－二八〇。

[3]〔清〕永瑢、紀昀等：《四庫全書總目提要》，卷十四，頁一－三〇八。

秋》二書，此前筆者已有專文討論，[4]此處暫且不論，惟以《詩經》為探討對象。《四庫全書總目》經部各類書籍的著錄極為謹慎，絕不苟且。各經所收書籍雖然上下古今，包羅萬象，無所不有，但也萬流歸宗，總匯為至關緊要的特定主題。對此，綜攬編務的總纂紀昀即曾坦言：

> 余於癸巳受詔校秘書，殫十年之力，始勒為《總目》二百卷，進呈乙覽。以聖人之志，藉經以存；儒者之學，研經為本。故經部尤纖毫不敢苟。凡《易》之象數、義理，《書》之今文、古文，《春秋》之主傳、廢傳，《禮》之王、鄭異同，皆別白而定一尊，以諸雜說為之輔。惟《詩》則託始《小序》，附以《辨說》，以著爭端所由起，終以范蘅洲（家相）之《詩瀋》、姜白巖（炳璋）之《詩序補義》、顧古湫（鎮）之《虞東學詩》，非徒以時代先後次序應爾也。[5]

4 夏長樸：〈《四庫全書總目》對宋代經學的觀察——以《春秋》學為例〉，《正學》第一輯（二〇一三年六月），頁八十五–一一〇。又夏長樸：〈「各明一義」與「《易》外別傳」——《四庫全書總目》對宋元明儒《易》學的評論〉，《中國經學》第十六輯（二〇一五年八月），頁一–二十四。案：上述二文均已收入拙撰：《四庫全書總目發微》（北京：中華書局，二〇二〇年十二月）。

5 〔清〕紀昀：〈詩序補義序〉，《紀曉嵐文集》（第一冊）（石家莊：河北教育出版社，一九九五年），頁一五六。

足見《總目》經部各經著錄各書與其論述均有特定的主旨，目的在於「別白而定一尊」，以達到統一思想的目的。因此《詩》類各書雖然形式上一仍舊貫，比照他經，也依各書時代先後排列。但用意不僅止於此一端，其主要目的卻遠高於他經，在藉此建立起以《詩序》存廢為中心的思想論述體系，進而達成建構經學發展論述的嶄新觀點。此處特別標舉「《詩》則託始《小序》，附以《辨說》，以著爭端所由起」，開宗明義，用意清楚明白。

整理四庫館臣對《總目》《詩經》學著錄各書提要的觀察，可以發現幾個明顯現象，全都與《詩序》有關。足見原本歷代頗有爭議的這部《詩序》，已經不再是年代較早卻又身份隱晦的一部古書。就館臣的詮釋而言，這部書已經被賦予了不同於以往的學術意義，在新的《詩經》學史上其實有著舉足輕重，不可忽視的特殊地位，不能等閒視之。這是一個值得注意的現象，以下就此分別論述之。

（一）《詩序》作者為誰，自漢以來，眾說紛紜，聚訟不已，迄未能解。然歷代學者考事按詞，知人論世，未有不以《詩序》為本者。

《詩序》提要開篇即說：

案《詩序》之說，紛如聚訟。以為《大序》子夏作，《小序》子夏、毛公合作者，鄭元《詩譜》也；以為子夏所序詩，即今《毛詩》序者，王肅《家語注》也；以為衛宏受學謝曼卿，作《詩序》者，《後漢書・儒林傳》也；以為子夏所創，毛公及衛宏又加潤益者，《隋書・經籍志》也；以為子夏不序《詩》者，韓愈也；以為子夏惟裁初句，以下出於毛公者，成伯璵也；[6]以為詩人所自製者，王安石也；以《小序》為國史之舊文，以《大序》為孔子作者，明道程子也；以首句即為孔子所題者，王得臣也；以為《毛傳》初行，尚未有序，其後門人互相傳授，各記其師說者，曹粹中也；以為村野妄人所作，昌言排擊而不顧者，則倡之者鄭樵、王質，和之者朱子也。[7]

上述十一種說法，各有其說詞，也各有其依據，但無一能力排眾說脫穎而出，為歷代學者完全信服者。《四庫》館臣固然也承認：

---

6 《毛詩指說》的分纂稿由余集所撰，原分纂稿與《四庫全書薈要》所收的成伯璵《毛詩指說》提要，完全未提成氏對《詩序》的看法。但至文淵（乾隆四十六年三月，頁二九六）、文溯（乾隆四十七年十月，頁七十七）、文津（乾隆四十九年三月，頁二百）等書前提要及《總目》時，提要已在原「蓋說經之餘論也」下，增入「然定《詩序》首句為子夏所傳，其下為毛萇所續，實伯璵此書抒發其端。則決別疑似，於說《詩》亦深有功矣」三十九字，用以呼應此一說法。

7 〔清〕永瑢、紀昀等：《四庫全書總目提要》，卷十五，頁一－三二一。

《詩序》稱子夏，而所引高子、孟仲子乃戰國時人，固後來攙續之明證。即成伯璵等所指篇首一句，經師口授亦未必不失其真。[8]

但卻以此書「去古未遠，必有所受，意其真贗相伴，亦近似《公羊》，全信全疑，均為偏見。……今參稽眾說，務協其平」[9]為由，依據鄭玄、程大昌《考古編》、朱鶴齡《毛詩通義序》、邱光庭《兼明書》、曹粹中《放齋詩說》及蔡邕的說法為證，[10]也提出自以為融貫諸說，切近事理的新解說：

今參考諸說，定序首二句為毛萇以前經師所傳；以下續申之詞，為毛萇以下弟子所附，仍錄冠《詩》部之首，明淵源之有自。併錄朱子之《辨說》，著門戶所由分。蓋數百年朋黨之爭，茲其發端矣。[11]

《欽定四庫全書簡明目錄》也說：

---

8 〔清〕永瑢、紀昀等：《四庫全書總目提要》，卷十五，頁一－三二〇，《欽定四庫全書‧經部詩類小序》。

9 同上。

10 《詩序》提要，〔清〕永瑢、紀昀等：《四庫全書總目提要》，卷十五，頁一－三二一。

11 同上。

是書作自何人，眾說不一。今參考諸書，定首句為毛公以前經師所傳，其下申言為毛公以後經師所加。併以朱子辨駁各附條下，著四、五百年以來，說《詩》者門戶之爭，自此書始也。[12]

所謂「併錄朱子之《辨說》，著門戶所由分」是館臣的神來之筆，充分發揮畫龍點睛的效果，具體呈現了館臣對歷代《詩》學發展的明確主張。此一見解當時是否經過充分意見交換不得而知，但這個說法卻代表著朝廷的正式學術態度，當時也產生萬馬齊喑未見異論的效果。值得注意的是，館臣刻意在此書每條下附錄了原書所無的朱熹的《詩序辨說》以資比對，同時並強調朱熹之書是宋人論《詩》出現門戶之見的關鍵，也導致了此下數百年的朋黨之爭。《總目》有意藉此建立新的詮釋觀點，用以說明先秦以下《詩經》學的發展與變化。此一作法開風氣之先，極具創意，為《詩經》學史另創新猷，也建立起《詩經》學論述的新模式，影響深遠，至今未已。

12 《詩序》提要，〔清〕永瑢、紀昀等：《欽定四庫全書簡明目錄》（臺北：臺灣商務印書館，一九八三年影印文淵閣原鈔本），卷二，頁六－三十。

（二）尊《序》、廢《序》，古今說《詩》第一爭端，其源出自朱、呂意氣之爭，導致門戶分歧，亦因而開啟漢宋對峙風氣。

說《詩》之有門戶宗派，固然始於漢代，當時齊、魯、韓三家分立，各有擁眾。毛《詩》稍遲，卻以後來居上之姿態，與三家《詩》分庭抗禮，鼎足而立。自鄭玄《詩箋》一出，流行既廣，齊、魯、韓三家《詩》因之而晦，此下遂無較大爭議。及至南宋，說《詩》再度出現極大爭議，主要集中於解《詩》是否必須謹守《詩序》法度，不可逾越。其後意見紛歧，爭執愈烈，進而發展成《詩序》的存廢問題。

《總目》宋王質《詩總聞》提要云：「南宋之初，廢《詩序》者三家，鄭樵、朱子及質也。」[13]三家之中，鄭樵較早，其「《詩辨妄》，則欲去《序》以言《詩》」[14]，首開廢《序》之風，[15]惜鄭書已佚，其詳不可得而聞。《總目》宋范處

13 〔清〕永瑢、紀昀等：《四庫全書總目提要》，卷十五，頁一－三二八。

14 見江慶柏等整理：《四庫全書薈要總目提要》（北京：人民文學出版社，二〇〇九年），頁一四六。

15 案：此書朱彝尊《經義考》（京都：中文出版社，一九七八年影印中華書局《四部備要》本），注云「未見。」復引鄭樵〈自序〉云：「毛《詩》自鄭氏既箋之後，而學者篤信康成。故此《詩》專行，三家遂廢。……致今學者只憑毛氏，且以《序》為子夏所作，更不敢擬議。蓋事無兩造之辭，則獄有偏聽之惑。今作《詩辨妄》六卷，可以見其得失。」見是書卷一百六，頁五六九。

義《詩補傳》提要則說：

> 蓋南宋之初，最攻《序》者鄭樵，最尊《序》者則（范）處義矣。考先儒學問，大抵淳實謹嚴，不敢放言高論，宋人學不逮古，而欲以識勝之，遂各以新意說詩。其閒剔抉疏通，亦未嘗無所闡發；而末流所極，至於王柏《詩疑》，乃併舉《二南》而刪改之。儒者不肯信傳，其弊至於誣經，其究乃至於非聖，所由來者漸矣。[16]

「宋人學不逮古，而欲以識勝之，遂各以新意說詩」一語，點明了宋學的特色就在於開新，敢言人所未言。漢唐以來儒者說《詩》，無不謹守傳統，遵循《詩序》舊說，不敢稍越矩矱。及至鄭樵說《詩》，一反前人作法，首開棄《序》言《詩》之先聲，當時經師無不側目以視，群起而攻之。[17]稍後的朱熹撰《詩集傳》一書，卻獨具隻

16 〔宋〕范處義《詩補傳》提要，〔清〕永瑢、紀昀等：《四庫全書總目提要》，卷十五，頁一—三二八。

17 《詩序》提要即說：「樵所作《詩辨妄》一出，周孚即作《非鄭樵詩辨妄》一卷，摘其四十二事攻之，質所作《詩總聞》亦不甚行於世。」陳振孫：《直齋書錄解題》（上海：上海古籍出版社，二〇〇六年第三次印刷本）亦說：「《辨妄》者，專指毛、鄭之妄。謂《小序》非子夏所作，可也，盡削去之而以己意為之《序》，可乎？樵之學雖自成一家，而其師心自是，殆孔子所謂不知而作者也。」見是書卷二，頁三十八。

眼，力排眾議，標舉宗旨，上承鄭樵之緒，亦棄《序》而言《詩》，力攻所謂《詩》有美刺之說，成為廢《序》說的主要提倡者。對此，宋末大儒黃震即明言：

> 雪山王公質、夾漈鄭公樵，始皆言去《序》而言《詩》，與諸家之說不同。晦菴先生因鄭公之說，盡去美刺，探求古始。其說頗驚俗，雖東萊不能無疑矣。[18]

黃氏本人為朱子後學，雖謂朱子《詩集傳》「發理之精到，措辭之簡潔，讀之使人瞭然」，但亦不能不同意「夫《詩》非《序》，莫知其所自作。去之千載之下，欲一旦盡去自昔相傳之說，別求其說於茫冥之中，誠亦難事。」[19]黃震有此疑惑，並不令人意外。其實朱子老友呂祖謙、陳傅良等人，對朱子一改尊《序》初衷，悖離原有傳統，去《序》而言《詩》的大膽作法，當時即頗不以為然。[20]其後朱、呂二人各有成書，廢《序》、尊《序》自有所見。朱、呂皆為當時大儒，支持者眾，主張亦涇渭分明，儼然敵國。二者各執己見，相持不下，難以調和，流衍既久，廢《序》、尊

18 〔宋〕黃震：《黃氏日抄》（臺北：大化書局影印日本立命館大學藏乾隆三十三年刊本，一九八四年），卷四，頁二十六。

19 同上。

20 〔清〕聖祖御定《欽定詩經傳說彙纂》提要：「鄭樵始盡斥為偽作，朱子從之，作為《集傳》，呂祖謙、陳傅良或不以為是也。」見江慶柏等整理：《四庫全書薈要總目提要》，頁一五一。

《序》之爭，因而持續發展為南宋中期以後四、五百年《詩經》學研究的主流。

對於上述現象形成的原因，《四庫》館臣的解釋是：

（朱子）註《詩》亦兩易稿，凡呂祖謙《讀詩記》所稱「朱氏曰」者，皆其初稿，其說全宗《小序》。後乃改從鄭樵之說（案：朱子攻《序》用鄭樵說，見於《語錄》。朱升以為歐陽修之說，殆誤也。）是為今本。卷首〈自序〉作於淳熙四年，中無一語斥《小序》，蓋猶初稿《序》，末稱「時方輯《詩傳》」，是其證也。……楊慎《丹鉛錄》謂：「文公因呂成公太尊《小序》，遂盡變其說。」雖臆度之詞，或亦不無所因歟！自是以後，說《詩》者遂分攻《序》、宗《序》兩家，角立相爭，而終不能以偏廢。[21]

《總目》推測朱子《詩集傳》曾兩易稿，初稿全宗《小序》，同於呂祖謙《呂氏家塾讀詩記》，其後改從鄭樵疑《序》，與呂說分道揚鑣，自成一家之言。原因可能出在楊慎所說的：「文公因呂成公太尊《小序》，遂盡變其說。」此處雖謂楊氏之說出於臆度，卻又說「或亦不無所因歟」，語雖保留，其實意思昭然若揭，已經十分清楚。

21 〔宋〕朱子《詩集傳》提要，〔清〕永瑢、紀昀等：《四庫全書總目提要》，卷十五，頁一—三二九。

其後在《欽定詩經傳說彙纂》提要中，館臣即不再迴避此事，逕說：

蓋《集傳》廢《序》成於呂祖謙之相激，非朱子之初心，故其間負氣求勝之處在所不免。原不能如《四書集注》句銖字兩，竭終身之力，研辨至精。[22]

《四庫簡明目錄》《詩集傳》提要，亦持同一論調：

其初稿亦用《小序》，後與呂祖謙相爭，遂改從鄭樵廢《小序》，而《集傳》未及追改，如〈豐年〉篇之類者。[23]

由此可見，《四庫》館臣其實已將廢《序》、尊《序》的起因定調為朱、呂意氣相爭所致。此說是否屬實，是否可以成立，仍有待進一步的討論。但可以確定的是，《總目》不僅肯定朱熹《詩集傳》廢《序》說《詩》起於呂祖謙之相激，更推而廣之，認定由於朱、呂二人各有極多擁眾，雙方堅持己說，互相譏評，因而造成「自是以後，說《詩》者遂分攻《序》、宗《序》兩家，角力相爭，而終不能以偏廢」[24]。更在多

22 〔清〕永瑢、紀昀等：《四庫全書總目提要》，卷十六，頁一－三二九。
23 〔清〕永瑢、紀昀等：《欽定四庫全書簡明目錄》，頁三十一。
24 〔宋〕朱熹《詩集傳》〈提要〉，〔清〕永瑢、紀昀等：《四庫全書總目提要》，卷十五，頁一－三二九。

處提要強調雙方論學不能平心靜氣坐而論道，反而惟以意氣相爭，造成嚴重的門戶宗派問題，紛紛擾擾達數百年之久。

《四庫》館臣強調朱學開新義、呂學尊舊說，[25]雖各有所長，由於意氣相爭，彼此相持不下，互不相讓，為宋以下解《詩》主流，故宋以後獨取二家為宗，為建立「漢宋對峙」說奠定基礎。呂學遵循毛鄭傳統，毛《傳》、鄭《箋》宗《詩序》，是漢唐《詩經》學主流，亦為漢學的正宗；相較之下，朱熹的《詩集傳》為宋學的代表性著作，解《詩》則擺落漢唐舊說，盡棄《詩序》，不守舊有繩墨。朱、呂二家一守舊，一開新，各有所見，亦各有所偏。尊、廢之間，即使同解一詩，二者解說卻經常南轅北轍迥然有異，相沿既久，導致《詩集傳》與毛《傳》鄭《箋》之爭大作。[26]壁壘分明的尊《詩序》與廢《詩序》二派，在激烈爭執角逐下，影響層面由單純《詩》

25 《薈要》本《呂氏家塾讀詩記》提要即說：「其學首尊毛氏，而節取唐宋諸儒之說。如〈楚茨〉、〈棫樸〉之類，或亦自出新意以附之，然亦不過數篇。兩宋人解《詩》，惟此最守古說。」見江慶柏等整理：《四庫全書薈要總目提要》，頁一四七。

26 此前，戴震於乾隆癸酉（十八年，一七五三）即曾說過：「先儒為《詩》者，莫明於漢之毛、鄭，宋之朱子。然一詩而以為君臣朋友之詞者，又或以為夫婦男女之詞；以為刺譏之詞者，又或以為稱美之詞；以為他人代為詞者，又或以為己自為詞。其主漢者必攻宋，主宋者必攻漢，此說之難一也。」見戴震：〈毛詩補傳序〉，《戴震文集》（北京：中華書局，一九九〇年第二次印刷），卷十，頁一四六。足見戴氏已先見及此。

學逐步擴及整個經學，轉而成為重考證的漢唐古義（漢學）與重義理的宋代新學（宋學）對立的局面，二者學風雖異，卻各領風騷，各擅勝場，從此分道揚鑣各行其是，影響達數百年之久。[27]

（三）透過《四庫全書・經部・詩類》的編輯，建構出「漢宋對峙」說的模式。

《四庫全書總目・經部總敘》開宗明義即謂中國經學發展過程中，曾經歷六次變化，各有其特色，也呈現不同的弊病。其後接著說：

> 要其歸宿，則不過漢學、宋學兩家，互為勝負。夫漢學具有根柢，講學者以淺陋輕之，不足服漢儒也；宋學具有精微，讀書者以空疏薄之，亦不足服宋儒也。[28]

《四庫全書・經部・詩類序》更直言：

> 《詩》有四家，毛氏獨傳。唐以前無異論，宋以後則眾說爭矣。然攻漢學者，意不盡在於經義，務勝漢儒而已。伸漢學者，意亦不盡在於經義，憤宋儒之詆漢儒

---

27 〔宋〕輔廣《詩童子問》提要即云：「蓋義理之學與考證之學分途久矣。廣作是書，意自有在，固不以引經據古為長也。」見永瑢、紀昀等：《四庫全書總目提要》，卷十五，頁一—三三四。

28 〔清〕永瑢、紀昀等：《四庫全書總目提要》，卷一，頁一—五十三。

而已。各挾一不相下之心，而又濟以不平之氣，激而過當，亦其勢然歟？[29]

此處所謂「漢學、宋學兩家，互為勝負」，及「攻漢學者，意不盡在於經義，務勝漢儒而已。伸漢學者，意亦不盡在於經義，憤宋儒之詆漢儒而已」，明確指出「漢宋對峙」的原因不在於雙方說經解經義的差異，主要關鍵在於二者的意氣之爭，這是基本的態度問題，而非單純的學術意見不同。這是朱、呂廢《序》、宗《序》爭議的進一步延伸，不僅限於《詩經》一經，也擴大影響到整個經學的發展。在這種認知下，《四庫》館臣藉著編輯整理《四庫全書‧經部‧詩類》著錄各書的機會，深思熟慮，刻意安排，逐步建構起以「漢宋對峙」為中心觀點的經學發展史。

存目書不計，《四庫全書‧經部‧詩類》著錄書始於《詩序》，迄於清顧鎮《虞東學詩》，共計收書六十二部。就各書提要內容觀察，其中尊《序》者三十一部，廢《序》者十九部（集中在宋元明三朝），調停漢、宋者十二部（明末及清初）。何以始於《詩序》？此書雖「真贗相伴，亦近似《公羊》，全信全疑，均為偏見。」但因朱熹撰《詩序辨說》一書，力斥《詩序》謬戾，廢《序》解《詩》，[30]引起尊《序》

29 〔清〕永瑢、紀昀等：《四庫全書總目提要》，卷十五，頁一－三二〇。

30 〔宋〕朱熹：《朱子語類》：「問：『《詩傳》多不解《詩序》，何也？』曰：『某自二十歲時讀《詩》，便覺《小序》無意義，及去了《小序》，只玩味《詩》詞，卻又覺得道理貫徹。當初亦嘗學者反彈，彼此激盪之下，說經門戶因而產生，也進而發展為此下數百年朋黨之爭。究其所以，源頭來自於《詩序》一書的存廢問題，《總目》毅然斬斷荊棘，力排眾議，將歷來爭議不斷的《詩序》，直接置於《詩經》類群書之首，原因正在觀瀾以索源，發明立說宗旨。

次於《詩序》的為《毛詩正義》，此書為漢毛亨傳、鄭玄箋、唐孔穎達疏，保存了漢唐舊說，為漢學淵藪，館臣強調「今特錄其書，與《小序》同冠《詩》類之首，以昭六義淵源，其來有自。孔門師授，端緒炳然，終不能以他說掩也。」[31]藉以彰明《詩序》與《毛詩正義》二部典籍，代表的是孔門傳承的風、雅、頌、賦、比、興六義正宗，端緒炳然，原委詳晰。以此開宗明義，用意在彰顯經學正統淵源於此，具體明確，非後世以紫奪朱諸說所能襲亂其正色。

相較於漢唐舊疏謹守傳統，開啟宋儒說《詩》走向棄舊趨新方向的是歐陽修的

質問諸鄉先生，皆云《序》不可廢，而某之疑終不能釋。後到三十歲，斷然知《小序》之出於漢儒所作，其為繆戾，有不可勝言。東萊不合只因《序》講解，便有許多牽強處。某嘗與言之，終不肯信。《讀詩記》中雖多說《序》，然亦有說不行處，亦廢之。某因作《詩傳》，遂成《詩序辨說》一冊，其他繆戾，辨之頗詳。』」（臺北：文津出版社，一九八六年影印北京中華書局點校本），卷八十，頁二〇七八。

31 〔漢〕毛亨傳‧鄭玄箋，〔唐〕孔穎達疏《毛詩正義》提要，〔清〕永瑢、紀昀等：《四庫全書總目提要》，卷十五，頁一－三二二。

《毛詩本義》。《總目》雖然說：「自唐以來，說《詩》者莫敢議毛、鄭，雖老師宿儒，亦謹守《小序》，至宋而新義日增，舊說俱廢。推原所始，實發於修。」[32]但同時也坦承：「修作是書，本出於和氣平心，以意逆志。故其立論未嘗輕議二家，而亦不曲徇二家。其所訓釋，往往得詩人之本志。」[33]對這部書不輕議不曲徇毛、鄭的持平態度肯定有加。

宋室南渡之後，學風丕變，尤以《詩》學為甚，原本歐陽修《毛詩本義》、蘇轍《詩集傳》雖「以為（《序》）不盡醇，然疑信猶參半。至王質之《詩總聞》、鄭樵之《詩辨妄》，則欲去《序》以言《詩》矣。」[34]漢唐以來醇厚《詩》風經此摧殘，風雨飄零之下，元氣為之大傷。鄭樵之《詩辨妄》亡佚已久，故《四庫全書》未收，唯王質之《詩總聞》獨存。《總目》云：

> 南宋之初，廢《詩序》者三家，鄭樵、朱子及質也。鄭、朱之說最著，亦最與當代相辨難。質說不字字詆《小序》，故攻之者亦稀；然其毅然自用，別出新

---

32 〔宋〕歐陽修撰《毛詩本義》提要，〔清〕永瑢、紀昀等：《四庫全書總目提要》，卷十五，頁一一三二五。

33 同上。

34 〔宋〕范處義撰《詩補傳》提要，〔清〕于敏中、王際華等：《四庫全書薈要》，頁一四六。

裁，堅銳之氣，乃視二家為加倍。[35]

當此眾聲喧嘩之際，仍能一本所學，堅持傳統，挺身而出，毅然尊《序》以抗鄭、王者，唯獨范處義一人而已。《總目》云：

大旨病諸儒說《詩》，好廢《序》以就己說，故自序稱「以《序》為據，兼取諸家之長，揆之性情，參之物理，以平易求古詩人之意」；又稱「文義有闕，補以六經史傳；詁訓有闕，補以《說文》篇韻」。蓋南宋之初，最攻《序》者鄭樵，最尊《序》者則處義矣。……處義篤信舊文，務求實證，可不謂古之學者歟？[36]

這是漢、宋學者的首次對峙，在當時學界雖然影響不大，也罕有回應。但《四庫》館臣特地表而出之，以凸顯朱、呂相爭之前，其實已有鄭、王與范處義的廢《序》、尊《序》辨難。其用意即在藉此彰顯漢、宋兩種學風對峙的現象，不僅早已存在，也是

35 〔宋〕王質撰《詩總聞》提要，〔清〕永瑢、紀昀等：《四庫全書總目提要》，卷十五，頁一—三二八。

36 〔宋〕范處義撰《詩補傳》提要，〔清〕永瑢、紀昀等：《四庫全書總目提要》，卷十五，頁一—三二八。

無可避免的事實。《總目》把握此一契機，從而建構「漢宋對峙」觀點，可謂順勢而為，毫不勉強。[37]

真正促使廢《序》、尊《序》之爭浮上臺面，成為學界論述主流的關鍵，自然是朱熹《詩集傳》與呂祖謙《呂氏家塾讀詩記》所形成的朱、呂之爭。朱、呂的廢《序》、尊《序》之爭，就《四庫》館臣的觀察，其實就是前述的開新與守舊之辨，〈《四庫全書薈要》聯句〉中，曹秀先即曾說：

亨萇迭授推都講，徽婺齊驅狎主盟。廣裒高深諸象括，飛潛動植萬形呈。

其自注云：

朱子與呂祖謙論《詩》，雖始同終異，然存朱子《詩集傳》之義，可以通舊說之拘墟；存呂祖謙《讀詩記》之義，可以杜後來之妄撰。故宋以後獨取二家為宗。如《毛詩李黃集解》、《詩傳遺說》、《詩經疑問》、《毛詩解頤》之類，皆朱氏之門徑；嚴粲《詩緝》，則呂氏之支流也。[38]

37 參見〔清〕紀昀：〈詩序補義序〉，《紀曉嵐文集》第一冊，卷八，頁一五六。

38 〔清〕高宗：《清高宗御製詩文全集‧御製詩四集》（臺北：國立故宮博物院，一九七六年影印原刊本），卷六十五，頁十七。

此處「徽婺齊驅狎主盟」，即朱、呂之學風華正茂，共領《詩》壇風騷之時的具體寫照。曹氏藉此說明南宋以後，《詩經》學朱、呂並顯，雙峰對峙，以凸顯開新與守舊各有所偏，因而有門戶宗派之異。朱學開新義、呂學尊舊說，二者各展所長，彼此爭鋒，相持不下，共為宋以下解《詩》主流，故宋以後論《詩》獨取二家為宗，為「漢宋對峙」說奠定基礎。

除了曹氏所舉的〔宋〕李樗、黃櫄《毛詩李黃集解》、〔宋〕朱鑑《詩傳遺說》、〔明〕姚舜牧《詩經疑問》、〔明〕朱善《詩解頤》尊朱廢《序》，[39]嚴粲《詩輯》宗呂尊《序》之外。〔宋〕戴溪《續呂氏家塾讀詩記》、〔宋〕輔廣《詩童子問》、〔元〕許謙《詩集傳名物鈔》、〔元〕劉瑾《詩傳通釋》、〔元〕梁寅《詩演義》等，無一不是尊朱廢《序》的著作，足見朱學之盛。隨著時間流逝，二家氣勢亦隨之消長，尊呂宗《序》的風氣更為消沈陵替，知名著作屈指可數，僅有〔宋〕袁燮《絜齋毛詩經筵講義》、〔宋〕林岊《毛詩講義》二書而已，且都為宋人。此時朱、呂雖仍並稱，但傳統舊學在朱學興盛的強大壓力下，已逐漸沒落式微，不為時人

[39] 所謂《毛詩解頤》，亦可能指〔明〕季本所撰的《詩說解頤》，《四庫全書初次進呈存目》即說是書：「皆足補《集傳》所未發，而異於穿鑿以矜奇者。昔范處義、明朱〔善〕說詩皆以『解頤』為名，此編立名亦同，而推陳出新，則較二家為多心得焉。」（頁四十）《欽定四庫全書簡明目錄》亦說：「多出新意，不襲前人。蓋王質《詩總聞》之流派也。」見是書卷二，頁六－三十四。

所好。

真正給予漢學致命一擊的，其實是科舉風尚的轉向，《詩經大全》提要說：

> 自北宋以前，說《詩》者無異學。歐陽修、蘇轍以後，別解漸生。鄭樵、周孚以後，爭端大起。紹興、紹熙之間，左右佩劍，相笑不休。迄宋末年，乃古義黜而新學立。故有元一代之說《詩》者，無非朱《傳》之箋疏，至延祐行科舉法，遂定為功令，而明制因之。廣等是書，亦主於羽翼朱《傳》，遵憲典也。[40]

館臣強調元延祐年間復行科舉法，《詩經》用朱熹《詩集傳》，[41]朝廷功令既定，天

40 〔明〕胡廣等奉敕撰《詩經大全》提要，〔清〕永瑢、紀昀等：《四庫全書總目提要》，卷十六，頁一－三四二。

41 〔明〕宋濂、王禕等《元史》（臺北：鼎文書局，一九七七影印北京中華書局本），卷八十一，頁二〇一八，〈選舉志一〉載：「仁宗皇慶二年（一三一三）十一月，詔曰：『考試程式：蒙古、色目人，第一場經問五條，《大學》、《論語》、《孟子》、《中庸》內設問，用朱氏《章句集註》。其義理精明，文辭典雅者為中選。第二場策一道，以時務出題，限五百字以上。漢人、南人，第一場明經經疑二問《大學》、《論語》、《孟子》、《中庸》內出題。並用朱氏《章句集註》，復以己意結之，限三百字以上；經義一道，各治一經，《詩》以朱氏為主，《尚書》以蔡氏為主，《周易》以程氏、朱氏為主，以上三經，兼用古註疏，《春秋》許用《三傳》及胡氏《傳》，《禮記》用古註疏，限五百字以上，不拘格律。……』」

下莫不遵行，而明制因之。[42]此一由官方主導的科舉調整方案，完全改變了經學生態，「獨以《集傳》試士」[43]的獨斷作法，不僅使南宋以來蓬勃發展的朱學定於一尊，《詩經大全》的編輯與頒行，也幾乎斷絕了漢學傳承的一線生機。[44]所謂「自八股行而古學棄，《大全》出而經說亡」，[45]正是此一現象的具體寫照。

以上所舉各書，雖廢《序》尊《序》立場不同，但或尊漢或崇宋的態度卻極為明

42 〔清〕張廷玉等《明史》（臺北：鼎文書局，一九七五影印北京中華書局點校本），卷七十，頁一六九四，〈選舉志二〉載：「初設科舉時，初場試經義二道，《四書》義一道；二場，論一道；三場，策一道。中式後十日，復以騎、射、書、算、律五事試之。後頒科舉定式，初場試《四書》義三道，經義四道。《四書》主朱子《集註》，《易》主程《傳》、朱子《本義》，《書》主蔡氏《傳》及古註疏，《詩》主朱子《集傳》，《春秋》主《左氏》、《公羊》、《穀梁》三傳及胡安國、張洽《傳》，《禮記》主古註疏。永樂間，頒《四書五經大全》，廢註疏不用。其後，《春秋》亦不用張洽《傳》，《禮記》止用陳澔《集說》。二場試論一道，判五道，詔、誥、表、內科一道。三場試經史時務策五道。」

43 〔清〕康熙帝御定《欽定詩經傳說彙纂》提要，〔清〕永瑢、紀昀等：《四庫全書總目提要》，卷十六，頁一－三四七。

44 〔漢〕毛亨傳．鄭玄箋〔唐〕孔穎達疏《毛詩正義》提要云：「沿及明代，胡廣等竊劉瑾之書，作《詩經大全》，著為令典，於是專宗朱《傳》，漢學遂亡。」〔清〕永瑢、紀昀等：《四庫全書總目提要》，卷十五，頁一－三二三。

45 〔清〕顧炎武《原抄本日知錄》（臺北：明倫出版社，一九七〇年），卷二十，頁五二六，「《書傳會選》」條。

顯。換言之，館臣所篩選的這些著作，鮮明的呈現了各自的學術態度與說經走向，館臣藉此彰顯「漢宋對峙」的用心，可謂具體清楚，極為明白。

時序進入清朝以後，相較於元、明兩朝，學風有極為明顯的轉變，此時雖有康熙御定《欽定詩經傳說彙纂》一書，「以《集傳》為綱，而古義之不可磨滅者，必一一附錄以補闕遺。於學術持其至平，於經義乃協其至當。風雅運昌，千載一遇，豈前代官書，任儒臣拘守門戶者所可比擬萬一乎？」[46]主張於學術力持其平，破除門戶成見，立足《詩集傳》，然同時附錄古義，以拾遺補闕，兼採漢、宋。但《總目》著錄的各書中，已紛紛改弦易轍，轉向漢學考證之途。如：

王夫之《詩經稗疏》提要：

> 皆考證名物，以補先儒之所遺。率參驗舊文，抒所獨得。[47]

朱鶴齡《詩經通義》提要：

---

46 〔清〕康熙帝御定《欽定詩經傳說彙纂》提要，〔清〕永瑢、紀昀等：《四庫全書總目提要》，卷十六，頁一—三四七。

47 〔清〕王夫之《詩經稗疏》提要，〔清〕永瑢、紀昀等：《欽定四庫全書簡明目錄》，卷二，頁六—三十五。

力駁廢《序》之非。所採諸說，於漢用毛、鄭，唐用孔《疏》，宋用歐陽修、蘇轍、呂祖謙、嚴粲，國朝用陳啟源。其釋音，明用陳第，國朝用顧炎武。[48]

陳啟源《毛詩稽古編》提要：

訓詁一準諸《爾雅》，篇義一準諸《小序》，詮釋經旨則一準諸毛《傳》，佐以《鄭箋》，名物則多以陸璣《疏》為主。題曰「稽古」，明為唐以前專門之學也。其堅持古義，不容一語之出入，誠不免或失之拘。然較諸臆斷說經，則相去不止倍蓰矣。[49]

毛奇齡《續詩傳鳥名》提要：

大意在續毛《詩》而糾舉朱《傳》。每條皆先列朱《傳》於前，而一一辨其得失。[50]

48 〔清〕朱鶴齡《詩經通義》提要，〔清〕永瑢、紀昀等：《欽定四庫全書簡明目錄》，卷二，頁六—三十五。

49 〔清〕陳啟源《毛詩稽古編》提要，〔清〕永瑢、紀昀等：《欽定四庫全書簡明目錄》，卷二，頁六—三十五。

50 〔清〕毛奇齡《續詩傳鳥名》提要，〔清〕永瑢、紀昀等：《欽定四庫全書簡明目錄》，卷二，頁上述各家不過犖犖舉其大者，其書無不力斥廢《序》之非，回歸毛、鄭，重視考證徵實之學。這與《總目》所標舉的「至於鳥獸草木之名，訓詁聲音之學，皆事須考証，非可空談。今所採輯，則尊漢學者居多焉」[51]，自然有絕對的關係，從中也可以看出風會轉移的端倪。

與漢學復興同時，開始出現一種新的治學風氣，某些學者揚棄極端對抗的作法，在面對漢宋問題時，改採比較理性也較溫和的方式來處理。如：惠周惕《詩說》提要云：

惠氏三世以經學著，周惕其創始者也。是書於毛《傳》、鄭《箋》、朱《傳》無所專主，多自以己意考證。其大旨謂大、小雅以音別，不以政別；謂正雅、變雅美刺錯陳，不必分《六月》以上為正，《六月》以下為變；文王以下為正，《民勞》以下為變；謂二南二十六篇皆疑為房中之樂，不必泥其所指何人；謂周、召之公，鄭《箋》誤以為文王。謂天子諸侯均得有頌；《魯頌》非僭，其言皆有依據。……然其餘類皆引據確實，樹義深切，與枵腹說經、徒以

51 《欽定四庫全書．經部詩類小序》，〔清〕永瑢、紀昀等：《四庫全書總目提要》，卷十五，頁一一三二〇。六一三十五。

臆見決是非者，固有殊矣。[52]

楊名時《詩經劄記》提要云：

是編乃其讀詩所記，大抵以李光地《詩所》為宗，而斟酌於《小序》、朱《傳》之間，……絕不回護其師說，可謂破除講學家門戶之見。……亦不強不知以為知。……亦皆具有考據。於其師說，可謂有所發明矣。[53]

嚴虞惇《讀詩質疑》提要云：

然大致皆平心靜氣，玩味研求，於毛、朱兩家，擇長棄短，非惟不存門戶之心，亦併不涉調停之見。核其所得，乃較諸家為多焉。[54]

范家相《詩瀋》提要云：

---

52 〔清〕惠周惕《詩說》提要，〔清〕永瑢、紀昀等：《四庫全書總目提要》，卷十六，頁一－三五四。

53 〔清〕楊名時《詩經劄記》提要，〔清〕永瑢、紀昀等：《四庫全書總目提要》，卷十六，頁一－三五四。

54 〔清〕嚴虞惇《讀詩質疑》提要，〔清〕永瑢、紀昀等：《四庫全書總目提要》，卷十六，頁一－三五五。

大旨斟酌於《小序》、朱《傳》之間，而斷以己意，其考證多有可採。[55]

這些學者治學不再步趨前人舊途，事先預設立場，也不區別門戶宗派；相反的，在治經時他們不分漢、宋，只問解說是否合理，能否確切符合經義，通過嚴謹的徵實與考證，求得經書的本義，唯善是從，以明聖人之道。這種治經態度破除了漢、宋畛域，也調和了二者的差異。其中最值得一提的是顧鎮其人，在《虞東學詩》一書的提要中，館臣說：

是書大旨以講學諸家尊《集傳》而抑《小序》，博古諸家又申《小序》而疑《集傳》，構釁者四五百年，迄無定論；故作是編，調停兩家之說，以解其紛。所徵引凡數十家，而歐陽修、蘇轍、呂祖謙、嚴粲四家所取為多。雖鎔鑄群言，自為疏解，而某義本之某人，必於句下註其所出。又《集傳》多闡明義理，於名物訓詁聲音之學皆在所略。鎮於是數端，亦一一考證，具有根柢。蓋於漢學、宋學之間，能斟酌以得其平。書雖晚出，於讀《詩》者不為無裨也。[56]

---

55 〔清〕范家相《詩瀋》提要，〔清〕永瑢、紀昀等：《欽定四庫全書簡明目錄》，卷二，頁六－三十六。

56 〔清〕顧鎮《虞東學詩》提要，〔清〕永瑢、紀昀等：《四庫全書總目提要》，卷十六，頁一－三

此處館臣明確揭舉「漢宋對峙」起源於講學、博古之極端對立，構釁者四五百年而不能已。又在其後案語中說：

案：諸經之中，惟《詩》文義易明，亦惟《詩》辨爭最甚。蓋詩無達詁，各隨所主之門戶，均有一說之可通也。今核定諸家，始於《詩序辨說》，以著起釁之由，終於是編，以破除朋黨之見。凡以俾說是經者，化其邀名求勝之私而已矣。是編錄此門之大旨也。[57]

《總目》增添案語，原始要終，具體說明漢宋之爭起於廢《序》、尊《序》，由意氣之私造成四五百年之門戶對立，雖以調停二者作結，然已正式架構起南宋以下經學發展主題即為「漢宋對峙」，進而提出了中國經學發展的嶄新解釋觀點。

三、對《四庫全書總目》所提觀點的討論

就上述簡要的敘述，已可大致瞭解《總目》藉《詩經》類著錄書籍及提要所建構

[57] 五九。同上。

起的「漢宋對峙」觀點。以下擬就上節所論各點，分別進行討論，以略見其得失。討論的方式以《總目》及各種書前提要的比較為主，藉此以觀察館臣如何透過書籍的更動與提要文字的增刪抽換，將論點聚焦在廢《序》、尊《序》的交鋒，漢學與宋學的分門別戶與調停異同，進而建構出「漢宋對峙」此一新穎的學術觀點，用以解釋歷代經學的流變與發展。

（一）關於推尊《詩序》的討論

自古以來，《詩序》一書爭議極大，除了作者問題異說紛紜，莫衷一是之外。此書的真偽時代，亦是爭論不休的另一問題。《總目》曾說：

> 《詩序》本經師之傳，而學者又有所附益，中間得失，蓋亦相參。[58]

由於館臣存有「中間得失，蓋亦相參」的疑慮，因而編輯《四庫全書薈要》時並未選入《詩序》。相較於此，較晚成書的《四庫全書》不僅收入此書，並且著錄於《詩經》類之首，此一作法令人費解。《經部詩類小序》對此的解釋是：

58 〔宋〕范處義《詩補傳》提要，〔清〕永瑢、紀昀等：《四庫全書總目提要》，卷十五，頁一一三二八。

夫解《春秋》者惟《公羊》多駁，其中高子、沈子之說，殆轉相附益，要其大義數十，傳自聖門者不能廢也。《詩序》稱子夏，而所引高子、孟仲子乃戰國時人，固後來攙續之明證。即成伯璵等所指篇首一句，經師口授亦未必不失其真。然去古未遠，必有所受，意其真贋相伴，亦近似《公羊》，全信全疑，均為偏見。今參稽眾說，務協其平。苟不至程大昌之妄改舊文，王柏之橫刪聖籍者，論有可採，並錄存之，以消融數百年之門戶。[59]

以「去古未遠，必有所受，意其真贋相伴，亦近似《公羊》，全信全疑，均為偏見。今參稽眾說，務協其平」為著錄此書的理由，似乎過於牽強，所舉證據依然不夠充分，不足以服人。既然如此，是否可能有其他的理由呢？

若參考相關資料，進一步思考，《四庫全書》一改《薈要》的謹慎態度，不僅著錄《詩序》一書，並且將此書列為《詩》類之首的真正緣由，其實並不複雜，簡單說來，此事與清高宗有關。在編纂《四庫全書》的過程中，由於清高宗曾撰寫了一篇〈書小序考〉，用意主要在討論《書序》的作者與真偽問題，文中論述所及，曾就

59 〔清〕永瑢、紀昀等：《四庫全書總目提要》，卷十五，頁一－三二〇。案：《經部詩類小序》出於紀昀本人之手，紀昀也頗以為傲，見紀昀〈詩序補義序〉，《紀曉嵐文集》第一冊，卷八，頁一五六。又見於〈周易義象合纂序〉，《紀曉嵐文集》第一冊，卷八，頁一五三。

《書序》、《詩序》二書做了一番比較，他說：

以余思之，《詩序》既非夫子所作，則《書序》亦定非夫子所作。何言之？使《書序》辭義精於《詩序》，則為夫子所作，或不可知。今《書序》遠遜《詩序》，朱子亦以為非夫子所作，而馬端臨且謂《詩序》不可廢，《書序》可廢。是知《書序》乃出於漢儒所為，徒以不能定其為誰，且相傳已久，未可擯棄耳。[60]

乾隆的這個推論是否有效姑且不論，但影響卻不可輕忽。他認定《詩序》雖非夫子所作，《書序》則更出於漢儒所為，二者相較，《詩序》辭義確實精於《書序》，價值也遠在《書序》之上，孰優孰劣，高下立判。因此，他毫不猶豫的接受了馬端臨《文獻通考》的判斷：《詩序》不可廢，《書序》可廢，這就確定了《詩序》的地位與價值。上意如此，這個意見自然為館臣們敬謹接受。為呼應這個改變，館臣並且不憚詞費，特意在《四庫全書薈要總目・經部詩類》之末，補加了一段「案語」，說明此一調整的來龍去脈：

60 〈書小序考〉，〔清〕高宗：《清高宗御製詩文全集・御製文二集》，卷二十二，頁十三。

臣謹案：……其曰毛《詩》者，出於河間人大毛公，其學蓋本於子夏，四傳而至毛公，為《詩故訓傳》，以授趙人小毛公，其後鄭康成本之以作《箋》，而三家遂廢。要其考事按詞，知人論世，未有不本於《序》說者。自宋朱子廢《序》言《詩》，而學者或專於玩繹詩詞，以意逆志。伏讀御製〈書小序考〉，謂《書序》遠遜《詩序》，且有取於馬端臨「《詩序》不可廢」之說，聖論折衷，萬古定評矣。茲自《注疏》以下臚列之，亦未敢偏廢云。61

在「聖論折衷，萬古定評」之下，即使依然存在真贋相伴，後代經師補益紛紛擾擾的各種疑慮，館臣還是奉命唯謹，將《詩序》收入了《四庫全書》。不僅如此，同時還將其著錄於《詩》類卷首，隨文附上朱熹的《詩序辨說》，作為南宋以下《詩經》學種種爭議的開端，從而架構起尊《序》、廢《序》，漢、宋門戶分立的經學解釋新觀點。由此可知，即使清高宗並未明白干涉《四庫全書》的收書事宜，但在館臣揣摩上意，刻意迎合的心理下，清高宗的強大影響力依然有意無意的存在其中，這是討論《四庫全書》編纂時，不可忽視的重要因素。

檢視《詩序》提要時，可以發覺為了加強收入《詩序》一書的正當性，館臣對提要內容也經過相應的修改。文溯本（頁七十六，乾隆四十七年十月）、文津本書前提

61 《四庫全書薈要總目・經部詩類》，頁一五三。

要（頁一九五，乾隆四十九年九月）[62]較為簡略，文淵本（頁二八九，乾隆四十六年十月）[63]、《總目》等則於「豈非說經之家第一爭詬之端乎」下完全改寫，增添了大量有關《詩序》作者的考證文字，並確定「今參考諸說，定序首二句為毛萇以前經師所傳；以下續申之詞，為毛萇以下弟子所附，仍錄冠詩部之首，明淵源之有自。」同時提要末還強調「併錄朱子之《辨說》，著門戶所由分。蓋數百年朋黨之爭，茲其發端矣。」[64]此一修改，不僅確定了《詩序》的作者問題，以增進此書的信而有徵，同時也藉附錄朱熹《詩序辨說》之便，明確將此書定位為數百年門戶朋黨之爭的淵源所自。透過增添擴充文字的方式，《總目》正式確立了《詩序》的正當地位，其中斧鑿痕跡，斑斑可考。館臣也藉此建立起宋人說經因尊《序》、廢《序》的分歧，導致門戶對立加劇，進而開啟此下漢宋對峙風氣的新說法。

62 此處文溯本指《金毓黻手定本文溯閣四庫全書提要》（北京：中華全國圖書館文獻縮微複製中心，一九九九年影印康德二年遼海書社排印本）。文津本則為四庫全書出版工作委員會編：《文津閣本四庫全書提要匯編》（北京：商務印書館，二〇〇六年）。

63 此處文淵本用李國慶輯：《四庫全書卷前提要四種・文淵閣本卷前提要》（鄭州：大象出版社，二〇一五年），此條疑係抽換提要，故內容異於文溯、文津本，而同於《總目》。

64 《詩序》提要，〔清〕永瑢、紀昀等：《四庫全書總目提要》，卷十五，頁一－三二一。

（二）對於尊《序》、廢《序》，古今說《詩》第一爭端，其源出自朱、呂意氣之爭的討論。

在確立了《詩序》的正當地位之後，館臣接著處理尊《序》、廢《序》，所謂古今說《詩》第一爭端此一問題時，又進一步提出了一個看法：強調尊《序》、廢《序》爭端之起，除了學術研究的差異之外，真正的關鍵出自於朱熹與呂祖謙的意氣之爭。由於南宋朱、呂意見分歧，「尊《序》」與「廢《序》」二種不同態度，使得朱、呂後學各有所從，互相爭執。相沿既久，因而導致分門別戶，朋黨出現，開啟「數百年朋黨之爭」，發展為後世經師漢、宋對峙的局面。

為了加強朱、呂之爭出自於意氣相爭，館臣的處理方式不採增補刪減文字，而是釜底抽薪，直接抽換提要。以下就以《薈要》提要與《總目》提要互做比較，以觀察館臣藉抽換提要改變論述重點的具體實例。

1. 朱子撰《詩集傳》

《薈要》提要作：

臣等謹案：《詩經集傳》八卷，宋朱子撰。《宋志》作二十卷，《文獻通考》

於《集傳》外尚有《詩序辨說》一卷，統為二十一卷。今本既不載《序辨說》，而卷數復不符。朱子嘗自謂少年淺陋之說，久而有所更定。陳振孫云：「江西所刻晚年本，得於南康胡泳伯量，較之建安本，更定幾什一。」此卷帙所由不同歟？第未知此所傳者竟何本也。**朱子說《詩》盡去二《序》**，而集中有「廣青襟之疑問」句，卻用《序》說，後人惑之。**要其涵濡諷詠，務得性情之正，此固律世之大防已**。其叶韻則其孫承議郎鑑，取吳棫所著《毛詩補音》之說入之。後儒不察，以為亦朱子所采，又以為取諸《韻補》，皆非也。乾隆四十年十月恭校上。[65]

《總目》提要則改作：

（朱子）註《詩》亦兩易稿，凡呂祖謙《讀詩記》所稱「朱氏曰」者，皆其初稿，其說全宗《小序》。後乃改從鄭樵之說（案：朱子攻《序》用鄭樵說，見於《語錄》。朱升以為歐陽修之說，殆誤也。）是為今本。卷首〈自序〉作於淳熙四年，中無一語斥《小序》，蓋猶初稿。〈序〉末稱「時方輯《詩

65　〔宋〕朱熹《詩集傳》提要，〔清〕于敏中、王際華等：《四庫全書薈要》，頁一四七。文溯（頁七十九，乾隆四十七年四月）、文津（頁二〇五，乾隆四十九年七月）提要相同。

> 傳》」，是其證也。……楊慎《丹鉛錄》謂：「文公因呂成公太尊《小序》，遂盡變其說。」雖臆度之詞，或亦不無所因歟！自是以後，說《詩》者遂分攻《序》、宗《序》兩家，角立相爭，而終不能以偏廢。《欽定詩經彙纂》雖以《集傳》居先，而《序說》亦皆附錄，允為持千古之平矣。[66]

案：《薈要》等僅引朱子自謂「少年淺陋之說，久而有所更定」，「朱子說《詩》盡去二《序》」，肯定其說《詩》「涵濡諷詠，務得性情之正，此固律世之大防已」，未涉及其他，與文淵等全異。《總目》等則抽換提要，引楊慎之語，強調朱子「因呂成公太尊《小序》，遂盡變其說」，由宗《序》而改從鄭樵廢《序》，與呂祖謙各尊所聞，導致宗《序》、攻《序》角立相爭，而終不能以偏廢，雙方對峙形勢自此而成。並謂「《欽定詩經彙纂》雖以《集傳》居先，而《序說》亦皆附錄，允為持千古之平矣」，以調停漢宋。

2. 呂祖謙《呂氏家塾讀詩記》

《薈要》提要作：

---

66 〔宋〕朱熹《詩集傳》提要，〔清〕永瑢、紀昀等：《四庫全書總目提要》，卷十五，頁一－三二九。文淵本（頁三〇五，乾隆四十二年十月）、內府寫本（頁一三一，乾隆四十六年三月）提要全同。案：文淵提要為抽換提要，故異於文溯、文津等書前提要。

臣等謹案：《呂氏家塾讀詩記》三十二卷，宋呂祖謙撰。其學首尊毛氏，而節取唐宋諸儒之說。如〈楚茨〉、〈棫樸〉之類，或亦自出新意以附之，然亦不過數篇。**兩宋人解《詩》，惟此最守古說。前有朱子〈序〉，乃祖謙卒後所作，故〈序〉中前幅推許甚力，後幅始恨不與共相商榷。**蓋朱子初亦篤守毛、鄭，後乃自為一家言也。魏了翁論是書，亦謂其求端用力、深切著明。明顧起元遂據祖謙之說，以辨《集傳》，要非無見而云然也。祖謙所纂僅二十餘卷，〈公劉〉以下乃其門人所續成。陸釴云：「得古本於豐氏存叔。」不知存叔又何所本也。乾隆四十一年三月恭校上。[67]

《總目》提要作：

朱子與祖謙交最契，其初論《詩》亦最合，此書中所謂「朱氏」者，即所採朱子說也。後朱子改從鄭樵之論，自變前說，而祖謙仍堅守毛、鄭。故祖謙沒後，朱子作是書〈序〉，稱：「少時淺陋之說，伯恭父誤有取焉。既久，自知其說有未安，或不免有所更定。伯恭父反不能不置疑於其間，熹竊惑之。方將相與反覆其

---

67 〔宋〕呂祖謙《呂氏家塾讀詩記》提要，〔清〕于敏中、王際華等：《四庫全書薈要》（頁一四七，乾隆四十一年三月）。文津（頁二〇七，乾隆四十九年三月）提要相同。與文淵（頁三一〇，乾隆四十六年十月）、文溯本（頁八十，乾隆四十七年四月）等不同。

說，以求真是之歸，而伯恭父已下世云云。」**蓋雖應其弟祖約之請，而夙見深有所不平。然迄今兩說相持，嗜呂氏書者終不絕也。**」」……陳振孫稱其「博採諸家，存其名氏，先列訓詁，後陳文義，翦截貫穿，如出一手，有所發明，則別出之，《詩》學之詳正，未有逾於此書者」；魏了翁作〈後序〉，則稱其能發明詩人「躬自厚而薄責於人之旨」。二人各舉一義，已略盡是書所長矣。[68]

案：《薈要》僅謂此書最守古說，「蓋朱子初亦篤守毛、鄭，後乃自為一家言也」，未及其他。文淵本、《總目》等則抽換提要，增補文字，加入「蓋雖應其弟祖約之請，而夙見深有所不平。然迄今兩說相持，嗜呂氏書者終不絕也。」以強調朱子意氣用事，並謂呂氏此書「博采諸家，存其名氏，先列訓詁，後陳文義。」「能發明詩人之旨」，以彰顯漢學之長。

類似之例極多，不再一一詳舉。透過上舉二例，可以確定館臣其實已經認定朱、呂之爭導源於朱子對呂祖謙過於宗《序》的不滿，這種態度出自於意氣而非學術之辨。館臣此一認知不會太早，應該是在《薈要》編纂成書之後，亦即乾隆四十三年

68 〔宋〕呂祖謙《呂氏家塾讀詩記》提要，〔清〕永瑢、紀昀等：《四庫全書總目提要》，卷十五，頁一－三三一。文淵（頁三一〇，乾隆四十六年十月）、文溯（頁八十，乾隆四十七年四月）提要全同。案：文淵、文溯提要為抽換提要，故異於《薈要》、文津等書前提要。

（一七七八）[69]以後，否則不會出現《總目》抽換原提要，以改變論述內容的情形。

《總目》以朱、呂意氣之爭為尊《序》、廢《序》爭端之起因，此一意見通貫全書，成為論述尊《序》、廢《序》之爭的基本預設。接下來的問題是，此一預設是否為真，是否真能成立？這是可以驗證的一個案例。此前，余嘉錫已曾就這個歷史案件做過詳細的考證，他說：

> 成蓉鏡《駉思堂答問》云：「《提要》謂《集傳》廢《序》，成於東萊之相激。遍考《語類》、《文集》，並無此說。蓋本之《丹鉛錄》。此升庵臆度之詞，元以前無言此者。夫考亭《詩序辨說》，後儒以負氣求勝譏之，固所不免。然謂成於東萊之相激，亦考之未審耳。庚子凡三〈答呂伯恭書〉，玩其辭氣，皆無彼此相激之語。其甲辰〈答潘文辰書〉云：『舊說多所未安，見加刪改，別作一小書，庶幾簡約易讀，若詳考則有伯恭之書矣。』此豈與呂相難者乎？《語類》葉賀孫錄云：『鄭漁仲作《詩辨妄》，力詆《詩序》。始亦疑之，後來仔細看一兩篇，因質之《史記》、《國語》，然後知《詩序》之果不足信。』然則《集傳》之廢《序》，亦文公自廢之耳，其不因成公之尊《序》而盡變其說，亦明矣。又案壬寅序《呂氏家塾讀詩記》云：『此書所謂「朱

69 此據吳哲夫：《四庫全書薈要纂修考》（臺北：故宮博物院，一九七六年），頁七十三。

氏」者，實熹少時淺陋之說。其後自知其說有所未安，或不免有所更定。則伯恭父反不能不置疑於其間，熹竊惑之。』《黃氏日鈔》亦云：『晦菴先生因鄭公之說，盡去美刺，其說頗驚俗，雖東萊先生不能無疑。』據此，則朱、呂論《詩》，誠有不合焉者。然因廢《序》而有異同，非因有所不合而乃廢《序》也。」成氏之說善矣。然所引諸書，作《提要》者皆嘗見之。如「《語類》葉賀孫錄」，《提要》此條引之；「《呂氏家塾讀詩記•序》」，《讀詩記》條下《提要》引之；《黃氏日鈔》之語，《詩總聞》條下《提要》引之。是朱子所以廢《詩序》之故，《提要》非不知也。知之而仍信《丹鉛錄》之臆說者，因紀文達諸人不喜宋儒。讀楊慎之書，見其與己之意見相合，深喜其道之不孤，故遂助之張目，而不暇平情以核其是非也。[70]

成蓉鏡之說重點有四：其一，《提要》謂《集傳》廢《序》，成於東萊之相激。朱子著作中完全沒有此說，元以前亦無類此說法。此說本之於楊慎《丹鉛錄》，是楊氏的臆說，沒有任何佐證；其二，後儒固然有以「負氣求勝」譏諷《詩序辨說》者，但不能說此書「成於東萊之相識」。因朱、呂二人通信頻繁，庚子年的三封〈答呂伯恭書〉不僅沒有「彼此相激之語」，甲辰年的〈答潘文辰書〉更是肯定呂氏之書；其

70 余嘉錫：《四庫提要辨證》（香港：中華書局香港分局，一九七四年港版），頁三十六。

三，據《語類》所載，朱子自謂《集傳》廢《序》，是其自廢之，與呂祖謙尊《序》毫無關係；其四，「朱、呂論《詩》，誠有不合焉者。然因廢《序》而有異同，非因有所不合而乃廢《序》也。」成氏所舉四點，證據充分，論證亦嚴謹，完全破除了《總目》所持《詩序辨說》「成於東萊之相譏」說法。余嘉錫同意成蓉鏡的推論，並具體指出成蓉鏡所列的各種資料，其實全都見於《總目》提要，不能說《總目》失察未見。余氏的結論是，館臣不是不知這些資料的存在，知道同時也引用了這些資料，卻仍相信楊慎臆說，令人不解。余氏強調真正的答案應出自於館臣不喜宋儒，有此成見在心，所以才逕自採用楊慎的妄言，據以造出「尊《序》」與「廢《序》」來自於朱、呂之意氣相爭此一論述。此種作法是不問是非，只有立場，就學術研究而言就是不誠實，並不足取。

（三）對於館臣藉《總目．詩類》的編輯，建構「漢宋對峙」理念的討論。

《四庫總目》的經部各類中，有別於其他各經的編輯，《詩》類的編輯工作最特別細緻，處理方式也最值得討論。此因《詩》類的著錄部分，從卷首的《詩序》始，至卷末顧鎮的《虞東學詩》止，所收著錄書環環相扣，構成了完整的論述體系，清晰的彰顯了館臣標榜的「漢宋對峙」主題，也為《經部總敘》所揭櫫的「漢學、宋學兩家，互為勝負」說法，做了最契合的說解，這是其他各經罕見的成就，就建立經學發展理論而言，是相當成功的作法。[71]

如何透過《詩》類著錄各書及其提要，以建構「漢宋對峙」為中國經學發展的主軸，並據以解釋歷代經學流變，不是一件簡單容易的工作。《四庫》館臣的作法有幾個重點，以下分別說明：

1. 首先，確定《詩序》一書的價值，為《詩經》學討論的基礎。由於此書有作者爭議及內容真贋參半的問題，必須先行處理。館臣的作法是，以清高宗的〈書小

71 紀昀在其後所撰的〈詩序補義序〉（《紀曉嵐文集》第一冊，卷八，頁一五六）中，對於《詩》類著錄書籍的安排，即做過簡要的說明，他說：「余於癸巳受詔校秘書，……以聖人之志，藉經以存；儒者之學，研經為本。故經部尤纖毫不敢苟。凡《易》之象數、義理，《書》之今文、古文，《春秋》之主傳、廢傳，《禮》之王、鄭異同，皆別白而定一尊，以諸雜說為之輔。惟《詩》則託始《小序》，附以《辨說》，以著爭端所由起，終以范蘅洲（家相）之《詩瀋》，姜白巖（炳璋）之《詩序補義》，顧古〔古〕湫（鎮）之《虞東學詩》，非徒以時代先後次序應耳也。」可見他經之以時代先後為次，藉以「別黑白而定一尊」，而《詩》類著錄書籍的安排，以《詩序》開端，而附以朱熹《詩序辨說》，重點在說明歷代《詩》學爭端肇始於此。末以范家相之《詩瀋》、姜炳璋之《詩序補義》，顧鎮之《虞東學詩》等三書作結：「以范氏之書，持王（質）、何（楷）兩派之平；以姜氏、顧氏之書，持《小序》、《集傳》之平。六七百年朋黨之習，舍是非而爭勝負者，其庶幾少息矣乎。」原因在於三家說《詩》皆持論和平，不放言高論，以篤實近理之態度，斟酌《詩序》、《詩集傳》二家之是非，調停兩家之說以解其紛，破除南宋以下數百年門戶朋黨之見，從而達到「各取所長，則私心祛而公理出，公理出而經義明矣」的最終目的。藉此建構起一個新的學術史觀點，這是《詩》類與他經最大的差異所在。

序考〉為依據，在「《詩序》不可廢」的指示下進行討論，以確定這部書的歷史地位。接著，又徹底檢討了《詩序》的作者爭議，透過考證，判定「序首二句為毛萇以前經師所傳；以下續申之詞，為毛萇以下弟子所附，仍錄冠詩部之首，明淵源之有自。」[72]此書最後附錄了朱熹的《詩序辨說》二卷，用意在窮源溯流，說明「四、五百年以來，說《詩》者門戶之爭，自此書始也。」[73]

其次，為了加強並維護《詩序》在《詩經》學的特殊地位，館臣又對緊接《詩序》之後的《毛詩正義》做了一些調整。此前《薈要》（頁一四二，乾隆四十年五月）《詩》類收入的首部書即為「《毛詩註疏》三十卷」，文溯（頁七十六，乾隆四十七年五月）書名、提要相同，可見書前提要皆如此。《薈要》提要原作：

臣等謹案：《毛詩註疏》三十卷，漢鄭康成箋，唐孔穎達疏。《詩》惟毛《傳》、鄭《箋》至為雅奧，孔氏集南北朝諸儒之長，作為義疏，形名度數，于是為詳。宋王安石自作《新義》，屏棄注疏，晁氏譏之。明初取士，孔《疏》、朱《傳》猶並重焉。蓋《詩》隨乎樂，樂附於禮，康成以禮言

72 《詩序》提要，〔清〕永瑢、紀昀等：《四庫全書總目提要》，卷十五，頁一－三二一。

73 《詩序》提要，〔清〕永瑢、紀昀等：《欽定四庫全書簡明目錄》，卷二，頁六－十三。

《詩》，其說至煩而不可厭也。惟穎達《疏》猶為克守家法。明刻本不載鄭氏《詩譜・序》，今本已補入。毛晉刻本〈關雎〉篇誤以陸氏《釋文》混入鄭《箋》，今亦校正，信為善本云。乾隆四十年五月恭校上。[74]

及至《總目》，不僅書名改為《毛詩正義》，提要也完全改寫，字數更大幅增加至千餘字，其中最關鍵的內容為：

> 至宋鄭樵，恃其才辨，無故而發難端，南渡諸儒，始以掊擊毛、鄭為能事。元延祐科舉條制，《詩》雖兼用古註疏，其時門戶已成，講學者迄不遵用。沿及明代，胡廣等竊劉瑾之書，作《詩經大全》，著為令典，於是專宗朱《傳》，漢學遂亡。然朱子從鄭樵之說，不過攻《小序》耳。至於詩中訓詁，用毛、鄭者居多。後儒不考古書，不知《小序》自《小序》，《傳》、《箋》自《傳》、《箋》，鬨然佐鬥，遂併毛、鄭而棄之。是非惟不知毛、鄭為何語，殆併朱子之《傳》亦不辨為何語矣。……今特錄其書，與《小序》同冠《詩》類之首，以昭六義淵源，其來有自。孔門師授，端緒炳然，終不能以他說掩也。[75]

---

74 《毛詩註疏》提要，〔清〕于敏中、王際華等：《四庫全書薈要》，頁一四二。

75 《毛詩正義》提要，〔清〕永瑢、紀昀等：《四庫全書總目提要》，卷十五，頁一－三二二。

案：《薈要》、文溯提要簡略，略述歷代《詩經》學的歷史，絲毫不提宋儒鄭樵掊擊毛、鄭之事，更未涉及漢、宋問題。《總目》則詳述歷代《詩經》學發展，除強調《毛詩正義》與《詩序》同為《詩經》學之淵源外，同時藉此說明漢、宋學之門戶分立，關鍵在於南宋諸儒刻意排除毛、鄭古註疏，棄而不用，有密切的關連，也凸顯出「漢宋對峙」之說其來有自。[76]

2.南宋以下漢、宋學門戶分立，彼此相傾軋達四五百年之久，其開端起於朱熹、呂祖謙廢《序》、尊《序》之針鋒相對，這是歷史事實，也毋庸置疑。但館臣貶斥宋儒成見在心，無視客觀事實，寧採楊慎無根之言為據，逕自認定朱、呂之爭出自於意氣，並於各書提要中再三做此評斷，就要求嚴謹的學術論述而言，這是極端失策的作法，也是建構「漢宋對峙」理念時一個敗筆，應避免而未避免，殊為可惜！[77]

---

76 案：文淵（頁二九〇，乾隆三十九年二月）、內府寫本（頁一二〇，乾隆四十六年三月）書名、提要皆同於《總目》，文津（頁一九六，乾隆四十九年五月）書名亦作「《毛詩註疏》三十卷」，提要與殿本（頁一－三二二）、浙本《總目》（頁一一九）相同。文淵異於《薈要》，卻同於較晚之《總目》提要，可見文淵提要雖經抽換，但未改進呈時間。

77 在晚於《總目》的〈詩序補義序〉（《紀曉嵐文集》第一冊，卷八，頁一五六）中，紀昀雖然仍堅持漢學、宋學之爭在意氣，「各挾一不相下之心，而又濟以不平之氣，激而過當，亦其勢然與！」但已不再強調「尊《序》」與「廢《序》」來自於朱、呂二人之意氣相爭此一說法，可見紀氏晚年態度已有若干調整。

3.《詩》類著錄各書之後，以調和漢、宋的顧鎮《虞東學詩》作結，是相當合理的安排。館臣在《詩序》附錄《詩序辨說》，以彰顯《詩經》學起釁之由來，這是經學由合而分的開端，隨著廢《序》、尊《序》的對立互斥，影響此下數百年學風，也形成「漢宋對峙」的局面，但基本上是新學壓倒舊學，宋強而漢弱的態勢。及至清代漢學復興，局勢大為改觀，反而一轉而為漢強宋弱。此時惠周惕《詩說》、楊名時《詩經劄記》、嚴虞惇《讀詩質疑》、范家相《詩瀋》、姜炳璋《詩序補義》等不主一家，兼採《小序》、《朱傳》的著作紛紛出現，或斟酌於二家之間，而斷以己意；或毛、朱兩家對舉，無所偏主；或於毛、朱兩家，擇長棄短，非惟不存門戶之心，亦併不涉調停之見。經學因之由分而合，走向摒棄門戶對立，唯實是求的學風。在這許多著作中，館臣以力主調和漢、宋的顧鎮《虞東學詩》作為著錄書的結束，其實頗有深意。原因在於此書：

> 蓋於漢學、宋學之間，能斟酌以得其平。書雖晚出，於讀詩者不無裨也。[78]

78 〔清〕顧鎮《虞東學詩》提要，〔清〕永瑢、紀昀等：《四庫全書總目提要》，卷十六，頁一—三五九。案：顧鎮此書，錢大昕〈《虞東學詩》序〉謂其「斟酌古今，不專主一家言，義有可取，雖邇言必察；若與經文違戾，雖儒先訓詁，亦不曲為附和。偶出新意，問者頤解，以為得未曾有。又嘗病世人詁經，多剿襲成說以為己有，故雖一字一句，必標其本書。蓋不以一己之意為是，而必求諸古今之公論，以推詩人之志，設孟氏而在，其必謂之善說《詩》矣。」《潛研堂文集詩》（上海：上海古籍案：文淵（頁三七二，乾隆四十四年十一月）、文溯（頁九十三，乾隆四十七年八月）、文津本（頁二四八，乾隆四十九年三月）等書前提要相同。「津圖紀稿」（頁二－五五四）、浙本（頁一三六）、殿本（頁一－三五九）《集傳》據書前提要修改，如「是書大旨以講學諸家尊《集傳》而抑《小序》，博古諸家又申《小序》而疑《集傳》」下，原作「《集傳》既不敢不從，《小序》又不可竟廢。于是委曲調停，驛騎於兩家之間，謂其說本無大異，是亦解紛之一術也。徵引者凡數十家」，改為「搆釁者四五百年，迄無定論，故作是編，調停兩家之說，以解其紛。所徵引凡數十家」；原作「在漢學、宋學之間，可謂能持其平者矣」，改為「蓋於漢學、宋學之間，能斟酌以得其平」。

不僅如此，為了凸顯編輯《詩》類的用意，館臣更在此書提要末另加上文淵等書前提要原無的「案語」，明言：

> 案：諸經之中，惟《詩》文義易明，亦惟《詩》辨爭最甚。蓋詩無達詁，各隨所主之門戶，均有一說之可通也。今核定諸家，始於《詩序辨說》，以著起釁

出版社，一九八九年），頁三八四。錢氏為當代漢學大家，對此書的肯定集中在「斟酌古今，不專主一家言」，實事求是，以求詩人之志上，並未涉及所謂漢宋門戶之見。足見強調顧氏治《詩》特色在調和漢宋，刻意凸顯此書能斟酌漢宋二家之平，應是館臣建構此一觀點的一個手段。

之由；終於是編，以破除朋黨之見。凡以俾說是經者，化其邀名求勝之私而已矣。是編錄此門之大旨也。[79]

就此而言，館臣藉《詩》類建構「漢宋對峙」史觀的努力，以《詩序辨說》始，以著起釁之由；再以《虞東學詩》作結，達到消弭門戶、破除朋黨之見的最終目的。整個編寫過程環環相扣，秩然有序，與其他各經相較，的確是用心設計，迥然有別。

若結合《四庫全書總目・經部總敘》、《四庫全書・經部詩類小序》、《詩序》提要、朱熹《詩集傳》提要、呂祖謙《呂氏家塾讀詩記》提要及顧鎮《虞東學詩》提要等內容觀察，可以清楚看出：《經部總敘》開宗明義提出經學史始於孔子，以下歷代變化雖多，也各有利弊得失，但綜括而論，經學的主流不外乎「漢學、宋學兩家，互為勝負。……消融門戶之見而各取所長，則私心祛而公理出，公理出而經義明矣。」[80]《經部詩類小序》則說明漢、宋之爭，經義之外，意氣成份居多，因而有數百年門戶之對峙，「然攻漢學者，意不盡在於經義，務勝漢儒而已；伸漢學者，意亦不盡在於經義，憤宋儒之詆漢儒而已。各挾一不相下之心，而又濟以不平之氣，激而

79 〔清〕顧鎮《虞東學詩》提要末「案語」，〔清〕永瑢、紀昀等：《四庫全書總目提要》，卷十六，頁一－三五九。

80 〔清〕永瑢、紀昀等：《四庫全書總目提要》，卷一，頁一－五十三。

過當，亦其勢然歟？」[81]《詩序》提要刻意隨文附上《詩序辨說》的異見，則用意在「著門戶所由分。蓋數百年朋黨之爭，茲其發端矣。」[82]至於朱熹《詩集傳》提要、呂祖謙《呂氏家塾讀詩記》提要則進一步說明廢《序》、尊《序》之所以起。顧鎮《虞東學詩》殿於《詩經》著錄之末，主要由於此書「於漢學、宋學之間，能斟酌以得其平」[83]，調和漢、宋，呼應了《經部總敘》主張的「消融門戶之見而各取所長」，以此書作結束，用意在終結漢、宋互相攻訐，去除門戶之見，最終達到「經者非他，即天下之公理」的理想。《經部詩類》的結構，也充分證成了「漢宋對峙」為經學發展的主流，這是館臣建構嶄新學術史觀的具體成果。

四、結語

「宋學」一詞，最早出現於明唐樞所作的《宋學商求》；「漢學」一詞，最早則出現於清惠棟所作的《易漢學》，在此以前，不曾有將二者對舉，作為不同學風（或

81 〔清〕永瑢、紀昀等：《四庫全書總目提要》，卷十五，頁一—三二〇。

82 《詩序》提要，〔清〕永瑢、紀昀等：《四庫全書總目提要》，卷十五，頁一—三二一。

83 〔清〕顧鎮《虞東學詩》提要，〔清〕永瑢、紀昀等：《四庫全書總目提要》，卷十六，頁一—三五九。

學派）的專有稱呼。最早且正式將二者對舉，用來作為經學中二種不同治學風格的即是《四庫全書總目・經部總敘》。《四庫》館臣薈萃眾說，首先將「漢學」、「宋學」對舉，以二者各自代表不同的學風與治學方法，在經學領域內具體落實，用為比較的標準，建構起「漢宋對峙」的模式，藉此解釋中國經學史的發展與演變，這是《總目》的創舉。此一作法可能受到清高宗乾隆五年上諭的影響，[84]但將此一說法具體落實為「漢學」、「宋學」二者對舉，則《四庫》館臣應是最大的功臣。

為了建立一個完整的學術典範，《總目》針對《詩經》類著錄書及提要，做了堪

[84] 清高宗乾隆五年（一七四二）十月己酉發出的〈訓諸臣研精理學諭〉說：「有宋周、程、張、朱子於天人性命大本大原之所在，與夫用功節目之詳，得孔孟之心傳，而於理欲、公私、義利之界，辨之至明。循之則為君子，悖之則為小人。為國家者，由之則治，失之則亂，實有裨於化民成俗、脩己治人之要。所謂入聖之階梯，求道之塗轍也。學者精察而力行之，則蘊之為德行，學皆實學；行之為事業，治皆實功。此宋儒之書所以有功後學，不可不講明而切究之也。今之說經者，間或援引漢唐箋疏之說。夫典章制度，漢唐諸儒有所傳述考據，固不可廢；而經術之精微，必得宋儒參考而闡發之，然後聖人之微言大義，如揭日月而行也。」此處固然沒有出現「漢學」、「宋學」名稱，但已將宋代道學與漢唐箋疏之學對比，其意義是完全相同的。四庫館臣揭舉「漢學」、「宋學」對立的說法，以當時政治情況觀察，受到清高宗的啟示，是非常可能的。清高宗上諭見中國第一歷史檔案館編：《乾隆朝上諭檔》（北京：檔案出版社，一九九一年），第一冊，一六〇〇條，頁六四八。又（清）慶桂等編：《清實錄・高宗實錄》（北京：中華書局，一九八五年），卷一二八，總頁八七五，乾隆五年十月己酉。

稱縝密的規劃，以南宋以下《詩經》學糾纏數百年的廢《序》、尊《序》之爭為主體，透過增刪修改及抽換提要等方式，將提要論述重點聚焦在廢《序》、尊《序》問題上，同時進一步將廢《序》、尊《序》之爭，擴大解釋為「漢學」、「宋學」二者的爭議。配合提要內容的調整，以建構完整的論述體系，館臣藉著《經部總敘》、《經部詩類小序》以及《詩序》提要、《詩集傳》提要、《呂氏家塾讀詩記》提要、顧鎮《虞東學詩》提要，再加上案語的論述，將「漢宋對峙」此一概念，發展為近乎完整的思想體系，也成為《總目》論述經學發展的基本理念，以今視之，這個作法代表了官方的經學態度，「漢宋對峙」也因此成為探討經學或經學史時，必然涉及的論題，其影響至今依然存在。這可說是《四庫總目》對經學詮釋的一個貢獻。

學術研究工作講究實事求是，經學研究自不例外。探討《四庫總目》的經學思想時，也必須以堅實的文獻作為基礎，唯有植基於可信的文獻上，加上嚴謹的分析論證，所做出的研究成果，才可能成為信而可徵的論述，為學界普遍接受。這是從事經學研究時，何以必須以具體可信的文獻資料為後盾的最重要理由。

* 原刊《中國經學》第三十輯（二〇二二年八月），頁一－二十六。

參考書目

于敏中、王際華等：《四庫全書薈要》，臺北：世界書局，一九八五年影印摛藻堂《四庫全書薈要》本。
江慶柏等編：《四庫全書薈要總目提要》，北京：人民文學出版社，二〇〇九年。
江慶柏等整理：《四庫全書初次進呈存目》（北京：人民文學出版社，二〇一五年。
四庫全書出版工作委員會編：《文津閣本四庫全書提要匯編》，北京：商務印書館，二〇〇六年。
永瑢、紀昀等：《天津圖書館藏紀曉嵐刪定《四庫全書總目》稿本》，北京：國家圖書館出版社，二〇一一年。
——：《文淵閣本四庫全書卷前提要》，李國慶輯《四庫全書卷前提要四種》本，鄭州：大象出版社，二〇一五年影印文淵閣本。
——：《內府寫本卷前提要》，李國慶輯《四庫全書卷前提要四種》本，鄭州：大象出版社，二〇一五年影印天津圖書館藏本。
——：武英殿本《四庫全書總目提要》，臺北：臺灣商務印書館，一九八三年影印武英殿原刻本。
——：《四庫全書總目》，北京：中華書局，一九六五年，影印浙江杭州本。
——：文淵閣原鈔本《四庫全書簡明目錄》，臺北：臺灣商務印書館，一九八三年，影印文淵閣本。
金毓黻輯：《金毓黻手定本文溯閣四庫全書提要》，北京：中華全國圖書館文獻縮微複製中心，一九九九年影印康德二年遼海書社排印本。
四庫全書出版工作委員會編：《文津閣本四庫全書提要匯編》，北京：商務印書館，二〇〇六年。
中國第一歷史檔案館編：《纂修四庫全書檔案》，上海：上海古籍出版社，一九九七年。

朱熹：《朱子語類》，臺北：文津出版社，一九八六影印北京中華書局點校本。
黃震：《黃氏日抄》，臺北：大化書局，一九八四影印日本立命館大學圖書館藏乾隆三十三年刊本。
宋濂、王禕等：《元史》，臺北：鼎文書局，一九七七影印北京中華書局本。
張廷玉等：《明史》，臺北：鼎文書局，一九七五影印北京中華書局本。
清高宗：《清高宗御製詩文全集》，臺北：國立故宮博物院，一九七六年影印原刻本。
慶桂等編：《清實錄・高宗實錄》，北京：中華書局，一九八五年。
中國第一歷史檔案館編：《乾隆朝上諭檔》，北京：檔案出版社，一九九一年。
顧炎武：《原抄本日知錄》，臺北：明倫出版社，一九七〇年。
朱彝尊：《經義考》，京都：中文出版社，一九七八年影印中華書局《四部備要》本。
紀昀：《紀曉嵐文集》，石家莊市：河北教育出版社，一九九五年。
錢大昕：《潛研堂文集詩》，上海：上海古籍出版社，一九八九年。
戴震：《戴震文集》，北京：中華書局，一九九〇年第二次印刷。
余嘉錫：《四庫提要辨證》，香港：中華書局香港分局，一九七四年。
吳哲夫：《四庫全書薈要纂修考》，臺北：故宮博物院，一九七六。
夏長樸：《四庫全書總目發微》，北京：中華書局，二〇二〇年。

後記

黃懿梅

長樸退休後致力於《四庫全書總目》的研究。這十年當中，除了必須要辦的事情外，他每天讀書將近八小時。每當我說：「哦！你又坐在『四庫寶座』上了。」他會對我微微一笑，一副怡然自得的樣子。

長樸在二〇二〇年八月才經歷了急性心肌梗塞，十二月又被診斷出第四期肺腺癌。接連的壞消息，我們心情如何可想而知。從震驚中回過神後，我跟他說：「我們就高高興興地過每一天，其他就交給醫生吧。」他欣然同意。（其實這也是他一向面對疾病的態度：打敗它，不然就和它共存。）之後他的心思又轉回《四庫》研究，打算用一年時間寫四篇有關《四庫全書總目》的文章。事與願違，他二〇二一年十一月過世時只完成兩篇。

這本論文集共收錄六篇論文，包括已發表的四篇與病中完成的兩篇，可以分為兩部份。文獻編共有論文四篇。其中已發表的三篇，探討中國國家圖書館、中國國家博物館、南京圖書館所藏《四庫全書總目》稿本的編纂時間以及與其他殘稿的可能關係。未發表的一篇討論文淵閣《四庫全書》書前提要的校上時間，並提出一些具體可行的方法，來判斷書前提要是否被抽換過。

長樸在年輕時曾說過：「如果有時間去做版本目錄，我一定會做得不錯。」這幾篇是否成功，我是外行，不能判斷。但就如長樸常說的：「做得好不好不重要，做得開心才重要。我們拍鳥不就是這樣嗎？」他的確做得很開心。

經學思想編的兩篇文章基本上探討同一主題。第一篇主張《四庫全書總目》是以「漢宋對峙」這個觀念來分析及解釋中國學術史的發展。第二篇是以《四庫全書總目・經部詩類》為例，探討「漢宋對峙」觀點的淵源以及形成的過程。

對這兩篇論文，我們可以問兩個問題。第一問題是：長樸對《四庫全書總目》的詮釋是否成立？如果答案是肯定的，也就是說《四庫全書總目》的確用了「漢宋對峙」的觀念來解釋中國學術史（或經學史）的發展，那麼就可以問第二個問題：《四庫全書總目》對中國學術史（或經學史）的這種解釋，是否是最佳解釋？是否可能有其他更好的解釋？長樸對第一個問題的答案一定是肯定的。至於他對第二個問題有什麼進一步的看法，就不得而知了。

長樸是一個溫暖的人，心中常懷感恩。幼時因病休學，由於父親在外地工作，每次都是由一位家中友人背著他去醫院看病。長樸大學時這位友人去世。從那時起到二〇二〇年，長樸每逢清明都會到他的墓地鞠躬。臺大中文系是他受教育及一輩子工作的地方。他說過只要臺大中文系需要，他會義無反顧，全力以赴。為了感謝臺大醫院三十年來的醫療照顧，他也希望捐出大體供醫學教育與研究使用。可惜最後身體狀況不佳，無法達到標準，只捐了眼角膜。「有恩報恩，有仇不報」就是他的寫照。

我們出版這本論文集來記念他，也趁這個機會感謝所有的朋友。

謝謝王汎森教授和虞萬里教授在百忙之中為本書作序。

謝謝陳鴻森教授建議我寫這篇後記，作為思憶長樸的一種方式。

謝謝伊庭以及秀威資訊。這本論文集在無法符合當今學術出版界規定著作送審後，要經過作者修改才能面世的情況下，仍能順利出版，是他們大力協助的結果。

謝謝嶽麓書院的朋友們。

謝謝蔡長林教授費心撰寫〈先師夏公學述〉。

謝謝長林、啟書、素芬、美秀、玟觀、寶文、惟仁、芳華協助校對工作稿。

謝謝長樸的學生：美秀、芳華、長林、惟仁、琍君在這段時間給我的幫忙與支持。

二〇二三年五月

附錄

夏長樸教授事略

夏長樸教授於民國三十六年九月十九日生於武昌。隨著父母來臺，在臺中度過大半童年，高中時轉學至臺北師大附中畢業。在臺大中文系取得學士、碩士、博士三個學位後，留校任教，直到二〇一〇年為專心研究寫作，提早退休。臺大之外，曾在東吳大學與文化大學兼任，並客座於香港大學。退休後也在湖南嶽麓書院講學。

數十年教學生涯中，主要教授課目包含：論孟、四書、史記、中國思想史、秦漢學術思想史、宋代學術思想史與近三百年學術史等。此外也指導臺大與外校博碩士學生數十人。

夏教授熱心學術服務，樂於幫助同儕後進。除出任臺大文學院副院長外，也參與臺大系院校各委員會，教育部、國立編譯館、中央研究院與國科會各類審議評鑑委員。

一生喜歡閱讀。幼時曾因病休學兩年，只能在家看書打發時間，讀無可讀之後，連食譜也不放過。中學開始聽古典音樂，成為終身興趣，從自己錄製卡帶，收集黑膠唱片，到收集CD，到國家音樂廳的現場音樂會，廣聞細品。晚年仍津津樂道一九九二年第一次現場聽到歐美一流樂團之一——舊金山交響樂團在臺北的音樂會。平日除了聆聽外，也喜歡比較同一首曲子，由不同音樂家呈現的多樣詮釋。

大約二十年前起，夏教授固定每天早晨在臺大校園運動。二〇一三年左右，結合運動與校園賞鳥，也參加新舊鳥友在臺北各處的打鳥活動。即使去年底診斷癌症四期，只要身體狀況允許，仍然回臺大校園走路、拍鳥。

夏教授的研究領域集中在漢、宋、清代學術思想史。就讀研究所時，初始興趣在清代，但指導教授何佑森老師建議從漢代入門，寫成碩士論文《兩漢儒學研究》，並收入臺大文史叢刊出版。博士班也在老師建議下集中於北宋時期，寫成論文《王安石的經世思想》。之後繼續關注漢宋學術史，著有《李覯與王安石研究》、《王安石新學》、《北宋儒學與思想》、《儒家與儒學探微》等書，興趣並逐漸轉回最初的清代學術史。

退休後花了十年工夫，以《四庫全書總目提要》為中心，研究清代學術思想由宋學轉漢學的轉折。以版本文獻學為基礎，踏訪臺北國家圖書館及浙江、上海、北京、南京、天津各圖書館，比對研究其收藏之不同《四庫全書總目》稿本與版本。夏教授主張中國學術史在清代轉折的幕後，其實是乾隆皇帝本人。相關研究，包括文獻學考證與思想分析，已出版《四庫全書總目發微》一書。病後，仍想在剩餘的日子繼續突破。無奈身體日漸衰弱，在去世前只完稿兩篇，與筆記若干。結集為《四庫全書總目闡幽》出版，期待《四庫》研究不絕，後繼有人。

先師夏公學述

蔡長林
中央研究院中國文哲研究所研究員

小引

先師夏公遽歸道山，遺命長林校訂存稿六篇，尋機出版。頃奉師母之命，草就〈先師夏公學述〉一文，以為全書附錄。長林於先師學問，僅得一端，其學其識，誠不足以頌揚清芬。然以久炙先師門下，時聆教益，於先師治學歷程，或能敘其一二。故不揣疏陋，謹就先師治學大端，略加陳述，實未能盡先師學術精微於萬一，倘有助後之覽者得按圖索驥之效，則是幸是盼矣。

前言

先師夏長樸教授（一九四七－二〇二一）畢業於臺灣大學中國文學系，博士畢業留校任教，曾任臺灣大學中國文學系特聘教授、臺灣大學校長遴選委員、臺大醫學院院長遴選委員，兼任臺灣大學文學院副院長、《臺大文史哲學報》總編輯、《臺大中文學報》主編等職。應邀任香港大學中文系客座教授、南京大學人文社會高級研究院訪問學者（講座教授）。先師研究領域涵蓋中國學術思想史，中國經學史暨儒家思想，議題所涉包含漢、宋、清學諸多面向，專著計有《兩漢儒學研究》（一九七三）、《王安石的經世思想》（一九八〇）、《李覯與王安石研究》（一九八九）、《儒家與儒學探究》（二〇一四）、《北宋儒學與思想》（二〇一五）、《王安石新學探微》（二〇一五）、《四庫全書總目發微》（二〇二〇）等，另有遺著《四庫全書總目闡幽》（編案：即本書）。本文略依漢學、宋學、清學研究之序，稍加鉤勒，盼能體現先師數十年辛勤耕耘之所得。

先師治學以漢代儒學為起點，其後深耕王安石與宋代學術數十年，世紀之交則回歸所熱愛之清代學術，尤其是《四庫》學領域。先師自敘其研究興趣，實以探究清代學術發其端。緣於碩士修業期間，修習何佑森先生「中國近三百年學術史」課程，其時從事清代學術研究者不多見，相關著作除梁啟超、錢穆之《中國近三百年學術史》，及梁啟超之《清代學術概論》外，須由閱讀清人文集來增加對清代學術之認識，可見此一領域亟待開發。其時先師已透過通讀全祖望《鮚埼亭集》接觸學術史論述，對謝山先生所言明末清初乃至南宋學人學術產生極大興趣，希望以此為題撰寫碩士論文。惟何佑森先生認為清學乃集傳統學問之大成，欲治清學當由兩漢學術入手，故先師《兩漢儒學研究》一帙，即為碩士階段學習成果。此書之殺青，先師自言下過苦工，內容皆建立在紮實的文獻基礎之上。包括對兩漢儒學文獻的認真研習，也包括了對前四史的仔細校讀，是故所論皆由自家體會而來。

博士研習階段，先師本欲以《白虎通》為題，更已初步擬好博士論文大綱，一俟何先生同意即可動筆。後因何先生偶然建議先師閱讀王安石文集，先師閱後頗感王安石思想與己相契，便依從何先生建議，以王安石為研究對象，《王安石的經世思想》即為先師博士論文。先師由漢至宋，看似跨越千年鴻溝，若細細品味，不難發現背後蘊含相同的核心關懷。無論漢代儒學或王安石新學，先師所重者皆是儒學「經世致用」之精神，以故對於漢宋學術之判斷，頗能跳脫概念性思維，而從學術與現實互動中，彰顯漢代儒學底蘊與王安石思想義涵。

先師從事宋代學術研究數十年，成果豐碩，累累計數十篇，裒成專著數種。一九九五年，先師承接何佑森先生「中國近三百年學術史」課程，因備課所需而廣閱文獻。

發現過往對清代學術的探討偏重在明末清初，侈談經世致用之說，卻忽略了治學術史當「辨章學術，考鏡源流」。先師始終認為學術是發展變化的，正如清初講求經世致用之學轉向乾嘉考據學，箇中原因便相當值得探討。過往以清廷高壓政治或顧炎武之提倡來解釋學風轉變之因，或有過於簡單之嫌。也因世代交替之故，先師重回清代學術領域，尤以乾嘉時期為主，探討對象集中在《四庫全書總目》所蘊藏的學術課題。

先師以極大熱忱從事學術研究，為人不計利害得失，治學盡顯專注篤實。屢屢告誡長林，從事中國古典學術研究者，時常忽略材料的重要性，便急著提出學術判斷，然而基礎不穩，所下工夫都是枉然。從先師研究成果觀之，往往先確立文獻根據之可靠性與其代表性，以此為根基，進而對重要學術現象提出個人分析，闡述其間意義。此一從文獻考證出發以闡述學術思想的治學特點，始終貫串在先師著作之中，尤其表現在晚年《四庫》學研究之上。以下略依漢、宋、清三階段，闡述先師學術成果。

一、兩漢儒學研究

漢繼秦而起，武帝藉儒術統一思想，用以治國牧民。然而儒學成為漢代思想主軸的發展過程，仍有待深入探討。先師碩士論文《兩漢儒學研究》撰作之目的，即在清理兩漢儒學內涵與演變脈絡。全文分上下二編，上編為「兩漢儒學的發展」，係對兩漢儒學作縱軸剖析，寫作方式以歷史敘述為主，對漢初從「黃老道術」轉向「獨尊儒術」的經過、獨尊儒術後，兩次學術會議召開之因，以及東漢讖緯興起乃至與經學抗衡的成因，作提綱挈領的討論。下編為「兩漢經學與人事」，著重橫向的擴展，以個案為主體，呈現兩漢政治與學術間的互動關係，就經學在人事上的應用情形，及其對當時政治、社會產生的影響，作整體的探討。

在上編中，先師分為「高祖－武帝」、「宣帝－章帝」、「讖緯之學的興起與衰落」三個階段，呈現漢代儒學發展的脈絡。首先根據史傳記載，指出漢初學術人物如何一步步說服皇帝接納儒學為官方正統學術，如叔孫通說服漢高祖起朝儀、陸賈以「文武並用」為「長久之術」等例，皆可見儒學的發展需與現實政治尋求呼應，然漢初皇帝近臣皆深諳黃老之學者，是以儒學未獲青睞，則又見政治現實對學術地位的影響。值得注意的是，先師對漢初這個階段的觀察，敏銳的掌握到賈誼、晁錯等人儒學頗有沾染法家、陰陽家思想的傾向，先師認為這是儒學包容性與適應性的展現，也是儒學最終登上政治舞臺的原因。此等論斷，除了展現先師對學術發展的敏銳觀察之外，尤有助於吾人思考當代儒學面對現實世界，如何展現其包容性與適應性的一面。

武帝時期，面對王國諸侯坐大、土地兼併、工商壟斷等政治社會局勢，朝廷亟需改變治國方針，儒學即緣此而起，成為帝國官學。先師剖析董仲舒策論主旨，分述「天人相與」、「法古更化」、「重視教育」、「拔擢人才」、「禁止與民爭業和限民名田」、「罷黜百家獨尊孔子」等要點，認為董氏除以天意限制君權之外，目的在以仁義禮樂為治國教化措施，同時以教育培養人民崇仁習禮之風，最終使儒學思想在政治與社會、文化的層面上定於一尊。由此可見，先師關注所及，不在儒學為學術上一家之言，而在儒學成為對現實世界具支配之力的官方統治原則。

儒學定於官學，成為利祿之途後，經說分歧因是滋生，紛擾亦隨之而來。先師根據石渠奏議、劉歆爭立古文經與白虎議奏三事件的相關文獻進行論述，強調經說分歧不僅是學術事件，更是政治上的較量。在具體分析上，指出石渠議奏源於《公》、《穀》爭立學官，而宣帝偏好本在《穀梁春秋》，才促成了此次會議的召開。（近年辛德勇《製造漢武帝》提出某些顛覆性看法，包括對宣帝親近《穀梁》之說提出質疑。然而在沒有出現具備更強說服力的證據之前，辛說僅供參考。）又如白虎議奏目的不僅在「正經義」，更具有分目完備、規模完整的組織法意味，象徵漢帝國透過儒學統一學術與政治之成果。至於哀平之際大盛的讖緯之學，先師亦著眼於政治功能，如王莽借讖緯篡漢，中興以來諸帝效仿，亦以圖讖自重，皆可見學術影響政治之深。以此為基礎，先師進一步指出讖緯風氣不只是權力競逐的工具，更對實際事務產生影響，包括登用人才、制作禮樂、定經義與審律曆等官方舉措，皆是在讖緯介入經說的情況下產生。

根據上編的考察，先師眼中的漢代儒學形象，表現出強烈的「通經致用」色彩。下編即以此為基礎，分述儒學在政治、社會各層面上的應用，尤其著重在思想與吏事如何相輔相成，以造成華夏兩千年來基本面目的儒學對現實世界的影響力。在政治方面，先師舉漢臣對主上之諫諍、權臣對君位之廢立，以及徙陵移民、官職增改、州界更定等制度層面之舉措，來加深其學術影響現實世界之論斷。同時，藉由對外之征伐、任官賜爵之決定、對抗外戚宦官乃至據〈禹貢〉為治河之策等等措施，用以說明漢代君臣在各種政治舉措上，皆是依經而行事。如霍光雖權傾一時，然屢次廢立君主仍需考量「於古嘗有此否」，此等依賴經說以資憑藉之事證，皆可見儒學作為政治運作準則，已為當時之共識。值得注意的是，先師對依經立義的觀察，敏銳指出現實需求相對於經文的優先地位，如元帝時珠厓之郡叛服無常，賈捐之雖以《尚書・禹貢》、《春秋》之「德化」為辭，建議不當興兵擊之，實際著墨更深者為戰爭對經濟的耗費。先師由此判斷，與其說漢代君臣依仿經義為政，不如說經義僅是促成決斷之理論依據，現實處境仍是第一考量。先師此處所下判斷，與他認為儒學便於帝國治國牧民是相呼應的。在先師看來，此等包容性與適應性，是儒學成為兩千年官方主流學術所不可或缺的特質。

在儒學對社會的影響方面，先師首先舉禮學為例，指出官方對「服喪三年」的討論，對於民間行三年之喪起了鼓勵的作用，西漢末至東漢初民間已有遵行者，儘管其後官方制度歷經幾番興廢，都無法改變民間服三年喪的風氣，直至南北朝北方世族特重喪服之學，猶是承襲兩漢遺風，足見儒學對社會影響之流風既深且遠。再就律法一面而言，儒者常以《尚書》、《春秋》折獄，特別是當時司法無法處理之非常案例發生時，儒學即可依據倫理判斷介入斷獄。除定罪的功能外，漢代據經義以赦罪、限制斷獄時間甚至刪定律令等舉措，皆顯示儒學已深入社會生活，是故漢代已為儒化甚深的社會。

綜觀《兩漢儒學研究》全書，不難掌握先師為文所欲強調者，可以「通經致用」四字概括之。儘管部分思想史研究對漢代儒學有不同看法，如認為漢代儒學援陰陽家、法家思想為說，駁雜不純，或著重天人之學，陰陽災異思想大行，讖緯之學更是迷信的帝國神學，於主體性哲學面向則大為退步。然而先師本於學術與現實交織的眼光，仔細釐清儒學成為帝國官定學術的過程，及其參與現實運作的諸般情狀。其根本目的不在檢驗儒學思想內部的哲學意義，而是從學術史的眼光來觀察儒學如何一步步成為中國歷朝各代選擇的官學，其站穩中國政治、學術主流地位的實然狀態。

先師一再強調儒學具有適應性與包容性，正好說明儒學何以在漢代能夠含融陰陽家與法家學說，卻不改其儒學身分；又足以解釋漢儒何以根據不同的現實需求，仍一本於儒學立說，使天人、災異、讖緯之學相繼興起。吾人從先師筆下看到的不是閉門苦讀、進行抽象概念思辨的儒者，而是持續透過經文立說、嘗試進入政治世界的有為者，這說明儒學參與現實世界的身姿，乃是其學說不斷發展、演變的生命力。政治與學術之間的密切關係一直是先師治學的主軸，並影響他對儒學本質與價值的判斷，在研究方法上富有啟發性，也構成我們爬梳他後續著作的重要路徑。在先師數十年的研究生涯中，「經世致用」或學術與現實的交織，始終是其最根本的出發點。

二、王安石思想研究

王安石主持的熙寧變法在北宋政壇造成的影響，向來為史學研究者所重；王安石詩文兼擅，他的文學造詣及在文學史上的地位，也為歷來研究文學之人所關注。然而，先師關注的是王安石在其政治家、文學家身分背後，秉持的是何種學術思想。在先師進入王安石研究領域之前，對王安石主持變法之動機與具體措施的思想資源之關注，即使不算是學界所留下的一段空白，也算得上是一片模糊地帶。先師指出，王安石不僅是重要的政治改革者，更是對近世學術發展產生重要影響的一代學人。其故在於王安石是漢唐儒學與宋明儒學之間的過渡人物，漢唐儒學偏重外王事功，而以往認為宋儒偏重內聖之學，王安石則是將心性之學落實在事功之上，此一特質鮮明的展現在熙寧變法之中，先師當年進行研究時，此一議題尚不為學界所重。

先師從博士論文《王安石的經世思想》開始，即以王安石為研究對象，後續更出版《李覯與王安石研究》、《王安石新學探微》、《北宋儒學與思想》，皆是直接或間接著眼於王安石之學術與政治關懷所進行的研究。透過這些著作，不但可見王安石思想的面貌，更可見王安石在宋代學術史上的地位，並且對宋代學術發展脈絡能有更為清晰、完整的理解。由於《李覯與王安石研究》、《王安石新學探微》二書大抵著眼於王安石本人思想，《北宋儒學與思想》則以更廣的視野，討論王安石身處之時代——北宋之學術發展的相關問題。為清眉目，以下分為兩節介紹。然而需注意的是，這三本著作所涉議題與根本觀點，先師皆已在其博論《王安石的經世思想》中初步表出，或是埋下問題意識，以為後續發展張本。是以在閱讀先師著作時，必須時時留意相關論題與其博士論文的關係，由此亦可見先師在長期的研究中，有其縱貫之主軸。

先師博士論文以「王安石的經世思想」為題，全文共分上下二編，上編為「王安石思想與北宋儒學的關係」，先呈現北宋學者的「經世思想」走向，來為探討王安石思想進行定位的工作。先師指出，同時期之范仲淹、歐陽修、司馬光、蘇軾等人之政治改革立場，皆重視以道德為基礎；至於王安石與同代儒者之差異，在於對人才之賢與能，以及富國當以開源或節流為本之判斷。王安石熙寧變法以失敗告終，起因於所用之人有才無行，而討論財用以開源為本，造成與民爭利的弊端。先師表明其研究之目的，在於試圖理解王安石經世思想的內涵與來歷，並由此清理他在學術史上的定位。

先師接著闡發王安石思想中支持變法的積極因素，就道體、性情、盡性窮理、順時應變、心術等課題一一剖析，以見王安石主張變法改革，實有其深層的思想基礎。簡言之，王安石根本《易》學，其論道體，則著重創生與變化的性質，兼重道體之本與形器之末，聖人透過禮樂刑政繼天成性，由末以顯本；其論性情，則由前期的「性無善惡」轉向後期認同孟子之「性善」，強調「習」之重要性。先師特別指出，宋人道德性命之說，實由荊公始倡之。承前二要點，先師進一步指出王安石上承兩漢儒學「經世致用」傳統，主張君主之為政，本身即須有「窮理盡性」之修養，並著重「經術正所以經世務」，加之禮樂刑政「四術」以治民成物。循此思路，則王安石改革學校與科舉、編纂《三經新義》與《字說》的思想來源，皆可拈而出之。概因王安石論「經世致用」而特重「時變」，道體既因時而變，禮樂刑政亦當隨時權變，由此衍生「變法」之必要性；且論儒學致用便須涉及外王事功，「王霸之辨」於焉進入安石視線之內。王安石將王霸議題透過心術的公、私之辨，與「義利之辨」巧妙嫁接，先師認為此乃荊公之創見，目的在化解道德與事功之間的張力，將事功與道德融合為一，為其「經世致用」之學張本。

從王安石對孔子、孟子、荀子、揚雄、韓愈等人思想之評價與去取，亦可覘其經世理念之路徑。《宋史·王安石傳》載荊公曾言「天變不足畏，祖宗不足法，人言不足恤」。蓋荊公論孔子特重「時變」觀念，認為伏羲、堯、舜以降包含禹、湯、文、武等聖人之德雖同，其法度之迹則受時勢限制，皆有所偏，直到孔子方得以集大成。另外，先師指出王安石是北宋主張孟子承接孔子之學的第一人，並分析了荊公尊孟之主因，在於看重孟子「有仁心斯有仁政」之主張。此等觀點，既與其由「心術」論「事功」的立場相呼應，也是王安石否定荀子性惡論、善由人偽等論點的根本原因。

同時，王安石主張由文以見道，由迹以顯本，是以其評論韓愈、揚雄二人，就不會只停留在文辭層次上論高低，他看重的是揚雄識得治己而後治人的道理，以及韓愈能以文明道，識得儒家學統之要。先師屢屢強調王安石一本其經世立場，作為對前代人物的評價標準，由是其思想之要旨亦得以彰顯。

下編為「王安石經世思想的實踐及其相關的問題」，首先討論王安石變法之思想理路。先師從王安石與神宗的對話中，拈出荊公以「不知法度」來歸結當時宋朝內憂外患之緣由。而所謂不知法度，實指朝野上下不知「法三代」，亦即以先王之權時應變為法度，此乃荊公力倡變法的現實環境。其次，先師以為新法之核心精神當可以「一道德以同風俗」來概括，至於其具體措施，則拈出與學術發展最為相關之科舉制度、學校改革及《三經新義》之頒佈為例，指出王安石立足漢儒「通經致用」傳統，提議改革貢舉法，罷詩賦而習大經，使學者專意經義，以明儒學致用之旨；學校改革方面則立太學三舍法，並增立包含律學、武學、醫學等專門學科，在地方亦普置學校，以致用之業教學，務使學用合一，達到此一制度教之、養之、取之、任之的設計初衷。上述改革貢舉、學校的措施，只是「一道德以同俗」的必要條件；科舉所考、學校所教的知識，才是最關鍵的問題。既然科考不再盡用注疏，轉以通義理為要，「義理歸一」遂成為士人與朝廷的迫切需求，是故王安石便設局置官訓釋《詩》、《書》、《周禮》，《三經新義》之修纂於焉展開。

同時，針對王安石新法引起的爭議，先師分就司馬光、二程、蘇軾等人意見，比較其與王安石思想之異同。撮其要點言之，則先師對學界以司馬光反對王安石乃意氣之爭的說法，不予認同。先師指出，司馬光以君臣父子倫理論天人關係，所重者乃在順服萬世無弊之道，反對變更祖宗舊法；王安石則以本末論道體，強調本末兼重，積極有為，根據「時變」之理進行變法。可見道術之別，才是兩人差異的根本原因。二程雖未必支持新法，卻與王安石同樣抱持有改革的思想。先師發現程顥曾建議神宗更改舊制，並且其要求重整學校教育的主張，與王安石並無大異；程頤則前此曾上書英宗步法先王「隨時」之道以改革科舉，凡此皆與王安石思想不謀而合。惟荊公論外王多於內聖，而外王所重又在事功，是以主張變法為先；二程則認為治道當以「格君心之非，正心以正朝廷」為本，彼此之間有治道順序認知之差異。蘇軾雖認同改革之必要性，卻始終反對新法，他認為治亂關鍵在風俗人心，若欲進行改革也認為品德優先於法制。王安石則以制法為先，以富強為要，用人則以有才為主。先師特別指出，荊公在學術與政治立場上與當時學者固然有其異同，然而理學興起以後，大抵皆從心性修養的角度對其學術、心術做出負面批評，認為其學術不精，識道未深，是以不唯無法自治其身，發於政事亦去道甚遠。王安石變法的思想與舉措，不惟引起當時學者群起反對，後世學者對他的評論也未曾稍歇，根據先師考察，歷經南宋至元明清，提出批判者代有其人。如南宋的朱熹、胡寅、陸九淵對荊公敗壞學術風俗頗為不滿；晚明遺老甫經亡國之痛，面對學術世風之變，則並列王衍清談、王安石新學及陽明良知之學而痛斥之；乾嘉考據學者則批荊公學風空疏，甚至道咸以後學人呼籲變法，王安石亦未受到重視，當時如朱一新、王壑諸人皆認為荊公並非改革的最佳典範，其強硬且不知變通的手段更直接造成變法的失敗。

根據先師的研究可知，荊公新學一出世便遭反對，批評聲浪甚至延續數百年，然而從另一角度觀之，也正因為新學新政影響力不容忽視，才使學者不得不群起攻之。是以先師在《王安石經世思想》中屢屢言及王安石對宋代理學的貢獻，包括以心術論王霸、以中庸之已發未發論性情、推尊孟子並建立孔曾思孟學統系譜等等，這些對宋代學術發展重要的議題，先師皆一一指出王安石的奠基之功，更追本於漢儒以來「通經致用」的精神，其學術關懷之延展性躍然紙上。不只如此，展開先師《李覯與王安石研究》、《王安石新學探微》、《北宋儒學與思想》等後續出版的著作，可發現諸作的學術視野與實際論題，皆造端於《王安石的經世思想》，以下即就其中延伸發揮之處擇要說明。

先師在《王安石的經世思想》一書中，已指出王安石「經世致用」思想與同出身江西的學者李覯有若干相符之處，但並未做出完整的論述與比較。在後續的開展中，先師首先完成的便是釐清李覯思想的內涵及與王安石思想的異同。先師首先藉孟、荀義理來標明李覯、王安石的學術走向，指出李覯思想以實用為主旨，實際論述則又以

「重禮」為中心。如李覯以為禮的起源在於解決實際生活需求，尤其強調禮因順人情而生；為了強調後天人為及致用之重要性，李覯跳脫傳統「五常」的框架，以禮在人性之外，為一切法制總稱。先師根據上述禮論要旨，指出荀子思想與之相近，但荀子持性惡論，強調禮為後起矯飾人性之用，是「禮反人情」的立場，與李覯倡言「禮因人情而作」截然不同。王安石與李覯正好相反，他明確反對荀子之學，且其推廣孟學之功為後儒所共睹，王安石由心術論王霸，以為外王事業取決於內聖修養，是受到孟子的影響。論「聖人」則以「大人」為說，則是強調事功之必要性，並以「時變」為其性質，著重聖人「有為」的面向，此為對孟子的繼承與開展。至於論「性情」則以歸隱金陵為界，前期由《中庸》已發、未發論性情，強調「性無善惡，由情見善惡」的立場，後期則轉向「性善論」。先師強調王安石推廣孟學之功，在北宋具有開啟風氣的作用，若將李覯的非孟思想與之對照，即可見出王安石特出之處。李覯論性與韓愈性三品為近，強調後天人為的作用；辨義利則反對孟子重義輕利的態度，在王霸論上則基於重功利的立場，認為霸者若能擁護天子以安天下，則霸者功業之致用亦不可輕忽。且李覯強調君臣身分之絕對性，因此對於孟子強調的「保民而王」不予認同，也與王安石以心術之別論王霸的說法截然不同。

宋代開國以來積極扶持佛教，但佛教的蓬勃對社會民生帶來沉重負擔，加上宋代重「夷夏之防」的觀念強烈，在古文運動影響之下，知識分子起而反對佛老是宋代學術史上的一大標誌。先師對此進行分析，認為北宋反佛老言論可分前後兩期，前期學者如孫復、石介、歐陽修持論偏重於實際人事，而後期重心則落在心性道德層面。且先師認為李覯位居前後期轉關地位，其排佛言論不但最多，除指出佛老之實際弊害、提出具體辦法以外，更開後期理學一脈批評佛老學理的先河。他率先指出佛學以「見性」為長，但認為「無思無為」出於《易・繫辭上》、「積善積惡」出於《易・文言》、「道器」出於《易・繫辭上》、「明誠」出於《中庸》等，皆是儒學明心見性之論，毋須捨本逐末。此說雖尚未分析儒佛心性理論之優劣，卻已預示後期理學批評的方向。先師指出王安石雖提倡孔孟之學，然其學不專主一家，既兼採佛道，又曾注《老子》、《莊子》。先師即以王安石注《老》文獻為例，指出王安石之道體論兼具「無形無名」與「有體有用」兩方面，又受到陰陽對耦觀念的影響，強調事物相反的兩面可能互相轉換，唯有聖人不受其左右，由此可見王安石受到老子思想影響的層面。但王安石說道有本有末，末者涉乎形器，有賴人力以成，以積極有為色彩改寫道家的消極無為，提高人為的地位，同時又將形器之創造安放在「繼道成性」的基礎上，則又表明其儒學本色的立場。

當然，若從實用、致用的立場來觀察，則同屬江西學脈的李覯與王安石，其持論相近之處，亦復不少。如李覯強調禮為聖人之法，而非內在於人性，是以強調禮樂教化之後天工夫。由於重視人為的積極意義，李覯反對棄人事、聽天命，斥卜相為無稽之談，而認為《周易》是一部專論實際人事的經典，又反對圖書之學穿鑿附會，毀壞世教，同時抨擊釋老絕滅仁義、屏棄禮樂、妨害國計民生。所言皆針對人事立論，故李覯標舉權時之宜，反對當時唯古是尚的保守學風。王安石學風亦以致用為特色，先師認為王安石以「體用論」的理路表現其致用思想，是值得關注之處。如論道體之本出乎自然，然道體之末涉乎形器，須待人為而始成，以提高人為的價值；又如論禮樂刑政「四術」成萬物，本《易・繫辭》「無思無為寂然不動」、「感而遂通天下之故」為說；再如論致用由治身為始，而有修身養性之工夫論；論及聖人之名成於事業，由有形之事業以見無形之道等皆是。其論時變本於五行變化生萬物的基礎，推崇人道之致用亦當隨時變化，由此泥守先王法度之為違理，及因時行權之正當性與必要性，在在與李覯立場多有呼應。在致用的具體作法上，二人對於學習與教化皆有相當重視，同樣根據《周禮》指出鄉三物之六德、六行、六藝為教學內容，是故王安石執政後以改革教育為重點，正是其重視教育之實踐。且二人對於理財皆有高度關注，他們同以《周禮》為基礎，李覯主張強本節用，恢復三代井田制以加強農業生產；在商業活動方面，提出「設平準」來限制商人壟斷市場，以「泉府」之制治理財稅來抑制豪強兼併操縱市場，並透過薄賦寬役的措施降低人民不合理的負擔，達成勞逸均衡。王安石雖不贊成節用，而特別強調開源，但重視農業生產力的立場與李覯相同；另外，王安石提出之具體改革方案，包含均輸法、青苗法、市易法、免役法，皆與李覯抑制富商兼併、壟斷市場、降低農民勞役負擔的觀念不謀而合。根據先師對李覯、王安石思想的研究，可見兩人除了對孟子及佛教的態度不同以外，在經世致用思想方面基本上是一致的。先師認為，李覯之學承自先秦儒家重視事功的傳統，而王安石亦具兩漢儒學通經致用之精神，與後來理學家重視心性之學的學風大異其趣。質言之，李、王二人在北宋學術史上的定位，乃在此而不在彼。

如前所述，先師在《王安石的經世思想》一書中，已指出王安石將事功之學建築在窮理盡性的性命之學上，且所作之《三經新義》擺落漢唐注疏格式，改變經學研究方向，對「宋學」的發展有啟迪之功。在後續的研究中，針對王安石之學術思想及其在宋代學術發展之地位，先師亦持續深入耕耘，迭有新作。以下就其開展之處，稍作論列。

先師首先指出，在道學興起之前，王安石新學其實一直是宋代的學術主流，從北宋神宗到南宋高宗在位時期，《三經新義》不僅學校誦習，且用於科舉取士，是朝廷認可的官學。南宋以來，討論宋代學術史或思想史的著作，諸如《諸儒鳴道集》、朱熹《伊洛淵源錄》、李心傳《道命錄》、《宋史・道學傳》、黃宗羲與全祖望的《宋元學案》，皆以道學傳承為學術主流，先師直指此乃道學家的文化建構，而非歷史事實，身為學者，實不能接受此等化約之說法。先師此說極具批判精神，可謂對「宋代理學」這個化約後的標籤提出深刻反思。在實際論述上，先師發現「一道德同風俗」

這項新學推行之宗旨，實為當時宋儒的共識。新學所引起的爭議主要在王安石棄先儒傳注不用，而改以《三經新義》、《字說》等一家私學為取士的標準所形成的學術思潮。先師認為，新學得以流行，實有其學術與政治上堅實的基礎。先就學術內部而言，新學擺落漢唐注疏、開啟全新的說經風氣，在義理闡發上著重心性之學，符合當時力抗佛家、回歸儒家經典的風氣，且新學在儒家經典之外廣納各家之長，此種不專主一家、唯理是求的學風也受到社會肯定。再就政治條件而言，神宗皇帝對王安石的支持是主要原因，先師根據史料，重建出神宗與安石之間君臣一體的互信關係，神宗不僅有意積極改革，且又對王安石推崇備至、言聽計從，可見學術之發展升降，斷不可忽略現實的環境條件。

另外，就學術立場上的競逐而言，道學家對新學的批評最為熾烈。先師自博士論文開始，即已關注宋代以降直至清代中晚期對王安石的批評。在後續的開拓上，先師對於相關批評做出更完整的專題研究。大體而言，慶曆至慶元間道學對新學的批評，先師用力最深，乃據此一軸線進一步梳理道學初興、幾經波折而終於取代新學成為宋代學術主流的整體過程。先師曾分別以專文討論二程、楊時與朱熹對王安石的批評，以下舉其要點言之。先師發現，儘管二程文集中有許多批評諸家的言論，但以針對新學的批評為最多。其批評要點首先在王安石持說重視「分析」，如用「天生人成」的天人二分模式說《易傳》「敬以直內，義以方外」，將道理「一分為二」實有過於勉強之處，遂使二程做出「支離」的批評。此外，二程認為王安石論道不切實際、難以實踐，在君臣關係上，王安石力主「君臣共治天下」，違背當時普遍的倫理觀念。二程又批評荊公的學術目的僅在取得人君的絕對信任，又由於體道不清，遂使心術不正，其新法遂成敗壞政學兩端風氣之元凶。

隨著二程門生日漸增多，批評新學的隊伍也日漸壯大，較為知名的有楊時、陳師錫、陳瓘、范沖、廖剛、羅從彥、胡安國、陳淵、王居正、李侗、胡寅、胡宏及朱熹。先師所論的第二位道學家為楊時，楊時為道學南傳的關鍵人物，二程又公認楊時對王學理解最為深入，今存《龜山集》中批評王學的文字所在皆是，且楊時除以文字批評王學外，又有具體行動。在任國子監祭酒期間，楊時上書欽宗歷數王學罪狀並建議罷其配享，王學為此備受撼動；繼而宋室南渡，高宗歸咎北宋滅亡之責在安石新學，楊時成為高宗利用的對象，可見他對王學的批判具有代表性。先師指出楊時在學理上批評的要點，大抵延續二程之說，可見其一脈相承之立場。有別於過去論著多強調楊時在道學南傳上的貢獻，先師則突出其力抗新學的貢獻，為道學取代新學奠定深厚基礎。先師所論，對宋代學術演變具有補其空白的意義，也為學界定位楊時之歷史地位提供新的觀察視角。

另外，在南宋學術史上，朱熹有不可忽視的地位。至於朱熹對新學的批評，先師亦認為有其特殊意義。先師指出，在朱熹的時代新學已經式微，道學也已取代新學成為學術主流，因此朱熹看待新學的角度，自然與其道學前輩有所差異。其中最為關鍵者，在於對朱熹而言，王安石已成為歷史人物，是以其持論較能公允持平，意見也較具參考價值。先師敏銳觀察到朱熹對王安石的評論，與當時學者不盡相同，當時學者或批評荊公變更祖宗法度，或控訴其廢《春秋》毀壞名分，朱熹皆不予同意，反而給予荊公較多同情。朱熹批評王安石的重點在於不知「道」，其學既已不純，又誤以佛老之道為「道」，才導致新法之失敗。朱熹批評王安石的觀點與其道學前輩不同之處，先師也從宋代學術發展的角度做出解釋，指出王安石《三經新義》一出即受到司馬光等人大力抨擊，很大原因在於當時學風大體上仍謹守漢唐注疏之學；而南宋學風已為之一轉，王安石的解經方式反而成為學壇主流，是故朱熹能以較持平的態度評價其說，而不盡同於其道學前輩的意見。由先師之所論，既可以概見學術發展之動向，亦可體現先師深入道學家內部剖析彼輩對新學之批評，所具有的學術史意義。除了呈現道學、新學之學術立場差異之外，更由中鉤稽學術演變脈絡，而所得成果亦已較博士論文翻出全新的里程豐碑。

需要再次強調的是，探究學術與政治間的相互關係，乃先師閱讀古代學術文獻的一貫眼光。是以探討王安石新學對宋代學術的影響，先師即能從他人所忽略之處，看到重要的學術發展跡象。例如宋室南渡之後，學者多指王安石新學為禍根，當時盛傳王安石以《春秋》為「斷爛朝報」，導致學風沉淪，名節不復為人所重，風俗因之敗壞，如胡寅即指「安石廢絕《春秋》，實與亂賊造始」。先師不認同這樣的看法，於是以王安石論敵二程弟子尹焞、楊時的言論為據，指出他們也曾為王安石辯護，認為荊公並無詆毀《春秋》之意；而且王安石弟子陸佃也出面替乃師解釋，《三經新義》所以不取《春秋》，僅因《春秋》非「造士」之書，不適合作為教育學子之用，是以不用《春秋》不代表即否定《春秋》。因此先師認為，王安石以《春秋》為「斷爛朝報」的說法，應是當時讀書人的誤傳，而所以有這種誤解，原因在於宋代經學發達，其中又以《春秋》為顯學，治《春秋》者既眾，面對新法改革產生極大不滿，遂衍化出此種誤解。根據史料所載，熙寧變法後，《春秋》之屢經廢立，與政局變動及新舊黨爭情勢之升降可謂同步發生，先師由此斷言，《春秋》之設科與否並非單純的學術問題，而是政治上新舊黨爭的一環。

在「廢絕《春秋》」之外，當時又有指荊公「廢棄史學」這個影響層面更廣的說法，在新舊黨爭最烈之時，新黨蔡京、蔡卞當道，便打著新學旗幟而混淆王安石之說，僅因司馬光編纂《資治通鑑》以及蘇黃諷諭風格的酬唱之作，便將攻擊矛頭全面指向史學與詩賦，由是而造成舊黨及其支持者對王安石的種種偏見。宋室南渡以後，朝廷上下將熙寧變法指摘為禍首，王安石廢棄史學而種下亡國禍根的印象遂大行天下，成為南宋學者普遍的看法。先師仔細爬梳史料，指出圍繞著王安石形成的「斷爛朝報」、「罷廢史學」之說並非事實。先師認為新學並未徹底否定《春秋》，只不過主張不立於學官的態度，卻導致後續的濤天巨浪，除了因為《春秋》歷來被視為孔門聖經，黜之有瀆聖門以外，圍繞《春秋》廢立背後的政治角力，恐怕才是更主要的原因。

最後，先師繞過當時政壇與學術上複雜的爭論與歧異，立足於「詩言志」的傳統，嘗試從對王安石詩作的剖析中以見其人格，以期重建在當時環境下，王安石新學所應具有的學術意義。前人認為王安石生性好與人爭、好與人異，是以好為翻案之作。然先師以為議論本是宋詩特色，且從王安石詩作觀之，可以見其秉持求真之職志，又推尊孟子，是以流露出「好辯」之精神。先師曾討論一場圍繞王安石〈明妃曲〉形成的爭議，本案發生在宋高宗與范沖的君臣對話中，因范沖直指王安石心術不正，並舉〈明妃曲〉詩中「漢恩自淺胡自深，人生樂在心相知」一聯為證。這則史料被收在南宋李壁《王荊文公詩注》的注文中，由於這是當時王安石詩歌的唯一註解，其書流傳既廣，接受者既眾，在往後數百年中，此詩遂為王安石心術不正的鐵證。〈明妃曲〉此聯的爭議在於指控者認為王安石違背宋代「夷夏之防」與「漢賊不兩立」的國家立場，是十足的政治不正確。先師則回到該詩的寫作背景，指出寫作前一年適逢王安石〈上仁宗皇帝言事書〉呼籲改革而無所遇合，是以借詩抒發懷才不遇之感。且先師根據清人蔡上翔及近人朱自清的解釋，認為從全詩的脈絡觀之，此聯不過是模擬沙上旅人口吻對昭君的勸慰，〈明妃曲〉究竟非晦澀之作，范沖亦非淺學俗人，問題在於此等附會從何而生？先師推斷原因有二：首先是肇因於北宋以來的新舊黨爭，因為范沖家族與舊黨的司馬光家族關係密切，是以范沖素來對新黨積怨甚深；其次是學術立場不同之故，先師考察范氏家學與程頤同調，而隨著南宋程學地位上升，其勢必與位居官學的荊公新學成對峙之局。亦由此而可知，宋代政治風氣熾烈之下的人物品評，未必都是公允之論，連帶對學術思想定位的評論，也不斷受到政治風向所左右。循此視角回顧先師所論，即可發現過往在諸多評論王安石的文字中，許多論斷有失公允之處，諸如將荊公學術宗旨視為純粹的事功之學，且又判定荊公為申韓之徒的說法等等。先師提醒後繼的研究者，在看待這些材料時，應對實際政治多所留意。這樣的態度對於學術史研究而言，可謂是十分重要的提醒。

三、北宋儒學與思想研究

先師在《王安石的經世思想》開篇即言：「王安石是漢唐儒學與宋明儒學之間的過渡人物，卻是為一般學者所忽略了。」可見先師以王安石為研究對象的根本旨趣，乃在說明荊公的學術定位，以故論述過程中屢屢勾勒荊公之學對宋學的開啟之功。如王安石本《易》理以言道體與周敦頤近似，論性情則本《中庸》以言已發未發，又援《孟子》倡性善之說，其區分「性之正」與「性之不正」，相當於程頤二分「義理之性」與「氣質之性」，實開北宋學壇論性命之風氣。先師又指出王安石為北宋孟學復興運動掌旗之人，重新構築孔曾思孟相傳的學術正統，又根據《周易》、《中庸》提出「窮理盡性」之說。其論為政莫不以心性修養出發，且論及外王必然涉及的王霸之辨，在荊公的創造發明下結合孟子義利之辨，此後討論政治問題再也無法忽視心性問題。在先師上述的觀察中，尤其強調王安石下開二程之學，而二程正是北宋道學的奠基人物。北宋道學是宋代學術史的標誌，而荊公之學既具有承上啟下的地位，則有宋一代學風之遞嬗，自然要從王安石所倡新學談起。

先師《李覯與王安石研究》、《王安石新學探微》所錄諸文，大抵在上述的問題意識下完成，《北宋儒學與思想》一書亦然，惟後者所錄文章將視線從王安石身上移開，放眼慶曆新政以降北宋儒學發展之歷時性考察，這條縱貫的歷史眼光，自然不能如同前述著作那般凝視王安石一人。然而回頭爬梳先師思考歷程，王安石的身影在他思考宋代學術史的路上始終陪伴左右，是以無論探討北宋《孟子》、《中庸》晉升經部之過程，或者尊孟、非孟之辯論，抑或對李心傳《道命錄》、全祖望續補《宋元學案》等等的討論，雖非聚焦荊公一身，然吾人於閱讀中卻不能放掉這條線索，這是首先應當敘明的問題。以下略述《北宋儒學與思想》一書所涉議題及相關要點。

歷來提及宋代學術，首先想到的便是「理學」與「道學」，「宋代理學」、「宋代道學」幾已成為宋代學術代名詞。先師一再指出，與其說這是學術史真相，不如說是理學家道統視野下前仆後繼的文化創造。此等以周敦頤、張載、二程為線性傳承的論述模式，是道學家朱熹基於自家立場所見的學術史，更是道學家心目中理想的文化史。朱熹所編纂的《伊洛淵源錄》，深刻影響南宋以降直至清代的學術史論述，遞觀李心傳《道命錄》、《宋史・道學傳》乃至黃宗羲始撰之《宋元學案》，一皆以道學為敘事中心，然此一模式其實是化約了學術史的整體樣貌，尤其忽略南宋道學站穩腳步以前，新學早已統治宋代學術數十近百年的事實。也因為荊公新學在學壇角力的潰敗，導致學界對於宋代學術的認知缺乏參照的一面，在輕易地將道學視為學壇正宗的同時，忽略了王安石新學始終為競爭對手的史實，並且其競爭關係不僅為學術立場的差異，更可視為政治角鬥場域的延伸。在這個脈絡底下，先師對李心傳《道命錄》所做的研究，實在值得高度重視。《道命錄》是中國學術史上論述宋代道學發展的第一部著作，惟該作非以編年為之，而是以「程子、朱子進退始末」為綱領來輯錄文獻中的褒貶、薦舉、彈劾等相關文字，其目的正在於凸顯「道學發展隨著執政人事更迭而起伏上下的現象」。由此而可知，李心傳以道學為中心的敘事模式，正好凸顯出道學發展與現實政治交鋒的過程中，荊公新學始終是無法迴避的對手。

先師指出，李心傳將道學分為元祐道學、紹興道學、慶元道學三個階段，這三個階段皆以重大政治事件為標誌。例如元祐道學涵蓋自元豐八年司馬光、呂公著、韓絳三人推薦程頤出仕任官，至靖康元年金人犯境，朝廷下詔罷元祐學術政事及黨禁指揮為止，大體為北宋晚期之道學。在這個階段的論述上，李心傳主要是呈現道學初興及其與王安石新學的對立、互動等諸般情狀。在此階段中，程頤受到黨禁波及，新黨禁止其學術政事活動，禁止程頤聚徒講學，是對道學發展的一次嚴重打擊。先師認為，李心傳在此有意彰顯新黨對程頤思想的禁絕，反而造就「元祐學術」等於「道學」的態勢，為道學思想的開拓帶來有利條件。在紹興道學的階段中，新學與道學的競爭關係仍在，但宋室南渡以後朝廷有意改弦更張，在學術上從新學獨尊轉向支持道學，高宗的態度是主要原因。根據先師的觀察，李心傳對紹興道學的描述仍著重政治鬥爭對道學發展的影響，擁護新學的秦檜是最大阻礙，此時因為道學家反對秦檜的議和政策，便遭受到秦檜的抨擊，乃至誣以「專門之學」，並且在科舉考試與太學國子監的學規上禁絕程門思想。到了慶元道學時期，先師除了留意李心傳持續關注朝廷政治派系對程門提出的批評以外，也強調李心傳對於南宋二程學術傳授的說明，乃是有意彰顯朱熹在道學發展中的特殊地位。至此，歷經元祐至慶元，由程頤傳至朱熹的道學發展系譜便顯得清晰而完整。後人從李心傳刻意鋪排的文獻中，可以得到這樣的印象：道學在成為學術主流以前，曾經歷過一段漫長而艱苦的推展過程，之所以如此，與論敵的政治反撲有密切關係。

接續上述議題，先師指出《道命錄》對後代相關著述有相當的影響，以全祖望續補《宋元學案》為例，其中〈元祐黨案〉、〈慶元黨案〉二案即以《道命錄》為藍本。先師對照兩者後發現，《宋元學案》對兩案的敘述，不但許多內容直接照搬《道命錄》原文，書中更有按語說明參考《道命錄》之語句。由此可見，《道命錄》對道學發展的看法，確實對後世學者具有深遠影響。同時，先師進一步探究全祖望續補《宋元學案》的學術企圖，指出謝山做出跳脫道學視野藩籬的嘗試，以求恢復宋代學術發展真相的努力。敘其大要，則全祖望增補范仲淹、歐陽修及〈古靈四先生〉、〈士劉諸儒〉等學案，意在突顯「慶曆之際，學統四起」的事實；又謝山表彰司馬光之學，沾概及於溫公同道門生，諸家學術雖不被道學家所肯認，然謝山所敘諸人對學術之貢獻自不可忽視；又如謝山修正後儒過尊朱熹學統之言論，肯定陸九淵、呂祖謙學術自成一家，可謂跳脫朱門獨大的立場；其表彰薛季宣、陳傅良、葉適、陳亮、唐仲友諸家學說，則意在凸顯乾淳之際學脈四起之盛況；至於增立〈荊公新學略〉、〈蘇氏蜀學略〉，又所以明示宋代學術非道學一家之獨秀；其他如以〈屏山鳴道集說略〉一篇以補充宋氏南渡以後，北方學術之發展流衍。凡此作為，皆有意在道學以外，重建學術版圖與構築各家脈絡之用意。至於針對黃宗羲延續《伊洛淵源錄》，以「北宋五子」為道學一線相傳之心性之學的說法，全氏不但質疑「周程學統」之存在，更指《太極圖》出自道家之流，直接否定朱熹建立道統之基礎。總之，先師認為謝山有意修正《伊洛淵源錄》以來的道學立場，恢復宋代學術多元並陳、政治與學術相交互涉的豐富樣貌。先師所以對此有如此之重視者，殆因先師治學亦本於「辨章學術，考鏡源流」的立場，自能對謝山的學術企圖，有清楚之把握。

尤有說者，閱讀宋代學術史，除了以王安石新學與程朱道學之迭代興衰為認識視角外，特定經典地位的提升與解讀重點的轉移，亦是關鍵著眼之點。宋代《論》、《孟》、《學》、《庸》、《易》、《樂記》等著作受到高度重視，先師亦對《孟子》、《中庸》在宋代的升格現象進行考察。《中庸》自《禮記》中別出獨立成書，發生在慶曆至慶元此一道學發展的關鍵時期，先師認為實有內緣及外緣因素以促成之。就內緣因素而言，乃由北宋儒者的闢佛運動而來，先師尤其提示李覯晚年闢佛言論從實際人事轉向心性修養，表彰《易傳》、《中庸》所蘊心性之說，已為道學發展標明路徑。此外，中唐儒學復古運動之倡議者韓愈、柳宗元，下及李翱、歐陽詹，或標舉《中庸》之書，或提倡中道觀念，李翺更闡明《中庸》之性命之道，此等啟迪之功亦應注意。就外緣因素而言，北宋朝廷賜《中庸》給新及第進士的風氣，以及君臣間之講論，乃至科考命題頗重《中庸》，亦為《中庸》興起最終獨立成書之助力。從對《中庸》在北宋學術地位的總體描述觀之，仍可見先師對學術與政治之互動特別關注，先師對於《孟子》的觀察亦不外乎是。先師梳理宋代《孟子》學興起亦從韓愈尊孟說起，《孟子》成為幾代學人排斥佛老的理論根據，加上王安石新學將《孟子》列為官學，《孟子》之地位由是推升。如此觀察，同樣是先師學術與政治並進的治學進路。

除了學術背景與政治現實的影響外，相關學術人物前仆後繼對《中庸》、《孟子》進行闡述，自然更是使《孟子》地位推升的直接原因。但需注意的是，先師在學界熟知的道學家之外，更留意道學壯大之前宋代心性學說逐漸成形的階段，如范仲淹勸張載讀《中庸》、胡瑗首開儒者著述《中庸》之風，張方平論《中庸》之「性」，陳襄標榜《中庸》為「治性之書」等，又如司馬光論中和兼辨儒釋，強調「以中治心」，范祖禹受其影響而會通《中庸》、《大學》，皆逐步壯大儒家心性之學之格局；甚至名僧智圓溝通《中論》與《中庸》，以「中」會通儒、釋心性之學，契嵩精研儒家典籍，闡發《中庸》性情、中庸之教，雖目的在表彰內典之殊勝以弘揚佛法，但對宋儒心性之學興起皆有推波助瀾之功。

相較之下，先師所見《孟子》興起的過程，在儒學內部無疑具有更多的異議雜音。先師指出，宋初柳開、孫復、石介與慶曆新政之領導人范仲淹、歐陽修等人，皆在理學家之前即開尊孟風氣，不過非孟學者如李覯、司馬光等人的言論亦無法忽視，除李覯專就君臣名分與義利之辨質疑孟子以外，先師又以專題整理司馬光《疑孟》觀點，指出其不滿孟子君臣觀、義利之辨與性善學說。有趣的是先師根據相關史料進行分析，指出王安石對孟子極為欽佩，「沉魄浮魂不可招，遺編一讀想風標；何妨舉世嫌迂闊，固有斯人慰寂寥」。短詩幾句，已足讓人理解荊公對孟子的崇敬之心。然而與荊公在政治立場上始終處於對立面的司馬光，卻又對孟子大加批判，是以先師頗疑溫公《疑孟》論述背後的動機，是在批評王安石新法。在《孟子》之學尚未立穩根基的北宋階段，這些批評的聲音頗具有鮮明的時代意義，有助於我們在道學正統眼光之外看見更完整的學術畫卷。

對於這些非孟言論最有力的回應，先師認為要屬南宋之初余允文的《尊孟辨》，該書對於司馬光、李覯、鄭厚、王充、蘇軾之反孟言論一一加以辯難。由於宋代君臣問題頗為敏感，余氏最主要的回應自然落在君臣關係上。他強調孔孟之學皆本於仁義，在戰國的政局情況下，孟子勸諸侯以德行仁、保民而王乃合乎時宜、其有不得已而為之，顯見雙方在君臣問題上著眼點並不相同。先師究論其因，指出北宋面對的是唐末、五代以來藩鎮割據之動盪政局，李覯、司馬光等非孟學者強調君臣名分的絕對性，是以極力反對孟子言論，目的即在避免重蹈覆轍；而在余允文的時代所面對的壓力，是佛門性命學說與荊公變法失敗的現實。宋室南渡以後儒學全力發展心性之學，最終才促成《四書》體系的完成。回頭來看李覯、司馬光之非孟，與余允文的尊孟之間，恰好形成宋代學術兩個階段的對照。

從治學整體歷程觀之，先師一生的研究成果，泰半集中於宋代學術。特別是從博士論文《王安石的經世思想》開始，已埋下往後數十年研究的線頭，他以王安石學術、政事為中心，縱貫宋代慶曆至慶元近兩百年之學術史發展，橫攝李覯與王安石思想比較、宋儒對新學與新政之批評，可以說是十字打開，在道學本位之外架構出宋代學術的立體世界，並且將學術史的論述置於政治活動的現實處境之中，以進一步整合學術內在與外在動因，表明儒學始終為「經世致用」的學術特質，是故著書立說、投身世界，一直都是儒者不可分割的整體。從這個角度來看，先師對宋代學術研究的貢獻，至少具有三大特點：

首先，王安石在政治及文學上的成就，歷來受到學界重視，但對於王安石的學術思想的探討，早期僅有梁啟超的《王安石》與柯昌頤的《王安石評傳》附帶提及，稍後的侯外盧在其《中國思想通史》中，雖闢王安石一章討論之，究竟不是對王安石的專門研究。另外，鄧廣銘、漆俠、劉子健亦有專書討論王安石變法。然而在變法成敗及實際政治作為的考察之外，對於王安石經世致用之學與變法思想做出深度探討者，先師完成於一九八〇年的博士論文《王安石的經世思想》，不但時間點最早，而且論述面向開闊，所述觀點又極具深度，僅此一點已足以為先師在王安石乃至宋代學術研究群體中的定位，劃下濃重一筆。

其次，先師研究王安石，有意跳脫道學中心視角，企圖恢復宋代學術史之真相，尤其揭明王安石新學為宋代道學大盛以前的學術主流，更闡述道學之興起、發展，始終以新學為不可迴避的他者。先師一向認為，王安石在性命之學的成就，及其《三經新義》對學風的轉變，都是「宋學」得以成立的重要前提。南宋開始，道學家前後相繼的以道學為中心建構宋代學術史，著眼點本不在史實，而毋寧是有意為之的文化論述。作為嚴謹的學術研究，本該試圖拉近歷史距離，揭開各種詮釋意圖的遮蔽，以挖掘出背後的學術真相。先師對宋代學術史的研究，對以往學術史以「道學」定位宋代學術，提出了重要的修正。先師在這方面的努力所留下的遺澤，實為對學界不容忽視的貢獻。從這個角度來看，余英時先生在本世紀初成書的《朱熹的歷史世界》，也可視為對先師素來持論做出最佳的註腳。

最後，先師特重王安石「經世致用」之學，除了是延續碩士論文《兩漢儒學研究》以來對儒學精神的基本認知以外，也因此特別關注儒學參與現實世界的面向。他在碩士論文中爬梳漢儒如何通經致用，官方又如何影響經學發展；在王安石及北宋儒學的研究中，他也屢屢涉及政治與新學、道學陣營之間的角力，旁及皇帝對學術的偏好，並結合時代課題與國策方向進行論述。所以先師筆下的宋代學術史，是在學術、政治、皇權三方交涉之下迂迴前進的動態發展。這對於以往單從哲學概念討論宋代理學，或者僅從變法討論王安石定位的研究視角，都是極好的補充。先師此種貼近時代諸多面向的治學方法，亦是長林一生信守的學術準則，值得向學界鄭重推介。

四、清代學術研究

時間回到一九九五年，先師正式接下何佑森先生「中國近三百年學術史」課程。長林何其有幸，在一整年聆聽何先生含弘光大的學術讜見之後，接著追隨先師再探清代學術之宮牆。與何先生天馬行空神來一筆的教學方式頗異其趣，先師雖以錢穆太老師的《中國近三百年學術史》為指定教材，然而先師所授實遠超錢先生論述之外。腦海中常會憶起先師以一字不苟的板書，援引各類文獻對錢先生之論斷進行詮釋補充的身影。也是因為學習這門課程的緣故，先師不棄長林資質駑鈍，欣然同意指導長林的博士論文。當年許多與先師討論博士論文的細節，難以在此一一陳述，不過有兩點值得提出分享。首先，先師曾語重心長的勉勵長林，博士論文當以著作格局撰寫之。其時識解生澀，學業荒疏，實不解博士論文與著作之間，有何差異。但是能理解的是，在先師指導之下，博士論文是無法粗製濫造，草草寫就的。衷心感謝先師的耳提面命與嚴格把關，長林也在爾後的學術累積過程中，漸漸理解了著作二字所代表的意涵。其次，是先師提醒長林，應該關注的是漢宋語境下的常州學派，而不是從追求現代化的晚清今文學敘事模式探討常州學派。先師的提點，對長林關於常州學派的研究，帶來提綱挈領之效，長林在清代學術的研究上若是稍有成績，先師的教導點撥絕對具有最關鍵的影響力。

做了以上頗傷辭費的鋪陳，並非只是用來緬懷先師德音，而是意在說明世紀之交，先師在講授清代學術課程的同時，也把治學重心轉向素所掛心的清代學術領域。隨著長林進入中央研究院服務，常有機會幫忙先師蒐集相關材料，追蹤先師最新的研究動態。二〇〇二年在香港大學、二〇〇三年與二〇〇五在北京清華大學，長林有幸追隨先師參與盛會，列席聆聽老師關於《四庫》學的高見。在二〇〇二年香港大學中文系「明清學術國際研討會」上，先師宣讀〈《四庫全書總目》與漢宋之學的關係〉一文，可謂先師在接下來二十年《四庫全書總目》（以下簡稱《四庫總目》）研究的開端。在文章當中，先師結合大量例證，指出《四庫總目》的〈經部總敘〉即使標榜漢宋兼採的原則，然而實際作為上，則是將「漢宋對峙」清楚的揭示出來。《四庫總目》之所以會出現「崇漢黜宋」的傾向，總結其間關鍵點：總纂官紀昀本人的立場；參與《四庫全書》纂修館臣的學術背景及立場；大環境輕宋學重漢學的發展趨勢等等，這些對《總目》學術傾向起了一定的作用。然而乾隆本人對漢宋之學態度的轉變，才是真正影響《四庫全書》及《四庫總目》編纂的主因。《總目》出現「崇漢抑宋」之傾向，與乾隆本人思想的轉折關係密切，由原先的尊崇宋學逐漸轉向，進而肯定漢學的價值，這種轉化也連帶影響了《四庫總目》趨向崇漢抑宋的論調。

　　虞萬里特別揭櫫先師〈《四庫全書總目》與漢宋之學的關係〉一文在四庫學研究的學術價值，此處不妨詳引虞先生之言：「《四庫全書總目》自胡玉縉之後，余嘉錫繼之，不斷有學者在考釋糾正《提要》人物、史實、內容之誤；自郭伯恭之後，也有學者挖掘史料，力圖恢復《四庫全書》的編纂過程，同時整理出版如翁方綱等所撰提要稿，期使更完善《四庫全書》編纂中的細節。這兩個方向，在近幾十年中，取得了長足進步，成果亦可謂夥頤沉沉，此皆有目共睹。但在長達二十多年的《四庫全書》編纂過程中，學者對其收書去取和對一萬多種圖書內容評述方面的傾向，卻少有論及。嘉道以還江藩的《漢學師承記》和方東樹的《漢學商兌》出，漢學與宋學已經成為談清代學術的口頭禪和標誌性詞彙，學者多在清初理學背景下去尋覓顧炎武、閻若璩、惠棟著作中的考據方法和成果，來填充樸學興起的軌跡，卻忽略了從理論上去追溯其漢宋轉變的關鍵。長樸教授在二〇〇二年所寫的〈《四庫全書總目》與漢宋之學的關係〉一文，即從乾隆三十八年編纂《四庫》開始，系統梳理這個問題。他所關注的，不是《提要》內容與實際史實之出入，不是外界可證性史料的發掘，而是《總目》所體現的在漢學與宋學上的傾向，這就需要仔細一篇一篇閱讀，味其意圖，玩其文心。尤其值得一提的是，過去一般多從政治上提示乾隆對所收書籍違礙內容的禁燬，在長達一個多世紀中這幾乎成了《四庫全書》的政治標籤。統觀全局，冷靜思考，其實這種政治標籤對整個一萬多種古籍而言，只是局部的修改、抽換和少量的禁燬，而對整個清代學術的確立和發展影響不是很大，因為即使《四庫》完成、七閣抄成，能有多少人可進閣恣意閱覽？而《總目》中所體現出來的有宋學向漢學傾斜，以至抑宋揚漢的觀點，用他的話說就是『清朝學術由宋學為主發展成漢學當令』，這一舉措由館臣著作的傳播和言論在朋友圈的擴散，其影響之深遠，可能連紀昀等《四庫》館臣也始料所未及。為了考察乾隆在《四庫全書》編纂之初重宋學的態度，到後來順從館臣的思想轉變，他特地去閱讀少有人問津的《御製詩集》，從乾隆的詩句中去尋找這種轉變，也確實找出許多乾隆思想轉變的蛛絲馬跡，印證了《總目》揚漢抑宋的學術傾向。這篇文章看似只是千百篇研究、闡述《四庫全書》和《總目》中的一篇，但其所蘊含的學術深度和內在潛力卻不可等閒視之。當然，就是這篇文章，把他此後二十年的精力帶入到了《四庫全書》領域。」

也確實在此之後，先師的學術關注之處，明顯放在乾隆時代的《四庫全書》，尤其是分藏各處的各種不同稿本鈔本《四庫總目》之上。畢竟欲從《四庫總目》中去考察《四庫》館臣揚漢抑宋學術傾向的變化，其難度實遠超常人想像。稍具《四庫》學知識的人都知道，一開始是先由進呈人或進呈單位簡單草擬書目提要，而後由收發官據之改寫，再由分任館臣擴充考證，甚至一稿多改，一書多稿，最後再由紀昀統整而成。期間又因違礙、抽燬等因素反覆修改，且七閣抄纂時間有先後，故七閣和武英殿本、浙本各書提要的文字不僅多有差異，有的甚至差異甚鉅。這種差異改動的痕跡和原因，還被埋沒在各種提要稿本之中，深鎖塵封，無緣一睹。是以如何獲得這些埋沒各處的提要稿本，實為先師投身《四庫》學研究後，所面臨的巨大挑戰。二〇一〇年春間，先師招長林至臺灣大學一敘，就在與研究生休息室一梯之隔的小間裡，在昏黃的燈光下，在長林震驚的眼神中，先師告訴長林欲提早退休的決定。先師婉拒幾所私立高校的高薪禮聘，雖難卻臺大中文系的人情之請，繼續開設研究所課程，然先師深心之中，實欲擺脫所有庶務，專心致志來從事他最有興趣的學術研究。所以退休之後，先師有更多的時間尋訪各地圖書館秘藏的各種不同寫本《四庫總目》稿本殘卷，並且以最下苦工的方式，對各處所藏稿鈔殘本逐字閱讀、逐篇核對。二〇一五年秋間，長林受中央研究院明清研究委員會委託，誠邀先師暢談轉治《四庫》學之心路歷程，訪問稿隨即刊在《明清研究通訊》之上，以饗學界。

在訪談中，先師強調學界過去研究多偏重在明末清初的部分，大家都喜歡暢談經世致用之說，卻忽略了學術史的重點在「辨章學術，考鏡源流」。學術是發展變化的，清代學術如何由清初講求經世致用轉變成乾嘉重視考據，就是值得探討的問題。過去學界習慣用清廷政治壓迫或顧炎武的影響來解釋轉變原因，答案未免過於簡單。學術發展千頭萬緒，如何抽絲剝繭找出變化的關鍵與線索，再提出充分證據加以嚴謹論證，嘗試給予合理的解釋，是需要許多工夫的。為了專注處理這個問題，先師暫時放下研究多年的宋代學術，轉而探討清代學術，並將研究重點設定在清代中期，也就是乾嘉時期；同時也把《四庫總目》這部具有代表性的官修大書，列為主要的探討對象。

在此之前，先師很早就開始閱讀《四庫總目》，在碩士畢業服役的兩年期間，便將全書逐條點讀過。先師認為《四庫總目》不單只是《四庫全書》的總目錄而已，從中我們可看出乾隆君臣對於纂修《四庫全書》之主從關係。談到《四庫全書》，一般多以紀昀為總其成的主事者，先師卻認為並不如此。就客觀條件看來，一切都由乾隆主導，紀昀只能算是他的執行長。理由在於當時是帝制時期，乾隆又是集所有大權於一身的獨裁者，皇帝一開口，臣下只能照辦，沒有討論的餘地，所以要說纂修《四庫全書》全是紀昀的想法，是不太現實的。為了確定這樣的假設，先師又細讀乾隆詩文集，發現其中有很多修纂《四庫全書》時的相關資料，約有七十多首詩文，皆與《四庫全書》中所收《永樂大典》輯出的宋人書籍有關。依據這些資料可以看出，乾隆寫成上述詩文之後，《四庫》館臣在編修《四庫全書》時，著錄書籍的取捨、《四庫總目》的撰寫與修訂，都受到乾隆見解的影響，有些提要更明文寫出「聖上」的意見如何如何。

確立乾隆的主導地位之後，先師接下來要研究的便是乾隆如何透過《四庫全書》，尤其是《四庫總目》這部書的編纂，來建構一個他理想中以漢學觀點為主的一個學術史。這是先師近年來細讀慢嚼，逐漸發展出來的看法。先師認為，乾隆的意識型態表現得最明顯在經史子集各部總敘、小敘及提要中，如《四庫全書》的二十則〈凡例〉開宗明義說得很清楚：總敘就是要說明學術的源流，小敘就是具體解釋各學術分類的由來，事實上做的即是「辨章學術，考鏡源流」的工作。總敘的部分在「考鏡源流」，「辨章學術」則放在小敘裡面。若總敘跟小敘說明得還不夠清楚，便補充案語，再結合各條提要的解說，即構成了《四庫全書》展示整體學術觀點的基本架構。

也是因為從事「《四庫》學」研究的需要，先師不得不進行版本目錄等有關文獻的研究。先師屢言自己做學問習慣於從最基本的開始，如果基本的文獻覺得有問題的話，那後面的研究就難以繼續進行，宏偉建築畢竟是需要堅實基礎的。因此在決定進行《四庫總目》研究之時，先師先把可蒐集到的有關《四庫總目》的書籍與論文都找來閱讀。先師發現過往的研究成果有兩個問題：第一，缺乏新的材料；第二，提不出比較具有創意的見解。最麻煩的問題在於，《四庫總目》其實尚存有許多的編纂稿跟提要稿，還有所謂的殘稿，都存放在各大圖書館的特藏室裡，當珍貴文物保存，不輕易給人參考。大家既然看不到，自然無法使用，缺乏新資料的注入，也就很難產生新的看法。

先師認為這些基本資料如果不弄清楚，有很多問題不能解決。現在看到的《四庫總目》版本，足以代表《四庫》的定本的，不是中國大陸最通行的浙本，而是臺灣商務後來影印出版的武英殿本，那是乾隆六十年（一七九五）的十一月才刊刻出版的。先師近年來所寫的一些文章都跟文獻資料有關，他認為要做研究就得先從文獻的部分入手。先師無奈的說：「我本來最討厭談人情、講關係的，可是現在去大陸看資料，為了研究，也不能不低頭，設法運用關係。因為到大陸圖書館找資料，如果不靠關係，你就絕對不要想看到這些東西。我一直覺得，學問的高低不在於你掌握多少別人見不到的資料，而是說同樣的資料，大家都知道也看得到，若是你能讀得出別人看不到的問題，這才是真正的本領。這也是一種於無字句處讀書的工夫。但是若沒有資料，根本無法進行研究，自然談不上解決問題，進而開拓新知了。」也因為如此，透過大陸學界朋友的協助，先師才有機會到各大圖書館的特藏室去查資料、看資料，以進行《四庫總目》的編纂研究工作。

先師指出，從事《四庫總目》的編纂研究，必須從文獻開始。這是因為《四庫總目》的編纂完成，是一步一步階段性的工作，由《分纂稿》而《書前提要》，以至《總目》，每一個編纂階段，都在調整或修正提要文字與內容中原本觀點不一致的部份，進而逐步建構一個以漢學為基礎的學術史。二十多年的編纂與修訂過程中，都圍繞著這個想法在進行。因而進行《四庫總目》的編纂研究，首先得從《分纂稿》開始，因為《分纂稿》是最早的底稿，意見紛陳，並不一致；其次就是先師在國家圖書館發現的一部資料，叫做《四庫全書初次進呈存目》，這一部資料約有一千八百多條。這項資料從收進藏書家盧址的抱經樓之後，從來沒有人用過。這部《四庫全書初次進呈存目》書成年代，恰好介於《分纂稿》和《書前提要》之間，因此它一部分保存了《分纂稿》的原貌，一部分則經過修訂了。先師強調《四庫總目》有一段很漫長的編纂過程，從乾隆三十七年（一七七二）上諭廣徵天下收書，三十八年（一七七三）正式開《四庫》館，最後到了乾隆五十九年（一七九四）、六十年定稿才真正完成。這二十年的時間都在不停地抽換修改，使觀點一致，合乎編纂的要求。

再來就是《書前提要》，而《書前提要》也存在很多的問題。進行研究時，必須依時間先後，先以《書前提要》跟《初次存目》比較，再拿《書前提要》跟《四庫全書薈要》、《武英殿叢書》的書前提要比較，因為《四庫全書薈要》書前提要與《武英殿叢書》書前提要，要比《書前提要》早。這些都比對過之後，還要與《四庫總目》的一些稿本比較。而且《四庫總目》的稿本不只一部，尚存在許多；而這些稿本裡面，有些罕為人知，有些則是過去從沒注意到的。在《四庫總目》的刻本（浙本、殿本）出來之前，其實七部《四庫全書》都曾經收藏過《四庫總目》的抄本。以往沒人注意到有抄本《總目》的存在，最早提出有抄本的是浙江大學古籍所的崔富章教授。先師稱讚崔教授工夫深、研究做得很好，可惜受限於比對資料不夠全面，崔教授未能進一步證成「浙本的底本是文瀾閣抄本」這個命題。

先師也曾藉由參加會議的機會，在天津圖書館待了四天，看到了該館收藏的文溯閣《總目》抄本，比同一級的文瀾閣抄本要早一些。先師提到：「原先七閣的《四庫全書》送進閣的時候，另有幾部配套書籍一定要同時跟著進去的，第一部就是《四庫全書考證》，第二部是《四庫全書總目》，第三部是《四庫全書簡明目錄》，而且這三部書一定是擺在《四庫全書》的最前面。所以當時每一閣書入藏的時候，必然會配有一部《四庫總目》。這麼一來就出現一個問題：當時刻本還沒有出來，也就是《四庫總目》還在修訂中，這七部《四庫全書》怎麼可能有《四庫總目》？」先師解釋說：「這個問題相當合理，沒有刻本，哪來的《四庫全書總目》？我們的運氣很好，一九九七年大陸的中國第一歷史檔案館，將《纂修四庫全書檔案》整理出來，雖然不是全部，但這項資料為後續研究提供了很多的方便，能看到的檔案，都已收錄進去，可以一條一條去看、去檢查。這份資料顯示，每一閣的《四庫全書》，入藏該閣的同時，都配有《四庫總目》。」那麼這個《四庫總目》究竟是什麼？它既不是武英殿本，也不可能是浙本，那是什麼呢？最後的答案就是，另有抄本《四庫總目》的存在。先師表示，抄本《四庫總目》可以讓我們對《四庫總目》編纂時的修訂過程看得十分清楚。由於先師在天津圖書館看到的是時間較早的文溯閣抄本《四庫總目》原本，當初怎麼去修改，切割、貼上的痕跡，都能清楚看到。未來如果以照相影印出版，這些細節可能就看不到了，這是蠻可惜的事情。不過慶幸的是，有關《四庫總目》的這些相關資料陸陸續續都出來了，最近文瀾閣本《四庫全書》已影印出版，它的《總目》中還殘存有部分抄本稿，便於參考。此外，上海圖書館所藏的《四庫總目》的殘稿也將會出版。先師希望未來北京圖書館、天津圖書館也能夠把他們所藏的資料都整理影印出來，為學者提供更充足的研究資料。（二〇二一年六月十九日，先師告訴長林有《四庫全書總目稿鈔本叢刊》問世，因為文哲所圖書購入較快，先師詢問長林能否推薦購買，好能有機會早日看到這筆資料。經過一番努力，長林於同年九月二日把一套厚厚二十本的叢書帶到溫州街面交先師。其時疫情嚴峻，不敢久留，只與先師寒暄數語，即匆匆告辭。不意短暫一會，竟成永別。曷可慟哉！先師沉痾在身，仍孳孳於學術研究，豈非鞠躬盡瘁，死而後已！）

先師還提到：「在做這個研究的過程中，我發現乾隆的思想有一個轉變的過程，這是過去很多人沒發現到的。後來知道陳祖武先生也有類似意見。陳先生在北京，我在這邊，我們倆不約而同都找到這個問題。」先師認為乾隆的思想有一個發展的過程，簡單來講，從原來全力支持宋學轉變為全力支持漢學，所以如此，就跟修《四庫全書》有相當程度的關係，這從乾隆的上諭可以觀察出來。乾隆剛即位沒多久，大概五年、六年的時候，因為臣下得定期輪流在經筵為皇帝講經，乾隆發現這些大臣都講漢學，便下了兩次不同的上諭，內容都在強調經學裡面，漢學固然重要，但宋學尤其重要。這兩篇上諭寫得很清楚，這表示說當時的學風已經如此，並非出於皇帝刻意造成，而是學界本身自然形成的。開始編纂《四庫全書》之後，自《永樂大典》輯出的書都得進呈乾隆審閱。在讀這些書的時候，乾隆發現大部分的宋代學者（尤其是道學家），都有「君臣共治天下」的觀念，這讓以「作之君，作之師」自居的皇帝大為不滿，開始對宋代的學者產生反感，因為那碰觸到他最敏感的神經。尤其程頤主張天下安危得依靠丞相的說法，更是批了乾隆的「逆麟」，也因此讓他的想法大大的改觀，逐步離開宋學，最後更翻轉過來，成為不折不扣的漢學支持者。

先師總結自己《四庫》學的研究成果，初步的結論是《四庫總目》的編寫、編纂，可以說是乾隆君臣有意要建構一個以漢學為中心觀點的中國學術史，這從經部就可以看得出來。由於經學是中國傳統學術的主流，以漢學觀點建構一個經學發展史，無異於重新建構了傳統中國的學術史。乾隆有這樣的野心，雖沒說得這麼具體，但是讀完整部《四庫總目》之後，自然會發現這個推測並非空穴來風，其實是有跡可尋的。整個《四庫總目》的編纂與修改過程，大致是朝著這個趨向進行，《四庫總目》的二十則〈凡例〉，已經具體透露出這個訊息了。

為了支持上述的觀點，在撰寫〈《四庫全書總目》與漢宋之學的關係〉一文之後，先師又陸續發表一系列相關文章，計有〈《四庫全書初次進呈存目》初探——編纂時間與文獻價值〉、〈重論天津圖書館藏《紀曉嵐刪定〈四庫全書總目〉》稿本》的編纂時間與文獻價值〉、〈上海圖書館藏《四庫全書總目》殘稿編纂時間蠡探〉、〈《四庫全書總目》「浙本出於殿本」說的再檢討〉、〈重論臺北「國圖」所藏《四庫全書總目》稿本殘卷的編纂時間與文獻價值〉、〈《四庫全書總目》論宋代經學——以《春秋》學為例〉、〈「各明一義」與「《易》外別傳」——《四庫全書總目》對宋元明儒《易》學的評論〉、〈「《書》以道政事」——試論《四庫全書總目》的《尚書》學觀〉、〈《四庫全書總目》對宋學的觀察與批評——以《四書》類為例〉、〈乾隆皇帝的經學思想及其發展——兼論與《四庫全書總目》編纂的關係〉，大部分皆為學界鮮少觸及，而亟待發覆的重要議題。後來輯成《四庫全書總目發微》一書，交由北京中華書局出版，堪稱晚近《四庫》學研究的經典之作。

在這些文章中，先師從「漢宋對峙」的觀點，呈現從宋明儒學到清代考證學的變遷發展，解釋清代中期學術思想的演變傾向，尤其對《四庫總目》纂修的時代背景剖析，主張政治的左右始終駕馭學術，可謂是有力有據。在文獻的安排上，以紮實的考證工夫，並結合近年來所新發現、影印及整理的《四庫》文獻，揀選現存的各種《提要》與《總目》稿本，如天津圖書館、上海圖書館及臺北國家圖書館，詳細考訂其編纂時間，目的在藉此確立各種《提要》的具體時間先後順序與總目稿本的年代系譜。先師曾說：「學術史觀的建構並非一蹴可幾，必然經過長期的蘊釀與構思。《四庫全書總目》的編纂與修訂過程，始於乾隆三十八年（一七七三）二月正式開館編輯《四庫全書》，歷經館臣二十餘年的辛勤耕耘，最終於乾隆六十年（一七九五）十一月由武英殿刊刻蕆事。其篇幅之大、耗時之長、動用資源之多，……當中每一階段的增刪修改甚至抽換新撰，莫不是為此嶄新史觀奠定基石，藉以建構新猷。」正因《四庫總目》的編纂完成，耗費長達二十多年，先師清楚地意識到每一個編纂過程，都涉及館臣調整或修正提要文字，與原本觀點不一致，所以必須借助具體時間的爬梳與判定，方能考辨學術史觀逐步建構之節點。

與此同時，先師也特別著重論述《總目》定本的經學觀，藉「漢宋對峙」的核心觀念下，觀察《四庫總目》如何闡釋其經學觀點，洞察清代學術思想從宋學轉漢學的背後曲折，及皇權意識的左右及影響，進而最終形成《四庫總目》以「漢學」為中心的學術史觀之建構。值得一提的是，先師結合《四庫總目》纂修的具體過程，指出乾隆皇帝自始至終主宰《總目》編纂方向及學術立場，特別在〈乾隆皇帝的經學思想及其發展——兼論與《四庫全書總目》編纂的關係〉一文中，細微地察覺出乾隆自身學術轉變，且藉由《纂修四庫全書檔案》與《清高宗御製詩文全集》所保存的相關資料證明，乾隆皇帝後期學術態度的偏向，對於《四庫總目》產生巨大之影響，也因乾隆的好惡讓《四庫》館臣在纂修的過程中，呈現「崇漢抑宋」學術傾向及立場，認為《四庫總目》批評宋學的原因，正是乾隆本人主導所致。通過本書可以看到先師利用「文獻」及「義理」二種途徑入手，力求發微闡幽，以求周延地理解《四庫總目》的學術立場，闡釋他對清代中期學術發展與政治社會互動之見解，進而最終顯露《四庫總目》所欲建立的「學術史觀」。

先師病後仍筆耕不輟，有已刊未刊之成稿六篇，也是在同樣思路下所進行的探究。六篇之題，曰〈試論中國國家圖書館藏《四庫全書總目》稿本殘卷的編纂時間——兼論與天津圖書館藏《總目》稿本殘卷的關係〉、曰〈南京圖書館藏《四庫全書總目》殘稿編纂時間初探〉、曰〈中國國家博物館藏《四庫全書總目》殘卷編纂時間及其相關問題〉、曰〈文淵閣本《四庫全書》書前提要的校上時間與抽換問題〉、曰〈朝向一個學術史觀的建構——以《四庫全書總目．經部》為例〉、曰〈尊《序》、廢《序》與漢宋對峙——以《四庫全書總目．經部詩類》為例〉，先師自署曰《四庫全書總目闡幽》。

本書延續《四庫全書總目發微》的研究架構，繼續對《四庫總目》相關議題進行

「顯微闡幽」的工作。在文獻部分來看，所收錄的文章繼津圖、上圖、北圖、臺北國圖等稿後，對其他現存殘稿編纂時間做賡續之研究。對《總目》稿本編纂時間之判明，一直是先師晚年關注的課題，先師曾說：「學術研究離不開文獻資料，新文獻資料的出現，總會帶動新的研究，甚而形成新的學術思潮。」又言：「若欲透徹分析與理解《四庫總目》的學術史觀如何形成、重點何在，則必然要從文獻學的角度切入，透過同一提要在不同階段的詳細比對，方能鉅細靡遺地掌握各書提要內容的前後異同，進而深入瞭解觀念變化的重點所在。」所以，對於編纂時間的具體梳理和確立，亦是《四庫總目》研究及背後顯露「學術史觀」研究的第一要務，而其前提則為對各階段稿本的異同進行釐清及比較，其重要性可謂是不言而喻。另外，先師持續闡發《四庫總目》中所深蘊的學術思想，在「漢宋對峙」觀念的貫穿下，又以《總目・經部》及《總目・經部詩類》為例，表現《四庫總目》在剖析經學發展源流時，中國歷代學術的衍變及體現。且針對《四庫總目》全書所表現的「揚漢抑宋」學術觀點，進一步凸顯乾隆君臣的學術傾向及立場，來處理歷代學術必然涉及的主要議題，最終形成《四庫總目》學術史建構。

綜觀先師的清代學術研究，側重在對《四庫總目》的討論，並且聚焦於學術史視野，採用以「考據」闡發「義理」的治學途徑。同時，關注現實政治對學術的影響，可謂先師治學的一貫視角。如上所述，先師的《四庫》學研究建立在詳盡收集《四庫》材料、逐一的比對和考訂，如針對「津圖紀稿」及「央圖《殘卷》」進行深入的論述及研究，在成書時間及文獻價值的解讀，有其精闢的見解；又如在《四庫總目》「浙本出於殿本」說的檢討中，考辨前人不同正反意見，發現浙本、殿本由於刊刻時間相近，殿本的刊竣時間在浙本之後，有力地批駁「浙本出於殿本」的誤說。同時，先師抱持「考鏡源流」之理念，對其他尚存的編纂稿跟提要稿，以及所謂的殘稿，進行嚴謹、詳細的比對及推論，得出編纂具體時間，有助於學界對《四庫總目》編纂歷程做深入的認識，可謂考訂《總目》編纂歷程最深入與最具成就之作。

最後要說明的是，乾嘉以下的經學研究，深受「漢宋對峙」觀念的影響。學界過往探討《四庫總目》的學術立場，也多據〈經部總敘〉做浮泛之論，而未能恆定《總目》的漢宋屬性。先師從學術思想史的角度，深入審視《四庫總目》對各類經書的評述，特別點出隱藏此間的清代中葉學術與政治之互動。先師根據《總目》纂修歷程，考察了乾隆有意識地左右《四庫總目》編纂、收錄的傾向，揭示乾隆本人才是主宰《四庫總目》經學思想的關鍵人物，呈現政治與學術之間的微妙關係，突顯其內容所具的意義和價值，可以說是有力有據。先師對《四庫總目》學術立場的精闢論述，足見先師視野之開闊與識見之敏銳，也為爾後《四庫總目》思想領域的開拓，提供了弘遠的學術框架，實具卓越之貢獻。

結語

以上略敘先師學術之大要，無論於漢、於宋、於清，先師始終透過堅實的文獻基礎，來闡述思想學術與現實世界互動之間，所激盪而生的諸般問題。先師尤其重視學術思想背後的政治運作，而非意在對思想學術做哲學性建構。除了上述研究成果之外，先師任教臺灣大學中文系期間，隨開設課程需求研讀相關材料，並將思考整理成文。這些課程包含「論孟導讀」、「四書」、「秦漢學術思想史」、「中國思想史」、「中國近三百年學術史」等，所涉及者包括「尋孔顏樂處」這道濂溪、二程極為關切且影響深遠的命題。由於濂溪、二程在提出此一命題時，並未對「孔顏樂處何在」及「孔顏所樂者為何」作明確說明，先師特以此為題，整理相關文獻以闡發之。先師亦為文探討孔孟的聖人觀，問題聚焦在「聖人究竟是什麼樣的人？」「一個人合乎什麼條件才可稱為聖人？」此一命題涉及儒家崇高典範的實際內涵，對於理解儒學義理乃至儒者生命境界甚為關鍵，在研究與教學上都具有重要意義。再如孔子攝魯相誅少正卯的傳說，先師通過對相關文獻的仔細檢驗，以及對孔子言行的涵詠體會，認定此事並非史實。先師指出孔子作為春秋戰國時期的箭垛式人物，被後人利用以作為推銷自我思想的工具，實屬平常。先師透過孔子誅少正卯一事，提醒學者應熟悉中國古代學術發展特色，深入進行「辨章學術，考鏡源流」的工作，對古代文獻與思想才能有正確的認識，此文在中國傳統學術的教學上，具有重要的示範作用。上述這類先師隨課程而發表的文章共計九篇，時代從先秦跨越至清末民初，收錄於《儒家與儒學探究》一書。先師一如既往，出入文獻，在平實的論述當中，把問題一絲不苟地說明清楚。

整體而言，先師以漢代儒學致用思想建立自身學術意識，並以宋代王安石新學為治學重心，著力於探討王安石新學如何重啟儒學致用精神，及其對同時、後世學者產生的影響與反響，以此衡量王安石思想的學術史定位。從另一方面而言，宋代理學興起後，中國學術走向為之一變，天道性命之學成為儒學後續發展的主幹，卻是並未留意理學興起過程中，王安石新學所扮演的角色，先師的研究可謂填補了這段學術史的空白。至於世紀初以來的《四庫》學研究，則是先師從另一個角度探討上述學術史路線之轉變。由此可見，先師治學自有其貫穿時代的整體視野，從對清代學術產生興趣，回溯漢代儒學思想，經過宋學興起之過程，再回到清代漢宋學之論述，中國學術史幾個重要的階段，先師皆曾深入耕耘，並取得重要成果，而深為學界重視。

夏長樸教授研究成果

一、期刊論文

1. 一九七三年八月，〈全祖望的學術思想〉，《女師專學報》，五，頁一〇一－一一六，臺北。
2. 一九八一年十二月，〈論王安石的致用思想〉，《幼獅學誌》，十六－四，頁三十六－五十一，臺北。
3. 一九八五年五月，〈孟子與宋儒〉，《幼獅學誌》，十八－三，頁九－三十二，臺北。
4. 一九八七年十月，〈李覯的非孟思想〉，《幼獅學誌》，十九－四，頁一二一－一四五，臺北。
5. 一九八八年十一月，〈李覯的重禮思想及其與荀子的關係〉，《臺大中文學報》，二，頁二六五－二八二，臺北。
6. 一九八九年十二月，〈近人有關李覯與王安石關係諸說之商榷〉，《臺大中文學報》，三，頁三七一－三八二，臺北。
7. 一九九三年十二月，〈孔子的實學〉，《中國哲學》，十六，頁三十五－五十三，嶽麓書社，湖南長沙。
8. 一九九四年六月，〈堯舜其猶病諸——論孔孟的聖人論〉，《臺大中文學報》，六，頁五十九-七十八，臺北。

9. 一九九五年十二月，〈丹青難寫是精神——讀王安石的詠史詩〉，《國立編譯館館刊》，二十四-二，頁一八三-一九七，臺北。

10. 一九九七年六月，〈司馬光疑孟及其相關問題〉，《臺大中文學報》，九，頁一一五-一四四，臺北。

11. 一九九八年五月，〈子為政焉用殺——論孔子誅少正卯〉，《臺大中文學報》，十，頁五十五-八十，臺北。

12. 二〇〇〇年六月，〈晁說之與《晁氏客語》的關係〉，《國立編譯館館刊》，二十九-一，頁一四七-一六二，臺北。

13. 二〇〇二年四月，〈尊孟與非孟——試論宋代孟子學之發展及其意義〉，《中國哲學》，二十四，《經學今詮三編》，頁五五九-六二四，遼寧教育出版社，瀋陽。

14. 二〇〇三年，〈司馬光疑孟及其相關問題（修訂本）〉，《宋史研究集》，第三十三輯，宋史座談會主編，頁一六七-二一四，臺北。

15. 二〇〇五年十二月，〈《四庫全書總目》與漢宋之學的關係〉，《故宮學術季刊》，二十三卷二期，頁八十三-一二八，臺北。

16. 二〇〇六年七月，〈從李心傳《道命錄》論宋代道學的成立與發展（修訂本）〉，《宋史研究集》，第三十六輯，宋史座談會主編，頁一-六十六，臺北。

17. 二〇〇六年十二月，〈漢恩自淺胡自深，人生樂在相知心——試論王安石〈明妃曲〉及其相關問題〉，《國際中國學研究》，第九輯，頁三-二十一，韓國中國學會（The Society For Chinese Studies），韓國首爾。

18. 二〇〇七年五月，〈論《中庸》興起與宋代儒學發展的關係〉，《中國經學》第二輯，頁一三一－一八七，北京清華大學歷史系經學研究中心編印，廣西師範大學出版社出版，桂林。

19. 二〇〇八年四月，〈一道德以同風俗——王安石新學的歷史定位及其相關問題〉，《中國經學》第三輯，頁一三三－一六二，北京清華大學歷史系經學研究中心編印，廣西師範大學出版社出版，桂林。

20. 二〇〇九年九月，〈介父之學大抵支離——二程論王安石新學〉，《東方文化》四十二卷一、二期合刊，頁一二三－一四八，香港大學中文學院、史丹福大學中華語言文化研究中心聯合出版，香港。

21. 二〇〇九年十二月，〈「其所謂『道』非道，則所言之韙不免於非」——朱熹論王安石新學〉，《中國史研究》二〇〇九年第四期，頁八十二－九十九，中國社會科學院歷史研究所編印，《中國史研究》雜誌社出版，北京。

22. 二〇一一年六月，〈「發六百年來儒林所不及知者」——全祖望續補《宋元學案》的學術史意義〉，《臺大中文學報》，三十四，頁一一五－一四四，臺北。

23. 二〇一一年六月，〈但開風氣不為師——試論胡適的清代學術史研究〉，中國人民大學國學院，《國學學刊》，二〇一一年第二期，頁二十三－三十四，北京。

24. 二〇一二年六月，〈《四庫全書初次進呈存目》初探——編纂時間與文獻價值〉，《漢學研究》三十卷第二期，頁一六五－一九八，漢學研究中心出版，臺北。

25. 二〇一三年三月，〈《四庫全書總目》「浙本出於殿本」說的再檢討〉，《臺大中文學報》，四十，頁二四九－二九〇，臺北。

26. 二〇一三年六月，〈《四庫全書總目》對宋代經學的觀察——以《春秋》學為例〉，《正學》，第一輯，頁八十五－一一〇，江西南昌大國學研究院主編，中國社會科學出版社，北京。

27. 二〇一三年十月，〈變與不變——王守仁與湛若水的交往與論學〉《國際陽明學研究》，第三輯，頁一－三十四，上海古籍出版社，上海。

28. 二〇一四年三月，〈《天津圖書館藏紀曉嵐刪定《四庫全書總目》稿本》的編纂時間與文獻價值〉，《臺大中文學報》，四十四，頁一八五－二二三，臺北。

29. 二〇一四年九月，〈宋代道學家論人與自然的關係——以二程兄弟的自然觀為例〉，《正學》，第二輯，頁三十四－五十七，中國社會科學出版社，北京。

30. 二〇一五年八月，〈「各明一義」與「《易》外別傳」——《四庫全書總目》對宋元明儒《易》學的評論〉，《中國經學》，第十六輯，頁一－二十四，北京清華大學歷史系經學研究中心編印，廣西師範大學出版社出版，桂林。

31. 二〇一六年三月，〈臺北國圖所藏《四庫全書總目》稿本殘卷的編纂時間與文獻價值〉，《中國文哲研究集刊》，第四十八期，頁一三九－一六八，中央研究院中國文哲研究所編印出版，臺北。

32. 二〇一六年九月〈「書以道政事」——試論《四庫全書總目》的《尚書》學觀〉，《歷史文獻研究》（總第三十七期），頁一七〇－一九一，中國歷史文獻研究會編，華東師範大學出版社出版，上海。

33. 二〇一六年十一月，〈重論《天津圖書館藏紀曉嵐刪定《四庫全書總目》稿本》的編纂時間〉，頁八－二十，《湖南大學學報（社會科學版）》，第三十卷第六期（總一三五期），湖南大學出版，長沙。

34. 二〇一七年八月，〈《四庫全書總目》對宋學的觀察與批評〉，《中國經學》，第二十輯，頁六十五－九十八，北京清華大學歷史系經學研究中心編印，廣西師範大學出版社出版，桂林。

35. 二〇一七年十二月，〈上海圖書館藏《四庫全書總目》殘稿編纂時間蠡探〉，《四庫學》第一輯，頁一八三－二〇七，社會科學文獻出版社出版，北京。

36. 二〇一八年一月〈《四庫全書總目》「浙本出於殿本」說的再檢討〉（修訂本），《中國四庫學》，第一輯，頁五十三－八十，湖南大學嶽麓書院主編，中華書局，北京。

37. 二〇一八年六月，〈重論臺北國圖所藏《四庫全書總目》稿本殘卷的編纂時間〉，《中國典籍與文化論叢》，第十九輯，頁二九五－三一一，北京。

38. 二〇一八年六月，〈乾隆皇帝的經學思想及其發展——兼論與《四庫全書總目》編纂的關係〉，《經學文獻研究集刊》，第十九輯，頁一四〇－一七五，上海。

39. 二〇一九年一月，〈試論北京國家圖書館藏《四庫全書總目》稿本殘卷的編纂時間——兼論與天津圖書館藏《總目》稿本殘卷的關係〉，《中國四庫學》，第三輯，頁五十六－七十九，湖南大學嶽麓書院主編，中華書局，北京。

40. 二〇二〇年十一月，〈南京圖書館藏《四庫全書總目》殘稿編纂時間初探〉，《中國四庫學》，第五輯，頁三十三－五十，湖南大學嶽麓書院主編，中華書局，北京。

41. 二〇二一年六月，〈朝向一個學術史觀的建構——以《四庫全書總目．經部》為例〉，《中國經學》，第二十八輯，頁四十九－七十二，北京清華大學中國經學研究院編印，廣西師範大學出版社出版，桂林。

42. 二〇二一年六月，〈中國國家博物館館藏《四庫全書總目》殘卷編纂時間及其相關問題〉，《中國四庫學》，第六輯，頁三十三－五十二，湖南大學嶽麓書院主編，中華書局，北京。

43. 二〇二二年八月，〈尊《序》、廢《序》與漢宋對峙——以《四庫全書總目・經部詩類》為例〉，《中國經學》第三十輯，頁一—二十六。

44. 二〇二三年（排版中），〈文淵閣本《四庫全書》書前提要的校上時間與抽換問題〉，《中國四庫學》第八輯。

二、會議論文

1. 一九八六年六月，〈王安石思想與孟子的關係〉，政治大學《紀念司馬光、王安石逝世九百週年學術研討會論文集》，頁二九五—三二六，臺北。

2. 一九八九年一月，〈論李覯的實用思想〉，臺灣大學中文研究所主辦《宋代文學與思想學術研討會論文集》，頁一〇五—一三二，臺北。

3. 一九九〇年五月，〈顧炎武與錢大昕論學之異同〉，中央大學主辦《明清之際中國文化的轉變與延續研討會論文集》，頁一五一—一八八，中壢。

4. 一九九〇年六月，〈范仲淹與李覯經世思想的比較〉，臺灣大學《紀念范仲淹一千年誕辰國際學術研討會論文集》，頁一四六七—一四九〇，臺北。

5. 一九九〇年七月，〈尋孔顏樂處〉，中國孔子基金會編，中國孔子基金會主辦《海峽兩岸首次學者儒學對話研討會論文集》，頁二三四—二四四，齊魯書社，山東曲阜。

6. 一九九一年十月，〈論何晏其人及其學術〉，韓國中國學會，《中國學報》，三十，頁九十九—一〇四，韓國漢城。

7. 一九九三年八月，〈堯舜其猶病諸——論孔孟的聖人論〉，中國孔子基金會編，《孔孟荀之比較——中日韓越學者論儒學》，中國孔子基金會主辦《孔孟荀學術思想國際研討會論文集》，頁七十一－九十二，社會科學文獻出版社，北京。

8. 二〇〇〇年八月，〈試論與戴震學術淵源有關的一個問題〉，《文化的饋贈——北京大學成立一百週年漢學研究國際會議論文集（哲學卷）》，頁二三〇－二三九，北京大學中國傳統文化研究中心編，北京大學出版社，北京。

9. 二〇〇〇年十二月，〈論漢代學術會議與漢代學術發展的關係——以石渠閣會議的召開為例〉，《第三屆漢代文學與思想學術研討會論文集》，頁八十七－一〇八，國立政治大學中國文學系編印，臺北。

10. 二〇〇一年一月，〈王官學與百家言對峙——試論錢穆先對漢代學術發展的一個看法〉，《紀念錢穆先生逝世十週年國際學術研討會論文集》，頁四十五－八十，國立臺灣大學大學中國文學系編印，臺北。

11. 二〇〇一年九月，〈王安石思想與道家的關係〉，《道家與道教——第二屆道家文化國際學術研討會論文集（道家卷）》，頁四六四－四八一，廣東人民出版社，廣州。

12. 二〇〇五年七月，〈從李心傳《道命錄》論宋代道學的成立與發展〉，《知性與情感的交會——唐宋元明學術研討會論文集》，頁二四三－二八七，國立成功大學中文系／國立臺灣大學中文系編印。

13. 二〇〇五年十一月，〈乾隆皇帝與漢宋之學〉，《清代經學與文化》，頁一五六－一九二，北京清華大學歷史系主辦「清代經學與文化」國際學術研討會論文集，北京大學出版社，北京。

14. 二〇〇七年十月五日，〈二程論王安石新學〉，香港大學中文學院八十週年慶國際學術研討會（香港大學中文學院主辦）。

15. 二〇〇七年十月二十日，〈從「斷爛朝報」到罷廢史學——王安石新學對宋代學術的一個影響〉，「跨學科視野下的文化身分認同」國際學術討論會（南京大學人文社會科學高等研究院主辦）。

16. 二〇一一年三月十八日，〈《四庫全書總目》對宋代經學的觀察——以《春秋》學為例〉，「第四屆中國經學國際研討會」（臺灣大學文學院主辦、中央研究院中國文哲研究所協辦）。

17. 二〇一一年十月十五日，〈《四庫全書總目》研究的新資料——臺北國圖所藏《四庫全書初次進呈存目》〉，「第二屆中國古文獻與傳統文化國際學術研討會」（北京師範大學古籍與傳統文化研究院、中國社會科學院歷史研究所、香港理工大學中國文化學系主辦）。

18. 二〇一二年十月十九日，〈《四庫全書總目》「浙本出於殿本」說的再檢討〉，「第三屆中國古文獻與傳統文化國際學術研討會」（中國社會科學院歷史研究所、香港理工大學中國文化學系、北京師範大學古籍與傳統文化研究院主辦）。

19. 二〇一二年十月三十一日，〈變與不變——王守仁與湛若水的交往與論學〉，「第二屆陽明學國際研討會」（中國社會科學院歷史研究所、餘姚國際陽明學研究中心合辦）。

20. 二〇一三年十二月十三日，〈《天津圖書館藏紀曉嵐刪定《四庫全書總目》稿本》的編纂時間與文獻價值〉，「第四屆中國古文獻與傳統文化國際學術研討會」（香港理工大學中國文化學系、北京師範大學古籍與傳統文化研究院、中國社會科學院歷史研究所主辦）。

21. 二〇一四年十月十三日，〈臺北國圖所藏《四庫全書總目》稿本殘卷的編纂時間與文獻價值〉，「第五屆中國古文獻與傳統文化國際學術研討會」（中國社會科學院歷史研究所、香港理工大學中國文化學系、北京師範大學古籍與傳統文化研究院主辦）。

22. 二〇一五年九月六日，〈《四庫全書總目》對宋學的觀察與批評——以「四書類」為例〉，「第六屆中國經學國際學術研討會」（上海交通大學文學院、北京清華大學歷史系主辦）。

23. 二〇一五年十二月，〈「《書》以道政事」——試論《四庫全書總目》的《尚書》學觀〉，首屆經學國際學術高端論壇（曲阜師範大學、臺北中研院文哲所主辦）。

24. 二〇一六年六月五日，〈重論《天津圖書館藏紀曉嵐刪定《四庫全書總目》稿本》的編纂時間〉，「中國四庫學高層論壇」（湖南大學嶽麓書院主辦）。

25. 二〇一六年十月十四日，〈上海圖書館所藏《四庫全書總目》殘稿編纂時間初探〉，「第七屆中國古文獻與傳統文化國際學術研討會」（香港理工大學中國文化學系、中國社會科學院歷史研究所、北京師範大學古籍與傳統文化研究院主辦）。

26. 二〇一八年五月十二日，〈試論北京國家圖書館藏《四庫全書總目》稿本殘卷的編纂時間——兼論與天津圖書館藏《總目》稿本殘卷的關係〉，第三屆四庫學高層論壇（嶽麓書院主辦）。

三、專書及專刊論文

專書

1. 一九七八年六月，《兩漢儒學研究》，國立臺灣大學文學院文史叢刊之48，臺北。

2. 一九八〇年六月，《王安石的經世思想》，國立臺灣大學中國文學研究所博士論文，三四二頁，臺北。
3. 一九八九年五月，《李覯與王安石研究》，大安出版社，三一〇頁，臺北。
4. 一九九六年一月，（與葉國良、李隆獻合著），《經學通論》，國立空中大學用書，國立空中大學，臺北。
5. 二〇〇五年九月，（與葉國良、李隆獻合著），《經學通論（修訂本）》，大安出版社，臺北。
6. 二〇一四年六月，《儒學與儒家探究》，大安出版社，臺北。
7. 二〇一五年三月，《北宋儒學與思想》，大安出版社，臺北。
8. 二〇一五年三月，《王安石新學探微》，大安出版社，臺北。
9. 二〇二〇年十二月，《四庫全書總目發微》，中華書局，北京。
10. 二〇二三年八月，《四庫全書總目闡幽》，秀威資訊，臺北。

專刊論文

1. 夏長樸，一九八七年四月，〈王安石的聖人論〉，毛子水先生九五壽慶論文集，頁五十三－七十二，臺北。
2. 夏長樸，一九九三年六月，〈尋孔顏樂處（修訂本）〉，王叔岷先生八十壽慶論文集，頁四〇七－四二〇，臺北。
3. 夏長樸，一九九九年一月，〈《尊孟辨》及其學術意義〉，張以仁先生七秩壽慶論文集，頁一五七－一七八，臺北。

4. 夏長樸，二〇〇三年十二月，〈介紹一本值得閱讀的好書《近世中國學術通變論叢》〉（書評），國立編譯館館刊，三十一卷復刊號，頁七十五－七十九，臺北。
5. 二〇〇九年三月，〈「安石力學而不知道」——楊時評王安石新學〉，《何佑森先生紀念論文集》，何佑森先生紀念論文集編輯委員會，頁一二一－一五二，臺北。
6. 二〇一〇年，〈從「斷爛朝報」到罷廢史學——王安石新學對宋代學術的一個影響〉，《跨學科視野下的文化身分認同——批評與探索》，北京大學出版社，頁三二二－三四二，北京。

近年參與的國際學術研討會及發表的專題演講論文

1. 第二屆東方實學學術研討會（中國實學研究會主辦）
講題：孔子的實學
時間：一九九二年十月二十一日（山東濟南）
2. 孔孟荀學術思想國際研討會（中國孔子基金會主辦）
講題：堯舜其猶病諸——論孔孟的聖人論
時間：一九九三年八月二十八日（山東威海）
3. 國際宋代文學研討會（香港浸會大學中文系主辦）
講題：丹青難寫是精神——讀王安石的詠史詩
時間：一九九四年十二月八日（香港九龍）

4. 海峽兩岸弘揚中華傳統文化學術研討會（中國社會科學院・中流文教基金會主辦）
講題：經學的困境
時間：一九九六年七月八日（山東曲阜）

5. 儒學與世界文明國際學術會議（新加坡國立大學中文系主辦）
講題：子為政焉用殺——論孔子誅少正卯
時間：一九九七年六月十八日（新加坡）

6. 香港大學中文系七十周年紀念國際學術研討會（香港大學中文系主辦）
講題：宋代孟子學復興及其意義
時間：一九九七年十二月十二日（香港）

7. 慶祝北京大學成立一百週年漢學國際會議（北京大學主辦）
講題：試論與戴震學術淵源有關的一個問題
時間：一九九八年五月七日（北京）

8. 第二屆道家文化國際學術研討會（廣州中山大學哲學系・國際道聯會主辦）
講題：王安石思想與道家的關係
時間：一九九八年十二月二十九日（廣東羅浮山）

9. 紀念錢穆先生逝世十週年國際學術研討會（臺大中文系主辦）
講題：王官學與百家言對峙——是論錢穆先生對漢代學術發展的一個看法
時間：二〇〇〇年十月二十四－二十六日（臺北）

10. 明清學術國際研討會（香港大學中文系主辦）
講題：《四庫全書總目》與漢宋之學的關係

時間：二〇〇二年十二月二十一－二十三日

11. 北京清華大學清代經學與文化國際學術研討會（北京清華大學思想文化研究所主辦）

講題：乾隆皇帝與漢宋之學

時間：二〇〇三年十一月十四－十五日（北京）

12. 中國社會科學院歷史研究所專題演講

講題：從李心傳《道命錄》的成立與發展

時間：二〇〇三年十一月十四日

13. 吉林大學人類文明與生存發展講座

講題：宋代理學及其相關問題

時間：二〇〇四年十月二十八日（吉林長春）

14. 韓國中國學會第二十五次中國學國際學術大會（韓國中國學會主辦）

講題：「漢恩自淺胡自深，人生樂在相知心」——論王安石〈明妃曲〉及其相關問題

時間：二〇〇五年八月十九日（韓國首爾）

15. 首屆中國經學國際研討會（北京清華大學歷史系主辦）

講題：論《中庸》興起與宋代儒學發展的關係

時間：二〇〇五年十一月五日（北京）

16. 第二屆中國經學國際學術研討會（北京清華大學歷史系、西北大學文學院主辦）

講題：一道德以同風俗——王安石新學的歷史定位及其相關問題

時間：二〇〇七年八月二十七日（西安）

17. 「跨學科視野下的文化身分認同」國際研討會（南京大學人文社會科學高級研究院主辦）

講題：從「斷爛朝報」到罷廢史學——王安石新學對宋代學術的一個影響
時間：二〇〇七年十月二十日（南京）

18. 「全祖望與浙東文化」國際學術研討會（中國社會科學研究院歷史研究所）
時間：二〇〇八年十二月十五日（浙江寧波）

19. 第三屆中國經學國際學術研討會（北京清華大學歷史系、福建師範大學易學研究中心主辦）
講題：「安石力學而不知道」——楊時論王安石新學
時間：二〇〇九年十一月（廈門）

20. 「第一屆東亞人文學國際學術研討會」（韓國漢陽大學主辦）
講題：宋代道學家論人與自然的關係——以二程兄弟的自然觀為例
時間：二〇〇九年十二月十九日（韓國首爾）

21. 「國學前沿問題研究暨馮其庸先生從教六十週年國際學術研討會（中國人民大學國學院主辦）
講題：但開風氣不為師——試論胡適的清代學術史研究
時間：二〇一〇年十月十六－十八日

22. 第四屆中國經學國際學術研討會（臺灣大學文學院、中央研究院中國文哲研究所、北京清華大學歷史系主辦）
講題：《四庫全書總目》對宋代經學的觀察——以《春秋》學為例
時間：二〇一一年三月十八－十九日。（臺北）

23. 「第二屆古文獻與中國傳統文化」國際學術研討會（北京師範大學古籍與傳統文化研究院、中國社會科學研究院歷史研究所、香港理工大學中國文化學系合辦）

講題：《四庫全書總目》研究的新資料——臺北國圖所藏《四庫全書初次進呈存目》
時間：二〇一一年十月十四－十六日（北京）

24. 「第三屆中國古文獻與傳統文化國際學術研討會」（中國社會科學院歷史研究所、香港理工大學中國文化學系、北京師範大學古籍與傳統文化研究院主辦）
講題：《四庫全書總目》「浙本出於殿本」說的再檢討
時間：二〇一二年十月十九日（北京）

25. 「第二屆陽明學國際研討會」（中國社會科學院歷史研究所、餘姚國際陽明學研究中心合辦）
講題：變與不變——王守仁與湛若水的交往與論學
時間：二〇一二年十月三十一日（浙江餘姚）

26. 第五屆中國經學國際學術研討會（南京大學文學院、北京清華大學歷史系主辦）
講題：「各明一義」與「易外別傳」——《四庫全書總目》對宋元明儒《易》學的評論
時間：二〇一三年八月十九日。（南京）

27. 「第四屆中國古文獻與傳統文化國際學術研討會」（香港理工大學中國文化學系、北京師範大學古籍與傳統文化研究院、中國社會科學院歷史研究所主辦）
講題：《天津圖書館藏紀曉嵐刪定《四庫全書總目》稿本》的編纂時間與文獻價值
時間：二〇一三年十二月十三日（香港）

28. 「第五屆中國古文獻與傳統文化國際學術研討會」（中國社會科學院歷史研究所、香港理工大學中國文化學系、北京師範大學古籍與傳統文化研究院主辦）
講題：臺北國圖所藏《四庫全書總目》稿本殘卷的編纂時間與文獻價值

時間：二〇一四年十月十三日（杭州）

29. 第六屆中國經學國際學術研討會（上海交通大學文學院、北京清華大學歷史系主辦）
講題：《四庫全書總目》對宋學的觀察與批評——以「四書類」為例
時間：二〇一五年九月六日（上海）

30. 首屆經學國際學術高端論壇（曲阜師範大學、臺北中研院文哲所主辦）
講題：「《書》以道政事」——試論《四庫全書總目》的《尚書》學觀
時間：二〇一五年十二月（山東曲阜）

31. 嶽麓書院學術講座（三場演講）
講題：發六百年來儒林所不及知者——全祖望續補《宋元學案》的學術史意義（三月十三日，明倫堂講會）
從李心傳《道命錄》論宋代道學的成立與發展（三月十五日，嶽麓書院講壇）
《四庫全書總目》對宋學的觀察與批評——以「四書類」為例（三月十七日，明倫堂講會）
時間：二〇一六年三月十二－二十二日（湖南長沙）

32. 中國四庫學高層論壇（湖南大學嶽麓書院主辦）
講題：重論《天津圖書館藏紀曉嵐刪定《四庫全書總目》稿本》的編纂時間
時間：二〇一六年六月五－六日（湖南長沙）

33. 復旦大學歷史系學術講座（二場演講）
講題：「《書》以道政事」——試論《四庫全書總目》的《尚書》學觀
略論臺北國圖所藏的兩種《四庫總目》研究資料

34. 時間：二〇一六年九月四－十三日（上海）
「第七屆中國古文獻與傳統文化國際學術研討會」（香港理工大學中國文化學系、中國社會科學院歷史研究所、北京師範大學古籍與傳統文化研究院主辦）
講題：上海圖書館所藏《四庫全書總目》殘稿編纂時間初探
時間：二〇一六年十月十四－十五日（香港）

35. 福建師範大學經學研究所學術講座（二場演講）
講題：論漢代學術會議與漢代經學發展的關係——以石渠閣會議的召開為例
《四庫全書總目》對宋代經學的觀察——以《春秋》學為例
時間：二〇一七年三月九－十三日（福州）

36. 第二屆中國四庫學高層論壇（首都師範大學歷史學院、湖南大學嶽麓書院主辦）
講題：上海圖書館藏《四庫全書總目》殘稿編纂時間蠡探
時間：二〇一七年六月十七－十八日（北京）

37. 北京大學中文系暨古文獻研究中心專題演講
講題：重論臺北國圖所藏《四庫全書總目》稿本殘卷的編纂時間
時間：二〇一七年六月十九日（北京）

38. 「單周堯教授七秩華誕國際學術研討會」
講題：乾隆皇帝的經學思想及其發展——兼論與《四庫全書總目》編纂的關係（中國文化院，饒宗頤文化館）
時間：二〇一七年十二月九日（香港）

39. 福建師範大學經學研究所學術講座（再次應邀演講）

講題：乾隆皇帝的經學思想及其發展——兼論與《四庫全書總目》編纂的關係
《四庫全書總目》「浙本出於殿本」說的再檢討
時間：二〇一八年三月十－十五日（福州）

40. 第三屆中國四庫學高層論壇（湖南大學嶽麓書院主辦）
時間：二〇一八年五月十二－十三日（杭州）
講題：試論北京國家圖書館藏《四庫全書總目》稿本殘卷的編纂時間——兼論與天津圖書館藏
《總目》稿本殘卷的關係

41. 南京師範大學古典文獻專業研究所學術講座
講題：乾隆皇帝的經學思想及其發展——兼論與《四庫全書總目》編纂的關係
時間：二〇一八年五月十四日（南京）

42. 南京大學人文社會高級研究院名家論壇
講題：朝向一個學術史觀的建構——以《四庫全書總目・經部》為例
時間：二〇一九年五月三十一日（南京）

43. 二〇一九中國四庫學研究高層論壇（南京師範大學文學院／南京圖書館主辦）
時間：二〇一九年六月一－二日（南京）
講題：南京圖書館藏《四庫全書總目》殘稿編纂時間初探

44. 「第十屆中國古文獻與傳統文化國際學術研討會」（香港理工大學中國文化學系、中國社會科學院歷史研究所、北京師範大學古籍與傳統文化研究院主辦）
講題：朝向一個學術史觀的建構——以《四庫全書總目・經部》為例
時間：二〇一九年十月十二－十三日（香港）

45. 嶽麓書院學術講座：
講題：朝向一個學術史觀的建構——以《四庫全書總目・經部》為例（明倫堂講會）
時間：二〇一九年十一月一日（長沙）

46. 第四屆中國四庫學高層論壇（湖南大學嶽麓書院主辦）
時間：二〇一九年十一月二－三日（長沙）
講題：中國國家博物館藏《四庫全書總目》殘卷編纂時間及其相關問題

客座教授

一九九六年九月一日至一九九七年八月三十一日應邀擔任香港大學中文系客座教授

二〇〇八年六月一日至六月三十日應邀擔任南京大學人文社會科學高級研究院訪問學者（講座教授）

榮譽

臺灣大學特聘教授（二〇〇七年八月一日至二〇一〇年七月三十一日）

臺灣大學名譽教授（二〇一六年二月一日起）

湖南大學嶽麓書院客座教授（二〇一七年十二月一日起）

語言文學類　PG2834

四庫全書總目闡幽

作　　者／夏長樸
校訂整理／黃懿梅、蔡長林
責任編輯／鄭伊庭
圖文排版／蔡忠翰、陳彥妏
封面設計／吳咏潔

發 行 人／宋政坤
法律顧問／毛國樑　律師
出版發行／秀威資訊科技股份有限公司
114台北市內湖區瑞光路76巷65號1樓
電話：+886-2-2796-3638　傳真：+886-2-2796-1377
http://www.showwe.com.tw
劃撥帳號／19563868　戶名：秀威資訊科技股份有限公司
讀者服務信箱：service@showwe.com.tw
展售門市／國家書店（松江門市）
104台北市中山區松江路209號1樓
電話：+886-2-2518-0207　傳真：+886-2-2518-0778
網路訂購／秀威網路書店：https://store.showwe.tw
國家網路書店：https://www.govbooks.com.tw

2023年8月　BOD一版
定價：精裝550元

讀者回函卡

國家圖書館出版品預行編目

四庫全書總目闡幽 / 夏長樸著. -- 一版. -- 臺北市 : 秀威資訊科技股份有限公司, 2023.08
面； 公分
BOD版
ISBN 978-626-7187-78-4(平裝). --
ISBN 978-626-7187-79-1(精裝)

1.CST: 四庫全書 2.CST: 目錄 3.CST: 研究考訂

018.16 112004994